Melina en busca de su

libertad

Melina en busca de su libertad

Eliza del Castillo

Número de Control de la Biblioteca del Congreso de EE. UU.:		2013920377
ISBN:	Tapa Dura	978-1-4633-7302-3
	Tapa Blanda	978-1-4633-7303-0
	Libro Electrónico	978-1-4633-7301-6

Este libro fue impreso en los Estados Unidos de América.

Fecha de revisión: 12/02/2014

Para realizar pedidos de este libro, contacte con:
Palibrio LLC
1663 Liberty Drive, Suite 200
Bloomington, IN 47403
Gratis desde EE. UU. al 877.407.5847
Gratis desde México al 01.800.288.2243
Gratis desde España al 900.866.949
Desde otro país al +1.812.671.9757
Fax: 01.812.355.1576
ventas@palibrio.com
451474

ÍNDICE

Agradecimientos

Primero que todo, quiero dar gracias a Dios como yo lo concibo dentro de mi alma y de mi ser. Gracias a mi padre celestial que me ha salvado de muchos peligros, que me ha permitido vivir hasta hoy para realizar mi sueño de 25 años atrás y llegar a mis queridos lectores con una historia vivida, con un vocabulario simple para que sea del agrado de todos.

También quiero dar un agradecimiento especial a mis hijos: Julissa Esther, mi primera hija quien fue mi fuerza de continuar a avanzar en mis años de juventud y pues aunque tenemos nuestras diferencias de caracteres, siempre me guardas amor y respeto. Roberto Alfredo, mi único hijo varón, quien siempre estás dispuesto a ayudarme y a apoyarme en todas mis aventuras especialmente deseo agradecerte el amor y la ternura que tienes conmigo y para tus hermanas. Siempre fuistes tu mi angel guardian. Un agradecimiento especial también para mi tercera hija Jennifer Celina, porque creíste en mí y con tu cariño y devoción has hecho posible la realización de este primer libro, pues sin tu ayuda incondicional esta historia probablemente no hubiera salido a la luz para deleitar a muchos lectores; mil gracias por las horas interminables en las que trabajamos juntas, y aunque sé que hubo momentos en los que nos dominaba el cansancio, en ningún instante flaqueaste; que Dios te guarde y te bendiga siempre y de igual manera a tus hermanos.

Gracias infinitas a todas aquellas personas que han participado en la realización de este libro, entre ellas Silvia Pivaral, a nuestros especialistas en la corrección Arthur Shirley y al profesor David Moreno. ¡Que Dios les bendiga!

La familia

Es un día cualquiera, otro en la triste y desolada vida de la pequeña Melina, quien solo tiene nueve años de edad, cuando decide que no puede más con los maltratos de su padrastro, Mario Mercado; un hombre alcohólico de físico desagradable que se deleita haciéndole las noches infernales maltratando su pequeño cuerpo desde que tenía tres o cuatro años; a aquella edad cuando todo comenzó, ella no entendía lo que pasaba, pero era amenazada y chantajeaba por aquel miserable de no decir nada a nadie.

Melina es la cuarta hija de la familia, nunca conoció a su padre, Norberto Gómez, pues tras su nacimiento, este abandonó su hogar dejando los cuatro niños a cargo de Doña Estela; sin embrago, un año después regresa y ella, quizás por amor, se entrega de nuevo a él, quedando embarazada de su quinto hijo; al enterarse, Norberto huye otra vez dejándolos solos para siempre. Tiempo después la madre decide rehacer su vida con el alcohólico Mario Mercado.

Melina cree que su hermana mayor Nora vive la misma situación que ella, aunque por alguna razón que la niña desconoce, ninguna de las dos habla del tema; es consciente de que no le gusta lo que ese cobarde le hace, pero imagina que es normal. Su madre, Doña Estela María Villareal, es una mujer con poder en el pueblo de San Jerónimo, pues es la dueña de la más grande panadería de allí, El Triunfo. Ella no tiene ningún sentimiento de amor hacia sus hijas Nora y Melina a las cuales maltrata físicamente y verbalmente, golpeándolas así frecuentemente y quitándoles el derecho a hablar.

Sin embargo, ese día que parece tan normal, Melina decide que es el momento de enfrentarla; están reunidos en el comedor los tres hijos hombres, que son el orgullo y los ojos de la señora, Adalberto, Álvaro y Ernesto Gómez Villareal, la madre y el padrastro; la niña con lágrimas en los ojos, con voz entrecortada y temblando de pies a cabeza, debido al miedo inmenso que siente, osa decir frente a todos cada una de las canalladas que su padrastro le hace.

-Mamá, quiero que sepa todo lo que su marido hace conmigo, noche tras noche viene a la cama que comparto con mi hermana y abusa de mí, aunque a veces me acuesto en el suelo para que no me encuentre. Estoy cansada, no sé por qué lo hace, además me da dinero para que no diga nada, pero después se queja con usted de que yo le he robado, entonces usted me castiga; este señor me hace mucho mal.

Tras escucharla, la señora mira de manera indiferente a su hija, luego voltea a ver a su marido diciendo:

-Mario, ¿Qué es lo que está pasando?

Entonces, el grotesco hombre lo niega todo e insinúa que es Melina quien lo provoca, la señora da crédito a sus palabras y no a las de su hija; sin embargo, entre creer y no creer decide al menos construir una división de madera entre el lado donde duermen ellos y el lado donde lo hacen las niñas. Los hermanos no dicen nada porque no quieren enojar a la madre y quizás tampoco creen lo que la pequeña cuenta; ese día, Melina se mostró valiente, desafiando a su madre, aunque no logró nada y como de costumbre fue castigada y enviada a trabajar a la panadería.

Se considera que es necesario retroceder en el tiempo para observar un poco más de la historia de la familia Villareal. Doña Estela fue la segunda hija del matrimonio de Don Demetrio Villareal y Doña Catalina Solano de Villareal, una pareja poco común; el hombre, tenía piel blanca, fisonomía grande y era muy agradable, lo poco que Melina recuerda de él es que estuvo mucho tiempo postrado en la cama sin saber qué enfermedad padecía, también sus quejidos de dolor y la impotencia de ella sin saber qué hacer, pues apenas contaba con cinco años de edad cuando este murió. ¡Tal vez él habría podido ayudarla! Queda entonces la abuela viuda, ella es una mujer con rasgos indígenas, posee un carácter duro, no refleja sentimiento de amor o de compasión por nadie y al igual que su hija Estela tiene preferencia enfermiza por los hijos varones. De su unión con Don Demetrio, quedó también un hijo muy parecido a ella, con piel morena, cara redonda, pelo negro ondulado y rasgos indígenas, se llamaba Cesar Javier Villareal; en el pueblo se comentaba que el joven no era del difunto y aunque nunca se supo la verdad, él lo reconoció como suyo al darle el apellido, cabe recordar que entre 1925 y 1930 la religión católica excomulgaba a las mujeres por tener hijos ilegítimos; sabrán que en un país como El Salvador, considerado tercermundista, la religión de ese entonces, tenía mucho poder e importancia.

La historia de los hijos ilegitimitos se repitió en las tres generaciones siguientes, con Estela y sus hijas Nora y Melina quienes tuvieron a su vez hijos sin padre. Pareciera que la vida en el cual las historias se repiten una y otra vez; generaciones de familias inculcando odio y desunión.

Doña Catalina dio a luz a su segunda hija, Estela María Villareal, una preciosa criatura de piel blanca como la de su padre Demetrio, hombre de descendencia Española, de aquellos que llegaron a esas tierras luego de las conquistas a Centro América, por medio de las cuales los españoles se adueñaron de las tierras exterminando casi por completo a los indígenas Pipiles de El Salvador; los pocos que sobrevivieron como la abuela de Melina fueron obligados a ser sirvientes de los españoles y a convertirse al cristianismo; es por ello que en los recuerdos de Melina, su abuela va todos los días a las

5:00 am a la iglesia del pueblo, donde todos creen que es una ferviente devota incapaz de hacer mal a alguien.

Aunque, cuanta equivocación tienen los habitantes de San Jerónimo, pueblo pintoresco en el que todos trabajaban duro para hacer de él uno de los más importantes de San Salvador; sin embargo, no siempre fue así, pues este fue destruido por una guerra que duró cerca de quince largos años convirtiéndolo en un lugar en el que corío sangre hasta más no poder.

Pero volviendo al nacimiento de la bella Estela María, quien no tiene ningún parecido con su hermano Cesar Javier, por ser blanca, tener carita angelical, pelo café un poco ondulado, rasgos refinados y piel suave como de europea; rasgos que le imprimen absoluta belleza, la cual, a su vez, despierta en la madre celos y envidia malsana, al punto de hacerla incapaz de amar o de sentir instinto materno hacia su propia hija. Al ver eso, la familia de Demetrio decide quitarle a la pequeña para llevarla con ellos a la hacienda de los Villareal, donde fue criada con los mayores cuidados que un ser humano puede soñar; dicha hacienda pertenece a la abuela de Estela María, Doña Delfina viuda de Villareal, quien la hereda tras la muerte de su esposo Don Teófilo Villareal.

Vivía en una inmensa hacienda en la que había cultivos, servidumbre, caballos y todo lo que un niño puede desear, Estela María comía bien, jugaba bastante, disfrutaba de todas las comodidades y del amor que la familia de su padre le daba; era una niña feliz, no se inquietaba por nada. A los nueve años comenzó a ir a la escuela, iba muy linda, con vestidos, zapatos y cuadernos nuevos, siempre estaba adecuadamente peinada y era llevada a caballo por uno de los sirvientes de la hacienda. Todo parecía bello, todo iba bien para aquella niña que llegaba a los doce años y que había completado su segundo grado, pero un día, sin previo aviso, su madre, doña Catalina, decide que la niña ya está grande y que puede ayudarle en casa con Cesar Javier y con sus otros dos hijos, Dionisio y Eloísa Villareal.

En ese momento, la vida de Estela es transformada en una pesadilla; la niña llora, llora y suplica a su abuela Delfina que la deje continuar viviendo con ella en la hacienda, donde siempre se ha sentido seguridad, donde ha estado los doce años de su vida y donde es amada y protegida; sabe que su madre no la conoce mucho y no entiende porqué después de tantos años viene a hacer tal erupción en su vida.

Pero no hay nada que hacer, la decisión está tomada, la abuela Delfina a pesar de querer tanto a su nieta no pudo hacer nada contra la autoridad de la madre y la niña regresa con Catalina quien no la quiere y la toma por la nueva sirvienta de la casa. Estela es despojada de sus bonitos vestidos y zapatos, sus costumbres son cambiadas, la obligan a cocinar, a lavar los platos, a planchar para toda la familia; su vida da una vuelta de 180 grados, ya nada tiene sentido, y es probablemente ese cambio el que hace que se llene de odio, de rencor, de resentimientos hacia su propia madre; su nueva vida se desarrolla en medio de malos tratos, golpizas y humillaciones de esta y de sus hermanos; deja de tener acceso a la escuela, carece de amigos y es sometida a toda clase de humillaciones.

Nace entonces el deseo de vengarse de la vida de los seres que han hecho de ella un ser desgraciado, un ser amargado; aguanta y aguanta, aprende a hacer costura sobre medida para poco a poco ir mejorando su calidad de vida. El padre, Demetrio, hace todo lo posible por ayudar a su hija, pero la dureza de Catalina es más fuerte que él y por tal, Estela queda a la merced de su madre quien la castiga por todo y por nada, hasta hacerla sangrar y sentir que no tiene ningún valor para ella ni para nadie; ese mismo, sería el trato que años más tarde ella aplicaría con las dos hijas de su primer matrimonio. Ante tal situación, la joven toma la decisión de batirse por su vida y aguanta por muchos años el maltrato infligido por su madre, hasta que conoce al hombre que sería su primer esposo y del cual procrearía cinco hijos.

Podríamos decir que la vida después de los doce años no le economizó ningún sufrimiento, dolor o pena pues al casarse con Norberto Gómez solo consigue un hombre extremadamente mujeriego, irresponsable y desenamorado de su esposa y de sus hijos; una vez más la historia se repite, pues su padre, Demetrio Villareal, un hombre con educación y con mucha elegancia, quien debido a sus estudios trabajó para la alcaldía municipal, fue casado con una indígena sin educación y con un corazón de piedra, la que años después, cuando él cae enfermo, le depara atención y cuidados casi inhumanos; momento que Estela aprovecha como oportunidad para salir del dominio de sus padres, pues cuenta ya con veinticinco años de edad. Hasta ese momento no había hecho gran cosa de su vida, solo se limitaba a realizar el oficio de la casa, a cuidar a los hermanos y a trabajar un poco la costura, labor en la que ayuda a su madre, pues también ella era costurera.

Al fin se casa con Norberto, un hombre de poca educación y muy vulgar; Melina, que es quien relata la historia, no puede dar una descripción exacta de él, pues nunca lo vio y su madre jamás le monstro una foto suya ni de su matrimonió. Al casarse, Norberto se la lleva a vivir a otro pueblo llamado Cojutepeque, donde le enseña el oficio de la panadería.

Imagínense solamente, una niña que fue criada con los mejores cuidados hasta los doce años por su abuela y que luego es transformada en sirvienta de su propia madre, dominio bajo el cual ha pasado trece años de su vida en una constante lucha por sobrevivir, guardando dentro de sí sus rasgos refinados de la familia a la cual pertenece, al menos en mitad. Estela a los veinticinco años era una bella mujer, alta, de apariencia elegante aunque sus manos y sus pies estuvieran maltratados por el duro trabajo de tantos años, sin embargo, más destrozados aún estaban sus sentimientos hacia la vida y hacia la familia; así que se casa, tal vez por amor, tal vez por escapar, tal vez porque así es la tradición, tal vez porque comienza a sentirse vieja y solterona; quien sabe la verdadera razón, pero se casa y comienza una nueva vida, mejor dicho un nuevo calvario, con más humillaciones y desprecios iguales o peores de los que le prodigaba su tirana madre.

¿Cuántos años duraría ese matrimonio? No serían más de ocho o nueve, pero en ese corto lapso de tiempo da a luz a cinco hijos, tres varones: Adalberto, Álvaro y Ernesto Gómez Villareal, sus dos hijas fueron asentadas en sus respectivas actas de nacimiento de diferente manera, especialmente Melina.

Melina, quien es la cuarta hija del matrimonio, no es bienvenida, pues el señor Norberto había pedido a su esposa que no tuviera más hijos, sobre todo después del nacimiento de la tercera bebe, a la que tardó ocho días en conocer y en darse cuenta de que era hembra; cuando la sacan a su primer baño, este al verla grita con cólera:

−¡Oh Dios mío, es hembra! Ya sabes que yo no quiero más yugos en la nuca.

Por lo cual dice a su señora que él no va a joderse la vida criando mujercitas que no sirven para nada; podríamos pensar que tal mentalidad es de aquella época, pero desgraciadamente hoy mismo dicha forma de pensar existe, en menor proporción, tal vez, pero existe.

Estela recibe de su marido la orden de acudir al hospital de maternidad situado en la capital, en San Salvador para que le practiquen una cirugía en la que le cortan las trompas de

Falopio, quemándoselas para que no pueda tener más hijos, pero cuando va camino a la capital, sola y con el alma en la mano, se detiene a pensar:

-Solo tengo treinta y un años, la vida que llevo con este hombre no me da ninguna garantía de que este matrimonio sea permanente; por lo tanto si me opero me será muy difícil encontrar a otro hombre con quien rehacer mi vida.

Así iba, muy pensativa en el autobús que la conducía a la capital para ir al hospital, estaría en él cinco o seis días y todo se arreglaría con su esposo. ¿Qué se le abra atravesado en la cabeza? ¿Qué pasó por la mente de Estela que la hizo cambiar de idea y la hizo obtener el valor necesario para desobedecer la orden de su marido?

Norberto había pasado meses y meses sin tocar a su mujer para evitar otro embarazo y trabajando extra con el fin de recolectar el dinero para la operación de esta, pero en un abrir y cerrar de ojos ella toma la decisión de no operarse, pues tiene miedo de hacerlo, piensa que a lo mejor por milagro no tendrá más bebes y que estará tranquila algunos años más con su marido y con sus tres hijos. Girando sobre sus talones da la vuelta y no se dirige al hospital de maternidad, sino que se va a buscar a unos familiares que viven en la capital, pasa algunos días con ellos y regresa a su pueblo, sin haberse practicado la operación, pero por supuesto, no le dice nada a su marido.

El tiempo pasa, Norberto está confiado en que no hay riesgos con su mujer, además opina que tres hijos son más que suficiente, pues hay que trabajar duro para ellos, aunque eso nunca le impidió darse sus deslizadas con las demás mujeres que se pusieran en su camino. Cuentan que era un hombre mujeriego, que hacia su trabajo más o menos bien y que se irritaba con facilidad; pueden entonces imaginar su ira, su desacuerdo, su frustración cuando su esposa Estela le anuncia la llegada de un nuevo bebe; no solamente se molestó y entró en cólera por la desobediencia de ella, sino además por el dinero que había gastado, quién sabe en qué, esa fue la estocada final para destruir la poca esperanza que quedaba de conservar el hogar, un hogar que no representa nada para Don Norberto, quien solo está esperando el momento indicado para coger sus cosas e irse a vivir la vida de placeres que siempre ha deseado.

Es así como a fines del mes de octubre, nace la cuarta miembro de la familia, Melina Gómez Villareal; habrán de imaginar la decepción tanto de la madre como del padre al saber que era una niña; desde ese día y a partir del momento justo de su nacimiento la criatura es rechazada por los padres.

¿Cuántos días después del parto permaneció Norberto en casa? No se sabe, pero lo que sí queda claro es que se marchó lo más lejos que pudo, al país vecino de Honduras, llevándose con él a su primer hijo Adalberto, aunque ocho días más tarde lo envió de regreso a El Salvador cual si fuera una encomienda; de milagro el niño de seis años llega sano y salvo a casa de su madre, quien para entonces ha regresado a su pueblo natal San Jerónimo con sus cuatro hijos y ayudada por su padre Demetrio.

Tras el abandono de Norberto a su mujer e hijos, este nunca se interesa por sacar la partida de nacimiento de la recién nacida, Doña Estela espera pacientemente por tres meses a que su esposo vuelva para reconocer a su hija, pero eso jamás sucede, los días, las semanas y los meses pasan, Norberto no hace acto de presencia, por lo que el abuelo Demetrio, quien aún ostenta el puesto de secretario en la alcaldía municipal, dice a su hija Estela:

-Mira hija, no puedes esperar eternamente a que ese malhechor regrese, hay que tomar una decisión, la niña ya tiene tres meses y no tiene nombre ni acta de nacimiento y lo que es peor, no está bautizada; parece que la criatura no existiera en la tierra ni en la sociedad, así que hay que arreglar esta situación cuanto antes.

Don Demetrio toma las riendas del asunto y levanta el acta de nacimiento él mismo, pues gracias a su cargo, tiene acceso a todos los registros de la alcaldía; está muy enojado por la cobardía de su yerno tras por el abandono que ha hecho a su hija, por lo que considera una buena idea vengarse de él, así que decide ponerle los dos apellidos paternos a ambas niñas, quienes quedan con los nombres de Nora y Melina Gómez Medina respectivamente. Sin embargo, él no comprende en ese entonces, las consecuencias de tal acción, la cual años más tarde causaría una devastación en la personalidad de la pequeña Melina y más aún en la de Nora, quien estaba legalmente asentada como Nora Gómez Villareal y a los trece o catorce años pasa a ser Nora Gómez Medina.

Las pequeñas perdieron, gracias a una mala decisión de su abuelo, el apellido Villareal, uno de los más prestigiosos y codiciados por los habitantes del pueblo; pues la gente hacia cualquier cosa solo por ser amiga de ellos o por trabajar en la panadería El Triunfó, ya que era importante tener la seguridad de hacerlo para la familia.

Tras el nacimiento de Melina, Estela es obligada a regresar al nido materno, su padre, le asigna un pequeño cuarto, pues habían construido un mesón, o sea una gran casa con cuartos para alquilar y obtener dinero extra; los Villareal no son ricos, pero trabajan duro, el señor siempre en la alcaldía y la señora en costura con una máquina de coser a pedal. Estela debe tomar entonces una decisión, en qué va a trabajar para mantener a sus hijos; la costura es buena, pero la entrada de dinero es muy lenta, pues está a merced de que los clientes vayan a buscar la ropa.

-Bueno, dice para sí misma, he aprendido más o menos bien el trabajo de panadería y creo que me puedo defender con eso.

Así que pide ayuda a su padre para que le construya un pequeño horno de leña en un rincón del patio de la casa, se las arregla como puede y comienza a hacer pan dulce en las mañanas, el cual sale a vender por las tardes, tendrá que conseguir seguramente a alguien que le ayude con los niños; el trabajo es duro, pero no desmaya porque tiene una meta en mente, un día será rica y poderosa y le mostrará a su madre de qué es capaz, a su marido lo que ha abandonado, a sí misma cuan valiente es y cuánto es capaz de triunfar y sobre todo logrará que nada ni nadie vuelvan a humillarla.

Creía, equivocadamente, que el dinero resolvería todos sus problemas, pero la vida le enseñaría que no es así; pasan los días, los meses, Estela no desmaya, continúa trabajando bastante para comprar su propia casa y montar su panadería; con su pequeño horno de leña, en poco meses consigue una o dos personas para que salgan a venderle el pan por el pueblo y las ganancias son fenomenales, se dice a sí misma que vale más la pena el trabajo de panadera que el de costurera, así que se dedica a descubrir nuevas recetas; le da trabajo a un aprendiz en el arte de hacer el pan y poco a poco va escalando la montaña hasta lograr comprar su primera casa, a la cual llamaron "casa blanca", pues estaba completamente pintada de dicho color. Esta solo tenía un dormitorio, una pequeña cocina de leña, una pila de agua que servía como lavadero para los trastes, los platos y la ropa, un corredor de diez metros de largo por dos de ancho en el que se tendía la ropa para secarla y un escusado séptico de un metro y medio por un metro y medio, según el recuerdo de Melina, quien tendría tres años cuando la habitó, y quien al contarlo también recuerda que todo lo que rodeaba a dicha casa le daba un miedo horrible, al igual que el que siempre sintió en la casa de su abuela Catalina.

Los días transcurren entre el trabajo, los hijos, los quehaceres de la casa, la compra de la misma, sus dos varones ya en la escuela, pero de repente ocurre una gran sorpresa, reaparece el esposo ausente por un par de años, pretendiendo volver a formar parte de la familia; investigando, cuentan que Doña Estela quería y no quería volver con él, pues se había dado cuenta de que era capaz de salir adelante sola, pero el desgraciado no estaba de acuerdo con ello, además necesitaba la parte del pastel que según él le pertenecía por haberle enseñado el arte de la panadería.

Aquel suceso se convierte en una guerra sin sentido en la que el hombre impone la fuerza bruta mientras que la mujer no sabe cómo defenderse. (En nuestras tierras las autoridades no se metían el pleitos matrimoniales, pues según ellas el hombre podía hacer y deshacer a su antojo, golpear, insultar, destrozar los muebles, maltratar a los niños y nadie se entrometía para ayudar porque él era el dueño absoluto de todo) En estas y esas Norberto toma por la fuerza a su esposa, a la cual deja embarazada de nuevo, lo que es para ella un gran problema, ya que se encuentra en plena expansión de su negocio, pero él no la deja en paz, pues lo único que lo mueve es el interés; ante tal situación, Estela no encuentra más alternativa que buscar otro hombre que la defienda de su esposo abusivo y desconsiderado.

Las semanas continúan en un ambiente de turbulencia, gritos y peleas, en el que es casi imposible impedir que el loco de Norberto destruya lo que encuentra a su paso; las puertas y los pocos muebles que Estela ha comprado para la instalación de la panadería, también son destrozados, la mujer sufre y llora muchísimo, pero no desfallece; meses más tarde da a luz a un hermoso varón, al cual desea llamar Demetrio, como su padre, en agradecimiento por todo lo que le ha ayudado. A pesar de todo Estela amaba mucho a su padre y le tenía gran respeto al igual que a su madre, con la diferencia de que él le correspondía, no como Catalina, quien nunca pudo sentir el más mínimo cariño por su hija, lo mismo que le ocurriría años más tarde a ella con Nora y Melina.

Dicen que la vida es un paquete de sorpresas, pero más sorprendente es el ser humano, imprevisible, incoherente e incompresible; Norberto quien había abandonado a su mujer, sin sacar el acta de nacimiento de su cuarta hija, se interesa en asentar a su nombre al nuevo bebe.

Demetrio, el abuelo, se siente orgulloso de que uno de sus nietos lleve su nombre, así que todo está arreglado, hará lo mismo que con las dos niñas y como secretario de la alcaldía realizará el acta del recién nacido; pero una nueva sorpresa les espera, cuando seis días después del nacimiento del pequeño, una señora que trabajaba para Estela, le entrega a esta un papel dejado por Norberto; aunque como la mujer no sabía leer, no podía ni imaginar la furia, que saltaría en la señora Estela.

Norberto había realizado por anticipado el acta de nacimiento del bebe, tras haberse presentado personalmente en la alcaldía municipal con su cédula de identidad afirmando que el hijo de Estela María Villareal de Gómez era hijo suyo y que llevaría el nombre de Ernesto Gómez Villareal. Cuánta cólera y frustración sentiría Estela al recibir el papel y leer el nombre del niño, que no era el de su padre; una vez más Norberto ha hecho de las suyas, queda en ella el sentimiento de la amarga jugada que le hace aquel hombre, quien siempre la ha lastimado a ella y a sus cinco hijos, hijos que no tuvieron la menor importancia en su vida. Causa de todo eso, ella decide divorciarse de ese miserable.

Su padre al saber que Estela ha pedido el divorcio muy a pesar de las restricciones de aquellos tiempos donde la gente miraba mal y criticaba a una mujer divorciada y tras enterarse de que lo hace bajo el pretexto de estar acompañada de uno de los empleados de su panadería, Mario Mercado, le advierte, que él no es un hombre para ella y le pide que rectifique su decisión, pues tiene el presentimiento de que nada bueno puede sacar su hija de esa nueva relación.

Mario Mercado era un sujeto aún peor que Norberto, un hombre campesino sin educación, de físico macabro, piel morena oscura, ojos pequeños achinados, nariz perfilada y con una boca que no se le veía a causa del horrible bigote que llevaba; para colmo era alcohólico, depravado y exhibicionista, pues le gustaba mostrarse desnudo ante la gente, especialmente ante las empleadas de la panadería, por lo cual podríamos decir sin lugar a equivocarnos, que Estela María salió del fuego para caer al brasero. Es así como comienza un nuevo calvario parta Estela, pero en esta ocasión desgraciadamente el calvario no sería solo para ella sino además para todos sus hijos, especialmente para las dos niñas.

Después del nacimiento de Ernesto, Estela ayudada por su padre compra otra nueva casa, a la cual llaman «la casa de la esquina» al igual que «la casa blanc» porque estaba pintada de blanco y situada en la esquina de dos calles principales del pueblo, así que fueron anexadas ambas casas y construyeron un enorme caserón sin atractivo ni gracia, un caserón que más parecía una galera. En la casa de la esquina fue instalada la panadería, Estela y Mario conviven juntos y supuestamente comienzan una nueva vida; como decía, en la casa de la esquina construyen un horno de leña más grande que el anterior, al tiempo que en casa de los padres instalan vitrinas para la venta del pan, también adecuan una enorme mesa donde preparaban las masas y realizaban variedades de pan dulce, quesadillas y el más delicioso pan francés, así como las baguettes o paninos. Qué alegría para los niños tener al menos derecho a comer todo el pan que se les antojara, aunque desde muy tierna edad debían trabajar duro para merecerlo. La casa blanca queda sirviendo entonces para dormir, cocinar, lavar, bañarse, en fin para realizar las necesidades fisiológicas de toda la familia, aunque también lo que debería ser una sala o espacio para que los niños jugaran fue transformado en tabaquería, depósito en el que almacenaban enormes bultos de tabaco procesado por cuatro mujeres que fabricaban los famosos puros.

Tal vez ustedes han escuchado hablar de los puros cubanos, bueno, pues en El Salvador también se fabricaban entre los años 60 y 70, pero fueron desapareciendo los cultivos y por ende el negocio de los puros terminó alrededor de 1973. La panadería El Triunfo, por el contrario, continúa siendo el principal negocio, una verdadera mina de oro, sigue su curso, crece y crece, el dinero entra y entra y la señora Villareal conquista su objetivo, ser rica y poderosa, aunque con mucho esfuerzo y trabajo por supuesto, pero va logrando la meta de ostentar prestigió entre la gente del pueblo; sus hijos le temen, tiemblan en su presencia y hacen lo que les ordena de la mejor manera posible para evitar contrariarla, especialmente las dos hijas, quienes no significan nada a los ojos de la madre, las maltrata, las humilla, las golpea, les da grandes palizas, las insulta con toda clase de improperios, de igual forma que su madre Catalina lo hizo con ella.

Una vez la historia se repite, pero esta vez es aún peor, porque las niñas no solo tienen que soportar el desprecio de su madre, sino también el de la abuela, el abandono del padre, la indiferencia de los tíos y de los hermanos y cual si fuera poco, son sometidas al manoseo de su padrastro; en pocas palabras son un par de criaturas abandonadas a su suerte, ya que ni parientes ni amigos, pues no tienen, hacen nunca nada para ayudarlas.

Los días se desenvolvían más o menos de la siguiente manera: todos en la casa se levantaban a las 5:00 am, a excepción de señora Estela que lo hacía una hora antes y su querido marido, quien trabajaba de noche y dormía durante el día, me refiero a que trabajaba una parte de la noche y la otra la utilizaba para manosear de sus hijastras. Recordemos que en la casa blanca se encontraban los dormitorios, decimos los dormitorios, pero realmente era solo un cuarto de siete metros por seis, y que por lo tanto no era lo suficientemente grande como para acomodar a los cinco niños y los dos conyugues.

Hablamos más o menos del año 1965, doña Estela está de nuevo embarazada, pero en esta ocasión el hijo es de Mario Mercado, lo cual significa que es necesario hacer espacio para un nuevo bebe; Melina cuenta para ese entonces con cuatro años y medio de edad, es una niña triste, delgada, de piel morena, ojos pequeños que reflejan de ya una inmensa soledad, no entiende por qué no puede acercarse a su madre. La niña, a pesar de su piel morena, que le hizo ganarse el apelativo de "Negra o negrita", tenía un físico bonito, contaba con enormes cejas y pestañas sobre sus pequeños ojos, su frente era pulida y su nariz perfilada, tenía labios bien hechos, carita redonda, orejas un tanto desprendidas y un precioso cabello de color negro al igual que sus ojos, atributos todos que hacían de ella una preciosa niña. Se destacaba por ser relativamente callada, no comprendía el porqué del desprecio de su madre, de su abuela y del resto de la familia, solo buscaba en medio de su inocencia un poco de amor, un poco de cariño, aunque fuera una caricia de quien le dio la vida, habría dado lo que fuera por tener una sonrisa de ella; cuando apenas tenía seis o siete años, en ocasiones imaginaba que un carro la atropellaba y que al volver en sí, se encontraba en el hospital con el cuerpo fracturado, conectada a una bolsa de suero en un brazo y otra bolsa de sangre en el otro, lo deseaba porque pensaba que tal vez así podría obtener al menos la lastima de su madre. Gracias al cielo ningún accidente ocurrió, pero Melina creció con salud precaria, lo cual le ocasionó en su vida de adulta muchos problemas.

Pero volviendo al tema de los dormitorios, había entre la cama de las dos hermanas y Ernesto se encontraba un cofre de un metro de ancho por uno y medio de alto, era de color café, seguramente allí guardaba los papeles importantes y el dinero; siempre lo mantuvo con llave y se aseguraba de que nadie lo tocara. La madre podía ver a todos sus hijos con solo levantar la cabeza; es por ello que Melina no entiende cómo su madre no se diera cuenta del daño que hacia su marido. Él empezó a tocarla, según Melina cuando apenas tenía uso de razón, entre los tres o cuatro años de edad máximo y duraron hasta que tuvo prácticamente nueve o diez, edad en la que no tuvo amparo de nadie, edad en la que no tuvo a quien confiarle nada de lo que le estaba pasando. Melina imagina que es normal lo que le sucede, pues a la edad de seis o siete años un primo suyo que tenía catorce, cada vez que la encontraba sola o que jugaban al escondido, hacia lo mismo con ella. El abusador es empleado a la vez de la panadería y se cree con derecho a abusar de su pequeña prima, cuando la manosea y le repetía la frase:

-¿Te gusta, verdad primita? ¿Te gusta?

Le repite y le repite la frase todo el tiempo, pero Melina no comprende estas actitudes y le provoca desagrado. La única diferencia es que con el marido de su madre sucede casi todas las noches y aunque ella se encuentra a unos cinco metros de su cama, aparentemente nunca se da cuenta de nada. Qué vida tan villana le toca a esta criatura, no hay una alma que la defienda, porque todos a su alrededor son seres desalmados, que solo buscan saciar sus instintos bestiales en criaturas indefensas, su madre se deleita golpeándolas por todo y por nada, mientras su abuela inventa chismes para que les propicien más y más golpizas.

Así va transcurriendo la vida de la negra, Melina, pasan los días sin mayores cambios, se va convirtiendo en una niña cada vez más callada, encerrada en sí misma; por momentos busca ayuda en su hermana mayor, Nora, pero pereciera que nacieron en dos mundos diferentes aunque comparten los mismos sufrimientos, proporcionando los mismos servicios, siendo explotadas a más no poder en el trabajo y castigadas sin ninguna piedad nunca llegaron a apoyarse la una a la otra. Pareciera que en casa viven en un una prisión, mientras que al exterior son mostradas como niñas ricas, las hijas de la Señora Villareal, las Villareal como las llamaba la gente del pueblo, las chiquillas ricachonas Villareal; cuánta envidia les tenían las otras niñas de la escuela, pero que equivocadas estaban al pensar que vivían como princesas en un castillo.

¡Oh Dios! Cuánto hubiese dado Melina por cambiar su lugar con alguna niña pobre que tal vez no tuviese mucho que comer, pero al menos contase con un poquito de amor, de cuidados, de caricias y sobre todo que hubiese tenido menos abusos por parte de sus padres; porque ella solo contaba con el desprecio y los maltratos que recibía de su tirana madre, su tirana abuela, su maldito padrastro y su maldito primo.

Años y años duró este sacrilegio, años y años duró esta situación en la que para poder sobrevivir había que mentir; así fue la infancia de Melina, envuelta en un mundo de mentiras, en la escuela debía comportarse como la niña rica, pero hay que aclarar que nunca tuvo amigos; ¿Cómo hacerlo? Si era incapaz de confiarle a alguien lo que vivía en casa, además nadie se lo habría creído. Cuando entraba en su casa fuera uniforme, fuera zapatos, a ponerse sus trapos viejos, su delantal y sus chancletas; solo se atragantaba unos frijoles con crema y pan, luego a trabajar en la panadería.

Trabajó desde los cuatro años y medio, por las noches se convertía en la putita que complacía a su padrastro, lo cual le arrancaba cada vez más el deseo de vivir.

La niña tiene ya siete años de edad, en el mes de enero comienza el año escolar en El Salvador, se le ha dicho que su aniversario es el 31 de octubre, ella se identifica con esa fecha, es inscrita en la escuela bajo el nombre de Melina Beatriz Villareal. Está feliz de ir a la escuela, pues en su cabecita de niña inocente piensa que al menos durante las cinco horas que asistirá a ella va a salvarse un poco de las golpizas de su madre y de sus hermanos y de trabajar en la panadería; lo que desconoce es la gran responsabilidad que se le espera, pues se le dificulta concentrarse en sus estudios a causa del miedo.

Desde su nacimiento Melina fue rechazada por su padre quien no tardó en alzar el vuelo al ver que su cuarto bebe era una mujer; hombre ingrato al que en ningún momento le importó la suerte que correrían sus cinco criaturas. Su madre quien descargó toda su cólera y su frustración en la niña desde muy tierna edad, le gritaba que a causa de su nacimiento el marido la había abandonado, que no era más que un parto de refrigerador ya que no servía para nada, vociferaba frente a ella amargamente que en que estaría pensando cuando se le ocurrió parir una criatura así de inservible y la injuriaba preguntándose qué habría hecho para merecer un castigo semejante.

Nora y Melina fueron insultadas y golpeadas desde pequeñas, puestas a trabajar y tratadas brutalmente dentro de la casa, pero por fuera de ella debían comportarse como niñas educadas y dar siempre ejemplo de rectitud y sociabilidad. Nora, dos años mayor que Melina, es totalmente diferente a esta, tiene piel blanca como la de su madre, su cara es un poco alargada, sus ojos son más grandes y de color café claro, sus cejas son delgadas y finas al igual que sus pestañas y su cabello es ondulado y de color café claro como el de sus ojos, su boca es de labios carnudos y su nariz puntuda pero bonita.

Melina siempre vio a su hermana mayor como más bella, inteligente y valiente que ella ya que era la más rebelde de todos los hermanos, aunque nadie quiso ver y menos aceptar que dicha rebeldía era producto de todas las injusticia que cometían contra ella, pues mientras más la maltrataban, más rebelde se ponía y más la golpeaba y le gritaba su madre; hasta que a los doce años de edad, la internaron en un hospital psiquiátrico por algunos días y desde allí fue controlada con medicamentos, pues el médico del pueblo le aseguró a doña Estela que su hija no estaba enferma sino que sus quebrantos de salud se debían a caprichos de niña rica; cuando, sin él saberlo, era levantada junto con su hermanita a las 5:00 am para llevar el pan a un pueblo contiguo y abusadas de todas las formas inimaginables. Salían ambas, una de ocho y la otra de seis años respectivamente con canastas y sacos de pan a esperar el autobús que las llevaría a la localidad situada a cinco o seis kilómetros de casa, debía apurarse, dejar el pan y regresar en el mismo autobús para llegar a las 6:30 am a San Jerónimo, pues entraban a la escuela a las 7:00. Para lograrlo, corrían en la oscuridad de la madrugada, ya que el autobús solo las esperaba durante media hora, así que les correspondía entregar el pan, recibir el dinero y apurarse para alcanzarlo.

Si por desgracia fallaban, ¡Ay Dios mío! No solo perdían la mañana de clase, sino que era motivo más que suficiente para que su madre les proporcionara una golpiza hasta hacerlas sangrar y cual si no fuera suficiente con ello, las mandaba a acostarse durante todo el día sin que tuvieran derecho a levantarse nada más que para hacer pipí, y únicamente si lo recordaba enviaba a la cocinera para que les dejara un plato con frijoles, crema y pan, el cual era la comida tradicional de la familia.

En una ocasión en la que fallaron el autobús, debían esperan el siguiente que pasaba a las dos horas más tarde o caminar los seis kilómetros de regreso al pueblo; como las chiquillas ya sabían lo que se les esperaba, decidieron caminar, esperaron a que aclarara un poquito el día y emprendieron el regreso, lo hicieron despreocupadas, cantando por la carretera polvosa y empedrada, recogiendo flores y campanitas salvajes, pero antes de llegar la hermana mayor le dice a Melina:

-Mira Negra, de todas maneras nos van a castigar, así que agarremos cincuenta centavos y tomémonos un fresco de horchata en esa champita.

Melina quien casi nunca protestaba a pesar de su corta edad, sabe que no es una buena idea, pero, Nora insiste y se van hacia la champita; ambas tienen hambre, ya son casi las 8 de la mañana, han caminado casi dos horas y saben que no van a escapar a la furia de la madre. Ponen las canastas vacías del pan en el suelo polvoso y piden un fresco de horchata con un pedazo de pan; Nora abre una de las canastas y saca el dinero para pagar, pero en la champa hay dos hombres y una mujer que también están comiendo y bebiendo. Las hermanas no se dan cuenta en qué momento les roban el dinero de la venta del día; así que no solo han agarrado cincuenta centavos sino que han perdido la totalidad de la venta que oscilaba entre los dieciocho y los veinte colones, moneda oficial del país en aquel tiempo, diríamos cuatro o cinco dólares canadienses.

Terminan su bebida y emprenden el camino a su casa, no saben aún que han perdido el dinero, cuando llegan a la casa, su madre está en el comedor desayunando con su marido y con sus dos hijos varones; Nora abre la canasta, a la que llamaban «Tombilla», y al no encontrar el dinero, exclama asustada:

-¡Ay mama mía, ay, ay! ¿Dónde está el dinero? ¡Dios mío! ¿Dónde está el dinero?

Nada que hacer, lo habían perdido y no había otra alternativa que asumir las consecuencias; bajaban todos los santos del cielo, imploraban perdón, intentaban explicar lo que podría haber sucedido, pero no había nada que hacer.

Doña Estela terminó de comer, ordenó a sus hijas que se pusieran de rodillas vociferando todas las clases de insultos, sacó como siempre su látigo fabricado en cuerdas de cuero con nudos en las puntas, lo mojó en la pila y...

Nora intentaba hablar, pero era callada a cachetadas, Melina permanecía callada con la cabeza agachada recibiendo pescozadas por donde le cayeran; pero esa era solo la entrada, faltaban el plato principal, el postre y el café; les llovían latigazos y cada uno les dejaba la piel a punto de reventar en sangre, sin embargo, aún faltaba mucho para que la cólera de doña Estela se calmara; las tiraba del pelo de un lado para el otro, propinándoles bofetadas, patadas, todo le estaba permitido y nadie se atrevía a interponerse en su camino. Cuando al fin se cansó, les puso granos de maíz en el suelo, las obligó a postrarse una vez más de rodillas, las obligó a levantar los bracitos hacia arriba, les colocó una raja de leña en las manos y las dejó allí durante el resto del día y de la noche.

Debían quedarse en silencio, contener las lágrimas y aguantar el dolor en todo su cuerpecito, pues a esa edad ambas eran delgadas o más bien flacuchas, pero eran ingeniosas, así que como podían quitaban los granos de maíz y los ponían en el contorno de sus rodillas para que no se dieran cuenta de que los habían apartado de debajo de ellas, inventaban lo más que podían ir al baño para descansar por algunos minutos de sus adoloridos brazos y cuerpos, la comida les era servida en el suelo, como de costumbre frijoles con crema y pan, a veces con un vaso de leche.

Las hermanas solo se veían entre ellas, raras veces decían o comentaban algo, tenían un torbellino de preguntas que se atravesaban en la mente de cada una, pero lo más sorprendente era que aunque ambas sufrían los mismos maltratos, Nora no pudo querer a su hermana menor. Pronto Melina comprendió que Nora sentía celos y envidia hacia ella, lo cual la convertía en su rival con quien vivía los mismos tratos de crueldad en lugar de unirse por el dolor del desprecio que sufrían, pero cómo unirse si nunca les enseñaron a quererse, por lo que Nora tampoco desperdicio oportunidad para golpear, humillar e insultar a su hermana menor. A Melina desde temprana edad la han hecho entrar en el mundo de los adultos, a trabajar en la panadería, a servir a sus hermanos, a satisfacer a su padrastro y a su primo; para ella no existen juegos, excepto cuando su madre sale a la capital y puede jugar a las escondidas.

Desarrolló tanto el arte de hacerlo todo a escondidas que en su vida de adulta le fue difícil deshacerse de tan mala costumbre, como cuando un alcohólico intentara dejar de beber; pero a quién le importaba esa niña a la cual su madre por guardar las apariencias le fabricaba vestidos bonitos, aún a los siete años cuando empezó a ir a la escuela e hizo su primera comunión, día para el que la madre confeccionó vestidos blancos para ella y su hermana con velo en la cabeza y ajustados con corona de florcitas y zapatos blancos.

Melina se sentía contenta con el nuevo vestido y con el nuevo acontecimiento de la iglesia del pueblo, pero su alma y su corazón estaban llenos de tristeza, de confusión, su pequeña mente no alcanzaba a comprender tal desorden de sucesos, fuera de la casa era la niña bonita, la niña bien arregladita bien presentable, mientras que dentro de la casa era considerada un gusano que no valía nada, un ser al que todos a su paso podían darle coscorrones, un ser al que su desgraciado padrastro a la pasada le rosaba las piernas, le pellizcaba las nalgas o sus pequeños senos, un ser que a causa del trabajo físico que realizaba en la fabricación de las masas, ósea en amasar la harina y el resto de los ingredientes a la edad de siete u ocho años ha desarrollado mucho busto. Cuánta vergüenza sentía Melina sin saber cómo esconder esas chiches que se salían de su pecho, sin saber cómo se usa un sostén, pues no tenía dinero para comprarse alguno y su madre se hacía la del ojo pacho, ósea no entendía nada al igual que no comprendía cómo el cuerpo de una niña de ocho años se convertía en una adolescente, demasiado desarrollada para su corta edad. Expuesta al trabajo de adultos, golpeada como un adulto y abusada como un adulto, dónde quedó su infancia, dónde fue a parar su virginidad, hasta dónde rebajaron su dignidad de ser humano y más aún dónde quedó la responsabilidad de su madre, de su abuela, de sus padrinos de bautizo, de sus hermanos mayores que debían velar por ella, que debían cuidar de esa criatura indefensa; todos habían abandonado la responsabilidad hacia ella.

Así continuaba su vida Melina sin ningún objetivo, sin ninguna meta, para entonces Doña Estela había dado a luz dos hijos más del malvado Mario Mercado; hijos que fueron criados como reyes; la primera, fue una niña a la cual llamaron Soraya María Villareal, era considerada hija ilegítima, pues Doña Estela jamás se casó con Mario Mercado, aunque tampoco se separó de él, a pesar de todas las bajezas que cometió con las hijas de ella, a pesar de que la engañaba tantas y tantas veces con quien fuera.

Al narrar la historia, Melina recuerda que en una ocasión el viejo llegó borracho a casa, como generalmente lo hacía, y con él traía abrazadas a dos prostitutas, hacía escándalo por toda la calle sin importarle la humillación a la que sometía a su mujer; su estado era tal que se tambaleaba de un lado a otro, mientras se apoyaba en las dos mujeres y al llegar a su casa comenzó a gritarle a Doña Estela que saliera porque necesitaba hablar con ella. Esta al escuchar el escandalo sale indignada y roja de cólera, lo observa y le pregunta:

¿Qué se le ofrece?

Tras oírla, el desvergonzado de Mario le dice que viene de acostarse con las dos prostitutas presentes, pero que no tiene dinero para pagarles, pues se lo ha gastado todo en alcohol; así que le ordena a su señora cancelarles a las "muchachas alegres" lo que les debe por sus servicios. Al enterarse de aquello, Melina se queda paralizada, no cabe en su mente lo que está viendo, -¿Es normal? –Se pregunta. -¿Así se vive en pareja? -¿Los hombres tienen derecho a humillar a las mujeres? ¿Alguien con dinero y con poder tiene que aguantar a todo eso? Cientos de interrogantes le surgen, pero no logra encontrar respuestas.

Dona Estela Villareal no dice media palabra, simplemente mete su mano en el delantal que siempre lleva puesto, en el cual tiene el dinero; saca unos billetes y se los entrega a las prostitutas, quienes al recibirlos se consideran bien pagadas. Para finalizar la escena, antes de irse, besan al viejo Mario frente a su mujer, riendo dan la vuelta y se marchan nuevamente hacia el salón de prostitución donde trabajan, el cual queda a solo dos cuadras de la panadería El Triunfo. Melina piensa que probablemente es así como la mujer debe comportarse para conservar su hogar, especialmente si quiere que el hombre se quede con ella y que le ayude, aparentemente, con la crianza de los hijos. En tales circunstancias, seguramente que doña Estela se decía:

-Otros dos hijos sin padre, otra vez sin marido, otra vez fracasada. ¡No, no y no! No quiero y no puedo permitirlo.

Su malvada madre, Doña Catalina, siempre estaba inmiscuida en la vida de su hija, no porque la amara o porque le importara su suerte, sino porque le gustaba verla sufrir y ayudarle a que consiguiera problemas para desgraciarles la vida, tanto a ella como a sus nietas; pues el mismo odio que sentía por Estela, lo sentía por Nora y por Melina. Extrañamente las dos tiranas tuvieron con Soraya sentimientos diferentes a los que tuvieron con las otras dos niñas, pues esta fue criada y educada con los mejores cuidados, era vestía como una princesa y tenía su propia niñera, la cual se encargaba de que la pequeña viviese como en una caja de cristal; tenía coche, cosa que solo los hijos de los ricos en aquella época podían tener, una cuna con buen colchón, lindas muñecas, juguetes variados y muchas cosas más, artículos que Melina a sus siete años nunca había tenido. Su pequeña mente no entendía por qué a ella le proporcionaban tremendas golpizas, mientras que a la otra le proporcionaban lujos y cuidados. ¿Por qué? ¿Cuál era el crimen que ella y su hermana Nora habían cometido? Especialmente Melina la cuarta hija de la familia, cuyo padre biológico no quiso reconocerla por ser hembra. Podríamos decir que ese fue el crimen que cometieron, nacer hembras en una familia que solo tenía ojos para criar varones, una familia que consideraba que las mujeres nacían únicamente para ser prostitutas, que no valían nada y que por tal no justificaba invertir dinero ni energías en ellas, así como tampoco educarlas, pues hacerlo era desperdiciar el tiempo, entonces por el contrario las utilizaban para hacer más dinero, aunque fuera dinero maldito, el cual fue siempre el enfoque de Doña Estela; estaríamos de acuerdo con la ambición si viniera de alguien que trabaje honesta y duramente como aparentemente lo hizo ella para alcanzar su objetivo de dinero y de poder. El gran dilema es, ¿Para qué hacer tanto dinero? Una vez que lo tienes, ¿Qué quieres hacer con él? ¿Qué mejor vida vas a darte a ti y vas a darle a los tuyos? ¿Qué ayuda le brindarás a tu comunidad, a tus empleados? ¿Te gustaría viajar, salir un poco, disfrutar de la vida? O ¿Simplemente quieres dinero para tener poder y dominar todo lo que está a tu alrededor? ¿Quieres acumularlo y acumularlo para sentir seguridad económica? Muchas, muchas preguntas de esa clase se hacía Melina cuando observaba la diferencia en el trato entre ella y sus hermanos.

Los dos últimos hijos de Doña Estela y de Mario vivían en la misma casa, pero tenían formas de crianza totalmente diferentes; Soraya y Melvin eran como dos preciosos príncipes cuidados hasta en el más mínimo detalle; Adalberto, Álvaro y Ernesto, los tres primeros hijos del matrimonio de Doña Estela con el hombre que los abandonó, llevaban una vida más o menos normal, ayudan en la panadería, iban a la escuela, participaban en algunos deportes, tenían sus amigos, contaban con cierta libertad para salir, comían en el comedor con su madre y su padrastro, tenían tiempo para hacer sus deberes, no hacían mucho ruido, se portaban lo mejor que podían y raras veces eran castigados, además también raras veces Doña Estela les mostró indiferencia, por el contrario, se sentía orgullosa diciendo que era feliz con sus cuatro varones; en cambio, de Nora y Melina decía que no sabía en qué estaba pensando cuando parió a este par de putas inservibles.

El amor de madre se dividía como se dividen la noche, el medio día y el día; no había equilibrio ni lógica que pudiera explicar tal fenómeno, ni ese desorden de sentimientos, la situación con los hijos era completamente dispareja. Soraya y sobre todo Melvin eran bien cuidados, tenían juguetes y camitas con colchones confortables; Adalberto, Álvaro y Ernesto tenían privilegios medianos, comparados con los que recibían Soraya y Melvin; por tal razón este último se convirtió en un niño mimado, al extremo que a los seis años de edad, no tenía amor ni respeto por nada ni por nadie, tanto que llegó a lanzarle cuchillos a Melina o quien se pusiera en su camino. ¡Pobres niñeras!

Los tres varones tenían sus respectivas camas, aunque fabricadas en pitas o en cuerdas de cuero, encima llevaban petates, telas delgadas que cubrían la cama de madera con cuerdas de cuero; en realidad ello hacía parte de los lujos que tenían los chicos, pues podríamos decir que al interior de la casa, la familia vivía como gente pobre. ¿Dónde dejaba la señora todo el dinero que ganaban? Solo ella y Dios podían saberlo; pues los hijos no tenían derecho a hacer preguntas, mucho menos las dos hembras Nora y Melina, quienes eran como las ovejas negras de la familia. Especialmente esta última, criatura que por muchos, muchos años de su infancia y de su adolescencia, no contó con la gratitud de su madre, quien por el contrario la acusaba, la insultaba y le gritaba que a causa de su nacimiento su marido Norberto, la había abandonado.

En ese entonces, Melina no sabía exactamente, y a decir verdad, nunca llegó a comprender por qué era ella la culpable de dicho abandono. ¿Por qué era su culpa y no de su padre? ¿Por qué era su culpa y no de su madre, quien debía cuidarse de un nuevo embarazo? ¿Por qué era su culpa si la vida, Dios o quien fuera la hizo hembra? Hembra, mujer, cuánto desprecio sentía Melina por serlo, cuánto hubiera dado por haber nacido hombre, cuánto hubiera dado por ganarse un poquito del cariño de su madre, de su abuela, de su hermana, de su familia completa, cuánto hubiera dado por cambiar el cruel destino que pesaba sobre ella, cuánto hubiera dado por no ser tratada como prisionera de guerra y como objeto; en otras palabras, como nada. Causa de todo eso le tomo gran parte de su vida aceptar ser mujer.

Ella y su hermana dormían en la misma cama, construida con los iguales materiales que las camas de sus hermanos, dormían juntas, pero era terriblemente desagradable dormir con Nora porque ésta la golpeaba dormida y tenía la mala costumbre de hacerse pipi en la noche, por lo tanto, el mal olor era insoportable y lo que era aún pero, amanecía casi todos los días mojada. A decir verdad nunca se supo por qué Nora lo hacía, podría caber aquí la teoría de que a causa de tanto maltrato, la niña estaba traumada, por lo que no lograba controlar su cuerpo y esta podía ser una forma de solicitar auxilio. Pero para Doña Estela, qué auxilio ni que ocho cuartos; por el contario, le decía:

-A mí no vengas con cuentos de camino real, vos no sos más que una cochina, desvergonzada que te mereces una buena vergiada en la mañana.

Y tras decírselo, le daba su paliza a la pobre sipota, (así les dicen los salvadoreños a los niños y a las niñas), pero al siguiente día, la misma historia. En ocasiones se cansaba Doña Estela de castigarla a causa del mismo problema, pero alguien le dijo que la niña lo hacía por capricho y que por tal sería bueno hacerle pasar una vergüenza para que lo dejara de hacer. Malvadas viejas lengonas y Doña Estela accedió a ello.

En una canasta que se utilizaba para el pan, recogían pedazos de tejas, las tejas eran unas lengüetas rectangulares de forma ovalada que se utilizaban para hacer los techos de las casas; una vez recogida cierta cantidad de pedazos de estas las mojaban, las echaban en la canasta, las ponían en la cabeza de la niña y ella debía de ir por todo el pueblo a venderlos. Como las mierdas de tejas estaban mojadas, el agua de estas se escurría en la cabeza y en la cara de la pobre Nora. Era una cosa tan humillante como no pueden imaginarse; a la niña le rodaban lágrimas en su rostro, su piel blanca se ponía roja de vergüenza, su cuerpo temblaba de pies a cabeza, pero a su madre le daba igual, así que la obligaba a salir con el canasto en la cabeza y no podía regresar hasta que vendiera todos los pedazos y llegara con el dinero a casa. ¡Qué horror! Que humillaciones tan desmedidas. La chiquilla regresaba sin haber vendido ni un solo pedazo de teja, así que le daban la paliza del día. Qué vida tan miserables les hacía vivir su madre; mientras que su abuela se regocijaba al ver la crueldad de su hija para con sus nietas.

Ambas niñas se preguntaban todos los días de sus tristes vidas ¿por qué Dios mío? ¿Por qué? ¿Cuál es el crimen que hemos cometido? ¿Por qué tantos desprecios, tanta maldad, tanta injusticia? ¿Por qué no hay alguien que pueda ayudarnos? Pero a pesar de tantos interrogantes, no hubo alguien que se atreviese a ayudarlas, por lo tanto continuaron en aquella situación por muchos años más.

Trabajo primero y escuela después

Amanecía un nuevo día y la rutina comenzaba; levantarse a las cinco de la mañana, ir a dejar el pan al pueblo de Las Palmas y regresar corriendo; luego a la escuela que adoraban, pero no porque fuesen buenas estudiantes, ¡No! Sino porque por lo menos durante las cinco horas que asistían a ella no tenían que trabajar en la panadería. Se escapaban por un rato de los insultos o golpes de su madre y de sus hermanos, y lo que era mejor aún, podían jugar un poco con las compañeras de clases. Allí olvidaban por momentos los manoseos de su padrastro durante la noche anterior y trataban por todos los medios de parecer niñas normales, lo cual no era nada fácil, pues las compañeritas creían que las hermanas Villareal tenían dinero y que por ende debían invitarlas a comer algo en la tienda de la escuela, si no lo hacían, las golpeaban.

Nora quien desde pequeña fue la más rebelde, no tenía ninguna dificultad en defenderse, acostumbrada a las palizas de su madre y de sus hermanos, aplicaba la misma ley en la escuela. Se agarraba, se golpeaba y se insultaba con quien fuera, pues era la más peleonera del plantel educativo; en cambio con Melina ocurría todo lo contrario, siempre permanecía callada, nunca supo defenderse. En ocasiones Nora acudía a auxiliarla, mientras que en otras llegaba golpeada y con el uniforme roto a casa, por lo que su mamá terminaba de arreglar las cosas dándole una paliza por dejarse maltratar en la escuela, por su parte los profesores raras veces intervenían. ¡Qué vida de perro les tocaba! Pero aunque fuera así era mejor estar en la escuela que en la casa.

La época de las vacaciones eran los días más tristes para Melina. Primero porque sabía lo que le esperaba en casa; segundo, porque al final del año se enteraban si serían promovidas al grado siguiente o no; tercero porque les informaban las notas obtenidas en los exámenes y el porcentaje de promoción. Si las notas eran bajas ¡Ay, ay, ay! Para Melina cada año era igual, pasaba con el mismo porcentaje, aunque hacía esfuerzos sobre humanos para estudiar, sin embrago, las tantas noches sin poder dormir, el cansancio del trabajo, las palizas por todo y por nada por parte de su madre y los maltratos de su padrastro, le impedía concentrarse en las clases.

Contando la historia, recuerda la niña como en varias ocasiones ya habían terminado de hacer todo lo que se hacía al final del día, como lavar las latas o moldes en los que se cocía el pan, embolsar los famosos queiquitos uno por uno, pasar las bolsitas de ellos cerca de la llama de una candela, arreglar el pan en las vitrinas, en general ordenaban todo para el siguiente día. Ello ocurría casi siempre tipo o 8:30 de la noche, para finalizar hacían el bendito a su madre y daban las buenas noches, el bendito consistía en hacer una reverencia, juntando las dos manos como rezando para decirle: "Buenas noches le dé Dios mamá", más o menos como saludan los chinos o los japoneses en la actualidad, solo entonces podían irse a descansar, siempre y cuando no se le antojara al padrastro llegar a importunar. Sin embargo, a veces, eran despertadas a latigazos; entre dormidas se preguntaban ¿Por qué? ¿Qué pasa? ¿Qué hicimos? Pero la respuesta era: ¡Nada! Simplemente que la abuela había hecho acto de presencia en la casa, llevando chismes para calentarle la cabeza a Estela, quien no perdía ninguna oportunidad para golpearlas, pues al parecer pensaba que si esperaba hasta el día siguiente la furia le habría pasado y perdería el gusto de maltratarlas. También los trabajos forzados en la panadería influían en su mal rendimiento académico, pues carecían de tiempo para estudiar y para hacer sus deberes; en la escuela el profesor también contribuía con los castigos cuando no hacían los deberes, dándoles reglazos en las manos y en las piernas o poniéndolas a barrer y a trapear los corredores de la institución, inclusivo en la hora del recreo las dejaba de pie en una esquina del aula; actuaba con bastantes injusticias hacia ellas porque las consideraba las niñas ricas del pueblo.

Así las cosas, Melina tenía ya casi 8 o 9 años de edad, su madre había comprado una nueva casa, mejor dicho el terreno, y en él hizo construir una bonita casa de dos plantas; en la primera instalaron una panadería que contaba con diez o doce empleados más los cinco hijos del primer matrimonio que trabajan como verdaderos obreros; en la parte de arriba instaron los dormitorios. ¿Recuerdan que Melina le dijo a su madre a los 9 años lo que les hacía su padrastro? Bueno, gracias a su valentía consiguió que les hicieran una división de madera entre los varones y los conjugues a las tres hembras; sin embargo, Soraya quien ya tenía 3 años, contaba con su propia camita, mientras que Nora y Melina continuaban teniendo que dormir en la misma tarima.

Cabe aclarar que así como crecía el negocio de doña Estela, crecían también las propiedades, pues ya contaba con tres grandes casas y con un enorme terreno, el cual años más tarde, Adalberto, el hijo mayor, quien adelantó sus estudios en agricultura, utilizó para la siembra de cultivos mientras trabajaba para el ministerio de agricultura.

Entre los años 1968 y 1969 la Casa Grande, así se llamó a dicha casa, ya estaba terminada, toda la familia se instaló en ella, mientras que las de la esquina y la blanca fueron alquiladas, conservando solo la galera que estaba en medio de ambas como depósito para almacenar las enormes cantidades de leña que se utilizaban para calentar el horno y para cocer del pan dos veces al día.

En dicha galera había un pila en la que cabían una o dos personas dentro del agua, pegado estaba el lavadero y a como a dos metros de distancia, había una fosa séptica a la que llamaban "escusado". Esta parte de en medio de las dos casas, quedó para las necesidades de la panadería; quienes alquilaban la casa de la esquina tenían acceso a ella, a la pila, al lavadero, al excusado, a la cocina de leña; con candados se cerraban las enormes puertas de lámina y trozos de madera, las cuales siempre le causaron pavor a Melina. Cuando tenía 6 años la apariencia de la niña era flacucha y con carita triste, se recuerda a sí misma machucando con una piedra del tamaño de una papa grande, con sus dos manitas sacando fuerza de su flaqueza para quebrar atados de panela, o sea unos bloques de azúcar morena que eran del tamaño de un pequeño ladrillo, y los cuales había que partir en pequeños pedazos para agregarlos al pan dulce; ese era su trabajo de todos los días, muy laborioso por cierto para una niña de esa edad. Lo que en sí era lo más horrible, lo patético, lo sombrío de dichas casas era que no se veía ninguna alegría en ellas, como si en lugar de hogares fueran campos de concentración donde cada quien velaba por sí mismo.

Nunca hubo familiaridad, Melina se entendía mejor con las empleadas, sentía más compañerismo con ellas que con su familia. En realidad, nunca se sintió parte de esa familia, siempre, desde que tuvo uso de razón, el desprecio, especialmente el de su madre y su abuela, la hicieron considerarse en un mundo aparte, la hicieron encerrarse en ella misma y ponerse máscaras, fingía delante de la gente que todo estaba bien, llevando una sonrisa, mientras por dentro vivía completamente destrozada.

Los años pasaban su cuerpo estaba cambiando demasiado rápido y por ende su mentalidad, con tan solo con 9 años parecía de 14 y a sus apenas 11 años conoció su menstruación, cuando le vino esta por primera vez, creyó que su padrastro o su primo la habían dañado, pues ya no sabía al servicio de quien había estado el día anterior, también pensó que probablemente las golpizas le habían roto algo en su interior. No sabía en quién confiar, así que fue corriendo a meterse en la pila de la casa de la esquina. Allí pasó un buen rato lavándose y lavándose; ¿Quién les iba a decir algo sobre eso? En ocasiones atrás había tenido goteos en sus pantalones, pero esa vez era demasiado, era como si el pipi saliera con sangre. ¡Oh Dios, qué angustia! ¿A quién decirle, a quién pedirle ayuda? No había otra alternativa que su hermana Nora porque de ninguna manera a su madre, ¡No, no! Melina imaginaba que lo único que conseguiría si le informaba a ella sería una paliza y ser acusada de quién sabe qué.

Cuando se lo dijo a Nora, esta le explicó que su cuerpo estaba cambiando y que eso se llamaba «tener su regla» de cada mes, en otras palabras las dichosas menstruaciones. ¡Por Dios santo! Esto vendría a acabar de joder su situación, que ella ya vivía suficientes problemas, con tanto abuso, maltrato, trabajo y la escuela en la que apenas si pasaba cada grado, ¡Y ahora su cuerpo se transformaba! Para Melina era horrible, ese busto que no paraba de crecer y que no encontraba la manera de esconder, le salían pelo en los sobacos, en las piernas, en los brazos y en su "cucharita" (vagina).

La angustia, la desesperación, el miedo y toda clase de sentimientos que no podía controlar la invadían, y se decía para sí misma: "Dios mío sería mejor desaparecer" Esa vida no tenía sentido, con el miedo metido en el estómago y un dolor en el vientre casi insoportable, era igual o peor que los latigazos que le proporcionaba su madre cada vez que la castigaba, lo cual ocurría dos o tres veces por semana, era extraño cuando pasaban quince días sin golpizas, muy raro por cierto.

No soportaba el dolor, no tenía dinero para comprar una pastilla, menos aún servitas sanitarias, así que tanto ella como su hermana cortaban trapitos o lienzos de tela de los sacos de harina, los cuales lavaban, blanqueaban, secaban y doblaban para sujetarlos con ganchitos de ropa a sus calzones de algodón. ¡Qué cosa más incómoda esa! Pero no había alternativa. Después de usar los dichosos trapos, los lavaban y los reutilizaban. De esa tela de costales eran las sabanas y las sobre fundas de la familia, incluso doblaban algunos y les servían como almohadas.

Había cosas que no tenían explicación para Melina: ¿Si fuera de la casa todo el pueblo las consideraban las niñas ricas, las muchachas de Villareal, cómo era posible que dentro de ella vivieran con tanta miseria? Era un contraste difícil de sobrellevar.

Después de que Melina enfrentó a su madre diciéndole lo que su padrastro hacía con ella, el malvado hombre se calmó un poco, pues se le hacía más difícil entrar en el supuesto cuarto donde dormían Nora, Melina y Soraya. Durante algunos meses se aplacaron las noches de manoseos, pero no los castigos de su madre; ella y su hermana mayor continuaban siendo tratadas de putas e inútiles, más aún cuando la niña puso en evidencia los maltratos de aquel hombre; pues Doña Estela, quien nunca quiso a sus hijas, desarrolló una especie de celos y de rivalidad con ellas, tanto que llegó a acusarlas de ser quienes provocaban al adorado marido.

Cuánto detestaba esta señora a sus hijas, cuánto odiaba verlas transformarse en adolescentes, más aún tener que sopórtalas día tras día; cuando se cansaba de golpearlas, enviaba a los dos hermanos varones: Adalberto y Álvaro para que continuaran; ello hizo que nunca llegaran a quererse o a acercarse como parientes. Una vida, una familia, si es que eso se le puede llamar familia, extremadamente contradictoria, sin ningún fundamento, sin ningún valor moral, donde cada quien sobrevivía cómo podía. Cada uno robaba lo que podía, como Melina, quien desde chica agarraba todo el pan que podía meter debajo de su falda, dentro de sus calzones, y lo vendía a sus amigas por uno o dos centavos. De hecho, cuando empezó la escuela, hacía pan francés con frijoles y lo vendía a los compañeros a cinco centavos, de esa forma obtenía para comprar una pupusa o un dulce.

La vida en esa casa era una constante supervivencia, todo por supuesto a escondidas de su madre, de sus hermanos, del malvado padrastro y hasta de los empleados; no era nada fácil conseguir cinco o diez centavos. En varias ocasiones Melina fue sorprendida por una tía política que trabajaba para Doña Estela, quien ni triste ni perezosa corría a contarle a su jefa que la niña había escondido veinte centavos en sus zapatos, diez en cada uno. Como es de suponerse, ello era motivo suficiente para una paliza y para hacerla pasar todo el sábado, domingo o algunos días de vacaciones de rodillas en el suelo o acostada sin que pudiera levantarse, excepto para hacer sus necesidades y para comer su tradicional, el cual era llevado por la cocinera, doña Paquita.

¿Cuántas veces lloró esta señora al lado de Melina, teniendo que ponerle el plato de comida en el suelo sin poder hacer nada para ayudarla porque nadie, absolutamente nadie tenía derecho a sentir lastima por ellas? Hay algo que siempre ha intrigado a Melina, ¿Por qué si tanto a ella como Nora sufrían los mismos maltratos, nunca pudieron unirse como hermanas?

Nora era mucho más rebelde, se enfrentaba con su madre, con su abuela, con sus hermanos, y entre más gritaba y más se enfrentaba más duro le daban. En una ocasión cuando tenía 12 o 13 años, la lengona de su abuela, llegó a decirle a su madre que la había visto abrazándose con un muchacho, aunque no le dijo exactamente abrazándose si no…

-Mira Estela que vengo de ver a la puta desgraciada de tu hija Nora amontonándose con un hombre a la salida de la escuela.

Estela, que como de costumbre, esperaba el más mínimo motivo para castigarlas, sacó su maldito látigo de cuerdas de cuero y nudos en las puntas, lo metió dentro del agua y empezó a pegarle y a pegarle; Melina no recuerda haber dado motivo para ser golpeada también, pero lo hizo igual con ella. Nora sacando fuerzas de su debilidad, se agarró con su madre, se jalonearon para un lado y el otro, la melena de Nora parecía la melena de un león enfurecido, agarrando fuerza la empujó por el suelo y salió corriendo a la calle.

Estela también enfurecida, se levantó como pudo, pues en esa época era bastante gorda, ya que había descuidado bastante su cuerpo y su apariencia física, y gritó a Adalberto y a Álvaro que fueran tras Nora y la regresaran a casa como fuera; los dos hermanos así lo hicieron, fueron tras la chica. Entre tanto, la madre furiosa agarró a Melina por los pelos, cabe de decir que la cabellera negra de Melina era preciosa, larga y ondulada, la arrastró por el comedor, el baño, la cocina y comenzó a pegarle a ella también. Melina intentaba explicarle que no tenía la culpa de lo que había hecho su hermana, pero como de costumbre, no había necesidad de motivo alguno, el motivo era simplemente su existencia, pues para Estela habría sido preferible jamás haberla parido. La golpeaba y la golpeaba, parecía que sus ojos se le iban a salir de las órbitas, tanto era la rabia que tenía, que gritaba ociosidades y más ociosidades. Por fin, los hijos traen de arrastras a Nora y Estela se lanza sobre ella, parecía que iba a matar a su propia hija. Los latigazos caían por donde fuera, su cara ya no se veía porque le habían reventado los pómulos. No había parte de su cuerpo que no sangrara; al fin se cansó de golpearla y de gritarle vulgaridades; que ni a un perro se trata así.

Nora queda allí tirada en el suelo sin poder moverse, incapaz de articular palabra, tan solo lanzaba gemidos de dolor y dejaba caer sus lágrimas, tiene su flacucho cuerpo completamente ensangrentado, solo Dios estaba con ella. Melina también quedó hincada, pues su madre le reventó las piernas, sin embrago, con un enorme esfuerzo logra acercarse a su hermana y ambas permanecen tiradas en el suelo hasta bien entrada la noche. Los hermanos se compadecen de Nora y la ayudan a levantarse en cuanto ven que su madre se ha ido a dormir tranquilamente, cual si no hubiese pasado nada; agarrándola por los brazos, la llevan a la cama y se van a dormir ellos también. Melina ayuda a su hermana a limpiarse un poco la sangre que le escurre de cada herida que el maldito látigo le ha dejado; pobre Melina, ni sentía su propio dolor, al ver las condiciones en que quedó su hermana mayor. Ante tanto barbarismo, se decían que la solución era morir o encontrar un hombre que les ayudara y las sacara de esa maldita casa, de esa desgraciada familia.

Melina ya está en cuarto grado cuando piensa que la única manera de escapar es encontrar un hombre que se haga cargo de ella. Idea completamente falsa que perduró y perduró en su mente; pensaba que encontraría al príncipe azul que la salvaría y así su vida cambiaría. Cuán equivocada estaba Melina, cuán equivocada estaba Nora, por más que perseguían a los compañeritos de la escuela, que eran casi de su misma edad, ninguno quería saber nada de ellas, recuerden que eran las niñas ricas Villareal, las cuales participaban en los actos cívicos de la escuela, de vez en cuando eran las madrinas del equipo futbol y concursaban para reinas del pueblo, porque todo mundo creía que lo tenían todo; por ende nadie se atrevía a poner sus ojos sobre ellas y desafiar o enfrentar a la mujer más pudiente del pueblo, a la autoritaria y ricachona Estela María Villareal.

Después de la santa golpiza que les dio a Melina y a Nora, esta última fue incapaz de levantarse al día siguiente, tanto que Doña Estela mandó llamar al farmacéutico del pueblo para que curara las heridas abiertas por todo el cuerpo de la niña.

Nora pasó casi dos meses curándose las heridas con remedios caseros para evitar que le quedaran cicatrices en la cara y en el cuerpo. ¿Saben ustedes cuál fue la reacción del director del plan básico o sea lo que aquí se llama la segundaria? El señor director Tomás Hernández al verla marcada por los latigazos, le dio permiso para asistir a la escuela con pantalones y blusas de manga larga porque así se veían menos las heridas. ¿Pueden ustedes creerlo? Padre celestial y todos los santos del cielo, ¿No había nadie, absolutamente nadie que moviera un dedo para brindarles ayuda? Estaban en un mundo cruel y sin piedad. ¿Qué podían hacer? ¿Huir, escapar? Pero, ¿Para dónde? No conocían a nadie fuera del pueblo y en él nadie desafiaría a Doña Estela Villareal. No había más alternativa que continuar aguantando y aparentando que a pesar de las palizas, eran las niñas más ricas y felices del pueblo, las sipotas más afortunadas por vivir en una inmensa casa y con tantos empleados a sus servicios. Cuán equivocada estaban los habitantes del pueblo de San Jerónimo, en realidad ellas tenían peor trato que las sirvientas mismas.

Melina está ya en sexto grado, tiene casi 12 años, pero su estatura y su cuerpo parecen los de una adolescente mucho mayor; ella sigue en la búsqueda de un hombre que la saque de su casa, pero nadie apunta por el horizonte. Sin embargo, había un compañero de clase de nombre Ovidio Molina, un chico alto, delgado, de piel morena, bastante simpático, que le gustaba mucho. Es importante recalcar que esta niña era abusada desde muy tierna edad, por lo tanto, tenía el instinto sexual bien desarrollado, lo que la hacía imaginar que las cochinadas que tanto su padrastro como su primo la obligaban a hacer, eran normales y que a todos los hombres o jóvenes les gustaba que se las hicieran. Así que a su mente de niña perturbada, le parecía que tocándoles el sexo a los varones, atinaría a que alguno fuera su novio, el príncipe azul que la salvaría de las garras de los malvados, porque tras hacerlo, el muchacho se casaría con ella y se la llevaría a vivir muy lejos, donde sería feliz. Pero eran solo los sueños de una niña frustrada, de una niña confundida que no sabía qué cosa era buena y qué cosa era mala. Ideas de una mujer a la que le tomó 38 años de su vida aprender a diferenciar el amor de madre, de padre, de abuelos, de hermanos, de tíos, de primos, de marido y de amigos; amigos que en el fondo nunca tuvo.

Así que se dio a la tarea de acosar, de perseguir por todos los lados al pobre sipote Ovidio quien contaba con solo 13 años de edad, lo hostigaba, lo agarraba por la fuerza, lo besaba en la boca; el muchacho se resistía, se le corría, hasta llegó a tenerle miedo a la joven. Ella por su parte, en medio de la desesperación de que alguien la sacara de su infierno, lo seguía a la salida de la escuela hasta su casa, mientras que el pobre muchacho una vez en ella, se encerraba en uno de los cuartos y no salía hasta que se hubiera ido Melina. Al siguiente día, Ovidio se le escondía y hacía todo lo posible por evadirla, pero un día no pudo más, entonces se lo dijo a su mamá y esta fue a hablar con el profesor, quien a su vez se lo dijo al director; él la llevó a la dirección, llamó a su madre y ella prometió que Melina no volvería a molestar al compañerito de clase. Estela se la llevó para la casa y pueden imaginar la santa paliza que le dio…

Todos los medios, todos los intentos para pedir ayuda resultaban vanos, a partir de allí las consideraron las loquitas del pueblo; no había ningún respeto para ellas dentro de la casa y fue peor aun cuando tampoco lo hubo en la escuela ni en la calle. Por lo menos Nora se daba golpes con quien quisiera abusar de ella o pegarle, pero de Melina en cambio, cuántos y cuántos compañeros se burlaban, cuántos la manoseaban, diciéndole cosas horribles como:

-Te pago 50 centavos si me mamas la pija. O -Te doy 50 centavos porque no vales ni el colón, si te dejas meter la pija por el culo.

Las compañeras la agarraban del pelo y la arrastraban por los corredores de la escuela y entre dos o tres le pegaban humillándola hasta que se cansaban. En ocasiones alguien le avisaba a Nora, entonces ella corría a darles duro a las otras chicas, aunque no por amor a su hermana, sino porque le gustaba pelear; de esta manera había encontrado una forma de desahogar su cólera, su frustración, pues así como le daban riata en la casa, así la daba ella en la calle.

Con ello se hizo una reputación de boxeadora, así que muy pocos eran los que se atreverían a retarla, mucho menos Melina, quien nunca aprendió a pelear, aunque encontró una mejor manera para defenderse, decidió que le dijeran lo que le dijeran no respondería, permanecería callada lo más que le fuera posible, ignoraría a todas las personas de la escuela que la golpearan o la insultaran, especialmente a su hermana mayor, pues ella también se deleitaba maltratándola, probablemente porque haciéndolo desahogaba su cólera, su frustración; como todo ser humano que busca seres débiles con quien desquitarse de lo que otros le hacen. ¡Qué desgracia, qué maldición que ni su propia hermana, quien sufría lo mismo, llegara a quererla ni a respetarla!

A sus ocho o nueve años comenzó Melina a aplicar la ley del silencio, no hablaba con Nora, sino que la ignoraba, lo cual de cierta manera le dio un buen resultado, pues la maltrataba menos, al igual que sus demás hermanos. El problema fue que inconscientemente fue encerrándose en sí misma y cerrando cada vez más la posibilidad de que alguien le ayudara a escapar de la casa. Podían pasar hasta un año sin dirigirse la palabra, aunque vivieran en la misma casa y sufrieran los mismos maltratos.

Su madre tenía por costumbre tratarlas de hijas de sesenta mil putas, inútiles, partos refrigerados que no sirven ni para mierda, mierdas que ni para putas pueden servir y así hasta el cansancio. Pero Melina, aprendió a ignorar todo eso; dichas cancioncitas empezó a escucharlas desde muy tierna edad, sin poder comprender el porqué de tantos desprecios, ¿Por qué la rechazaba si era su hija? Hasta ahora no lo ha descubierto.

Melina lleva una rutina desde sus cinco años de vida, levantarse temprano, repartir el pan en las tiendas, comer frijoles con crema y pan, tomarse un vaso de leche, y cuidado con desperdiciar la comida, ¡Porque eh! En una ocasión la niña había llegado de repartir el pan a eso de las 6:30 de la mañana, como era domingo las empleadas de la panadería no trabajaban y por ende ella tampoco. Al regresar va a la cocina de leña en el fondo de la casa grande, agarra sus frijolitos y su leche y se sienta en el comedor, sitio en el que no tenía derecho de sentarse, pero está tan cansada que no alcanza a tomarse la leche y se queda dormida en la mesa. Al verla dormida, su madre la despierta y le dice que se acueste; la niña un poco adormitada y muy sorprendida por la amabilidad de su madre su se levanta de la mesa para ir a recostarse a una cama en la primera planta de la casa, donde debido a su cansancio, se duerme profundamente. Pero lo bueno vino cuando tras haber dormido lo suficiente intenta levantarse, pues al verla fuera de la cama su madre le grita:

-¿Quién putas te ha dado permisión para que te levantes hija de…? ¿La niña de mierda está cansada? Entonces duerma la niña.

Melina se quedó castigada en la cama todo el domingo, igualmente le dieron sus correllazos por haber desperdiciado la leche, pero para su consuelo se dijo:

-Hubiera podido ser peor.

Hasta por el más mínimo motivo, Melina era castigada, parecía que debía pagar por la cólera de su madre, por la frustración causada tras el abandono de su padre, por la influencia malsana de su abuela, y por la decisión que la misma Estela había tomado: «Seguir pariendo hijo», porque fueron sus decisiones, no las de Melina, entonces...¿Por qué? De tal manera que su existencia era una constante contradicción en la que no era ni una niña rica, ni una sirvienta, ni una prostituta como su madre la llamaba siempre, ni una niña pobre, ¿quién era entonces?

En otras ocasiones era obligada a cargar las canastas de pan en la cabeza, cosa que a le causaba mucha vergüenza, pues debía llevarlas al mercado en pleno día atravesando el parque central mientras la gente se burlaba de ella, ya que días antes había participado como madrina del equipo de fútbol donde había sido aplaudida su participación. Era una terrible contradicción que vivía constantemente y en su mente era incapaz de comprender este disturbio.

Los sueños de Melina

Cuando Melina terminó el cuarto grado, quería ser «cachiporra» de la escuela, actividad que se desarrollaba cada 15 de septiembre cuando se celebraba la independencia de El Salvador. Para dicha fecha, las escuelas privadas y públicas realizaban desfiles en todo el país. Ese día era grandioso a nivel nacional y era el sueño dorado de las niñas con bonitas piernas salir como «cachiporra» representado su escuela de por lo menos 1000 alumnos. Así que para cumplir dicho sueño, Melina le pide a su profesora de cuarto grado que la proponga para ser ella al siguiente año la cachiporra de la escuela Modesto Aguilar de la jornada de la mañana, pues escogían otra para la jornada de la tarde y 12 o 15 alumnos para la banda de guerra, ósea para tocar las trompetas, los tambores y los platillos.

Cuánto, pero cuánto deseaba Melina salir como cachiporra, que a escondidas de todos y más de su madre, cuando esta hacia su siesta, entre las 2:30 y las 3:30 de la tarde, jugaba a serlo. Entonces sostenía en sus manos un palo de escoba lo más recto posible a manera de cetro, aunque el de las cachiporras era de metal, muy bonito por cierto, le colocaba en las puntas dos bolas hechas con pita de los sacos de harina, desfilaba con él en secreto, y al terminar de jugar lo escondía en el terreno en el que hacía las siembras su hermano Adalberto; tenía una vecinita de nombre Adela, la cual era cómplice en su entrenamiento para cachiporra.

Adela no estaba muy entusiasmada con la idea de ser cachiporra, pues sabía que su cara y su cuerpo no eran tan bonitos como se requería para ello, además su familia era pobre y no tenía dinero suficiente para comprarle el vestido, las botas, los guantes, mandarle a arreglar el pelo, hacerle el maquillaje y en fin cubrir todos los detalles que implicaba desfilar. Melina por el contrario tenía un cuerpo muy desarrollado para su edad, su carita redonda, sus ojos negros al igual que las pestañas y las cejas, su nariz pequeñita bien perfilada, sus labios adecuadamente formados, una sonrisa muy agradable y una cabellera hermosa, así que en general era una niña muy bonita.

Entonces, Melina y Adela se ponían de acuerdo sobre los días que entrenarían, iban al terreno y hacía las piruetas que las cachiporras hacían con el bastón, darle vueltas en las manos, pasarlo por la espalda, por debajo de las piernas, tirarlo por el aire y cacharlo; el objetivo era no dejarlo caer al suelo.

Adela por su parte jugaba al tambor, soñándose en la banda de guerra; este lo había fabricado de un bote de leche en lata, a dicho bote le amarraba una cuerda o pita bien apretada y se lo sujetaba a la cintura; mientras que dos pedazos de madera le servían como bastones para hacer sonar el bote como un tambor, y con ello entonaba lo mejor posible la música militar: ram-pa-pa-pam, ram-pa-pa-pam- pam-pam-pam¡

Así que mientras Adela sonaba y resonaba el tambor, Melina desenfrenada, marchaba con las piernas para arriba y para abajo, tirando el bastón, lo cachaba hacia arriba, jugaba con él en sus manos y en ese momento era feliz, muy feliz, pues allí no cabían sufrimientos, era como si el mundo dejara de existir y solo estuvieran ella y Adela.

Jugando, soñaban que estaban en plena calle desfilando para miles de personas, para miles de estudiantes de todas las escuelas secundarias del pueblo; para Melina era como si se borraba todo lo que vivía cotidianamente, pues era respetada y admiraba por todos, se sentía bella y querida aunque fuera solo por un momento. Pero lo duro llegaba cuando Adela le anunciaba que era hora de terminar y que por tal debían volver a casa, no sin antes darle lo prometido a Adela, la paga por jugar haciendo la banda de guerra; esta consistía en una bolsita de almendradas, nombre de un pan dulce, el cual remojaban en agua para simular que estaban en el restaurante después del duro entretenimiento que habían tenido, esos son los momentos más dulces que recuerda Melina sobre su infancia.

En medio de tanta miseria, de tanto rechazo, buscaba desesperadamente una manera de aferrarse a la vida, pues desde los 11 años cuando tuvo su primera menstruación, hasta los 40, la idea de suicidarse no la abandonó. En otras palabras, vivió en estado depresivo durante casi 30 años, en los cuales tuvo tres intentos de suicido, vaya a saber usted por qué no lo logró, tal vez fue porque debía compartir su experiencia para que todos sepan que en cualquier momento, si lo desean y lo deciden, sus vidas pueden cambiar.

Al finalizar sus juegos, las chiquillas escondían los «instrumentos de la banda de guerra»: el bote que hacía de tambor y los palillos, junto con la «batuta», el palo de escoba que Melina había cortado con las dos bolitas de pita blanca, y salían corriendo para sus casas. Gracias a Dios, los padres de Adela eran más comprensivos que la mamá de Melina, estos tenían un molino, en el cual procesaban el maíz de las personas que vendían las famosas tortillas y pupusas de San Jerónimo, pues mucha gente del pueblo vivía de la venta de estas deliciosas pupusas salvadoreñas.

Así pues, la vida de Adela era bastante más calmada, su madre, su tía y su papá se encargaban del molino, ella solo iba a la escuela, ayudaba a su tía Rosa a hacer la limpieza, la comida y el resto del tiempo hacía sus deberes, jugaba o veía televisión, por ello tenía tiempo de sobra para entrenar con Melina, además le encantaba que cuando terminaban de hacerlo, saboreaban el pan dulce que Melina sacaba delicadamente de la panadería.

Melina salía corriendo de regreso a casa y entraba cuidadosamente, por la puerta del taller de panadería, se ponía el delantal y regresaba al trabajo antes de que su mamá se levantara; las empleadas por supuesto eran cómplices, pues sentían cierta compasión por la niña, así que la dejaban irse una hora cuando la patrona estaba dormida.

Melina le había comunicado a la profesora su sueño de ser cachiporra comentándole que se entrenaba lo que más podía, que consideraba que sola había aprendido bastante y que complementando con el entrenamiento que le darían en la escuela, ella sería perfecta, pues era lo que más deseaba hacer en la vida. Melina había aprendido tan bien, que cuando la profesora, la señora Rita Zepeda la llevó a un entrenamiento, quedó sorprendida de cómo la niña hacía las piruetas con la batuta; esta vez la profesora le prestó un bastón de verdad, lo cual transportó a Melina al séptimo cielo.

Hasta ahí todo iba bien, la señora Zepeda habló con el director y este estuvo de acuerdo, pero faltaba lo principal, que su madre digiera que sí, que aceptara pagar los gastos que ello implicaba. Nadie pensaba que fuera imposible, pues la madre tenía dinero, además era costurera y podía hacerle los vestidos de la niña; las botas y los guantes no eran mucho gasto, entonces pensaban que todo estaba arreglado.

Así que para solicitar la autorización de la madre, se dirigen a su casa el director y dos profesores de la escuela donde estudiaba Melina Villareal, pues ese fue el nombre con el que la niña estudió toda su primaria en la escuela Modesto Aguilar, corría el año 1971. Pero cuál sería la sorpresa del director y de los profesores cuando Doña Estela en lugar de sentirse honrada porque había escogido a su hija en medio de 200-250 alumnas para tan alto menester, se ofuscó manifestando desagrado por la idea, a la cual se negó categóricamente. No hubo poder humano que la hiciera cambiar de opinión, su decisión fue:

-No lo siento mucho, tal vez el año próximo Melina tendrá la oportunidad.

La niña continuaba suplicando:

-Al menos déjeme participar en la banda de guerra, no tiene que comprarme ni hacerme nada, llevaré el mismo uniforme viejo de todo el año, los mismos zapatos, me peinaré y me maquillare sola. Solo déjeme ir a los entrenamientos y me portaré bien, me portaré lo mejor que pueda mamá; ¡Por favor mamá déjeme participar!

Pero si ya se portaba lo mejor que podía, era la sirvienta de todos, no tenía nada, no se quejaba por nada, lo único que hacía era que a sus 10 años ya quería andar de novia, pero era solo por el deseo de salir de las garras de su madre, sin embargo, tan poco ello sucedió fácilmente. No obstante, Estela no cedió ni un céntimo, por el contrario, como de costumbre, no le importaron el llanto, el dolor de su hija, ni frustrarle la vida, parecía más bien todo lo contrario, gozaba con verla sufrir.

Así acabaron los sueños de Melina, quien había entrenado tanto para ser cachiporra y ni siquiera pudo participar en la banda de guerra, quedó con el alma hecha pedazos; sabía que su madre tenía los medios para dejarla, pero que simplemente dijo:

-No.

Porque no tenía amor, ni siquiera un poquito de compasión para su hija. Lloró mucho, muchísimo por ese acto despiadado de su madre, pero ni por él llegó a odiarla, aunque sí guardó resentimiento hacia ella durante muchos años. Pero el sueño de Adela si se realizó pues ella participo ese año en la banda de guerra gracias a todo lo que ella había entrenado con Melina. Esta estaba contenta por su amiga porque por lo menos se sentía orgullosa de haber entrenado con ella.

Por años no le cupo en su mente que una madre llegara a ser tan cruel, tan despiadada, pues en lugar de ser una madre, era un verdugo que gozaba con el sufrimiento de su cuarta hija; cuarta hija que no tenía ninguna culpa de haber venido al mundo, cuarta hija que, si hubiera obedecido a su ex marido haciéndose operar cuando este la mandó a la ciudad, no hubiese nacido y por tal hubiese evitado sentirse culpable del abandono del cobarde de su padre biológico, el desgraciado Norberto Gómez.

Así iban las cosas, nada cambiaba al interior de la casa, el maltrato era el mismo, pero Melina ya no dejaba que Mario, el padrastro, se le acercara, pues para entonces, mantenía un cuchillo debajo de la almohada y cada vez que el viejo intentaba acercársele, lo amenazaba jurándole que lo mataría o le cortaría los huevos; tuvo que hacerlo porque el viejo malvado encontró la forma de quitarle la llave a la puerta que daba al patio de la segunda planta, así que entraba y salía cuando le daba la gana; solo que ya no salía victorioso como antes, ahora se devuelve enojado o mejor frustrado porque ya no logra tacarla del miedo que ella le meta el cuchillo por la espalda.

Melina está entre los 11 y los 12 años, su madre ya sabe lo que este hombre ingrato hace con sus hijas, pero parece que no le importa, quizás las hijas pagan el precio para que su madre conserve a su marido, el hombre del hogar, un ser que no llega ni a la ¨H¨ de hombre, porque no es más que un alcohólico empedernido que trabajaba tres días y se emborracha cuatro. Un ser que sirve como fachada, pues el poco dinero que le hace ganar a Doña Estela en la fabricación del pan, lo derrocha en alcohol y en prostitutas. Pero aun así, ella quería a toda costa conservar dicha escoria, dicha ave de rapiña como marido, porque conservándolo a su lado, se daba el lujo de decir que por lo menos dos de sus hijos, Soraya y Melvin, tenían padre; así que Melina se decía que el precio que Nora y ella estaban pagando para que ello, era demasiado costoso.

Melina continua creciendo en el mismo ambiente hostil y desagradable, ya casi cumple 12 años y está terminando el sexto grado; se ha convertido en una muchacha de 1 metro con 62 centímetros de estatura, tiene tremendas piernas, tremendo busto; en fin a sus 12 años, es una adolescente que parece de 17. Sin embargo, aunque es una linda joven, su madre no siente ningún cariño ni admiración hacia ella, más bien siente celos al verla tan formada; la mira como a una rival, lo cual hace que su odio se acentúe cada vez más y que le sea imposible disimularlo.

Con los varones y con Soraya todo es diferente, ellos tienen toda la autoridad para golpear, para humillar o para hacer lo que se les dé la gana con sus hermanas Nora y Melina, pero no con Soraya, hija menor del Mario Mercado. Cada vez que este hombre estaba borracho, le era imposible hacer bien su trabajo en la panadería, mejor dicho, apenas si trabajaba, pues cada semana tenían que buscar quien hiciera y horneara el pan, porque aunque Adalberto y Álvaro también trabajaban allí, no alcanzaban a hacerlo todo ya que había una gran producción de pan francés especialmente. Pero el cobarde del padrastro se creía indispensable, así que hacía de la vida de toda la familia un infierno y durante cada borrachera decía que se quería suicidar, al tiempo que le juraba amor eterno a Estela. ¿Qué hacía una mujer bonita, con clase, con buena educación, con un hombre así? Sí, porque delante del pueblo ella era una mujer respetada, no muy querida, por ser tan drástica, pero sí respetada, aunque más por miedo que por cariño. Debido a ello nadie se atrevía a criticarla cuando el payaso de su marido la ridiculizaba haciendo grandes escándalos en los salones donde trabajaban las putas. ¿Cuántas veces la policía lo metía preso por los escándalos que hacía? Y ¿Cuántas veces fue ella a la cárcel a pagar la multa para que lo dejaran libre? El viejo prometía que no volvería a hacerlo, pero uno o dos meses después, la misma historia. Cuando, en algunas ocasiones, ella lo corría de la casa, pues todas las propiedades eran suyas, él la amenazaba con que si lo dejaba, se suicidaba; cobarde, jamás llegó ni a intentarlo. Pese a ello, en una ocasión se fue de la casa, llevándose con él a su hija Soraya, a quien Estela sí amaba de verdad, ella no parecía inquieta o mejor no lo demostró, sin embargo, dos días después de su partida, se fue en busca de la pequeña, que tenía ya como cuatro años para esa época; y pues bueno, la llevó de regreso a casa y con la niña también a su consentido marido.

Era una pareja de escándalo en escándalo, dando ejemplos penosos a sus hijos, queriendo ser una buena mujer, una buena patrona. Aparentaba ser una mujer respetable en el pueblo, hasta prestaba su casa para hacer las elecciones municipales de alcaldes y diputados; pero al tiempo era un verdugo para sus hijas Nora y Melina, más con esta última porque al menos la primera era la consentida de su abuela, aunque también era la más rebelde, por lo cual aguantaba más golpizas. Era raro verla sonreír, verla contenta; probablemente vivía en estado depresivo, con cólera con la vida, lo cual hacía que nadie supiera a qué atenerse con ella, ya que sin previo aviso explotaba en ataques de rabia, eran tal, que daban miedo. Los empleados hacían todo lo mejor posible por no contrariarla para no perder su trabajito. Los hijos varones eran bien educados, no daban mayores problemas y tenían libertad para hacer lo que quisieran, estudiaban, ayudaban en la panadería, tenían amigos, sus vidas eran bastante confortables. Soraya y Melvin ni se diga, eran los niños mimados de Estela, disfrutaban de todo, tenían niñera que los cuidaba, los llevaban al parque a jugar, poseían juguetes, muñecas, algo que tanto deseó Melina.

Pero, ¿Quién era Estela Villareal? Tenía siete hijos, despreciaba a dos de sus hijas. ¿Era tal el desprecio que nunca quiso creer en su hija cuando esta le comento los manoseos de su padrastro? Además tenía la osadía de acusarlas de que eran ellas quienes lo provocaban, cuando solo tenían seis y ocho años de edad. Era imposible que no se diera cuenta de lo que ocurría cuando vivían en la casa blanca, donde dormían amontonados en un solo cuarto, así que bastaba levantar la cabeza para ver a todos sus hijos; era imposible que no se enterará de que su marido estaba arrodillado en la orilla de la cama de Melina; con una mano la manoseaba, mientras que con la otra le tapaba la boca; pobre criatura sin entender a sus cinco años lo que pasaba. Es imposible creer que no se dieron cuenta de nada la madre ni los hermanos. Todos cerraban los ojos a la realidad, cerraban los ojos porque ninguno sentía amor hacía las niñas así que no les importaba lo que ellas sufrían.

Las navidades nunca tuvieron mayor importancia para Melina, pues era la época en la que más se trabajaba en la panadería; se hacía el doble de pan francés porque la mayoría de la gente celebraba navidad y año nuevo comiendo pan con pavo, o con pollo aquellos que no tenían mucho dinero. En su casa, la comida de navidad dependía del humor que tuviera su madre, pero año nuevo nunca se celebraba. Una navidad, Estela le compró a melina un muñeco en plástico muy feo, el cual no le gustó, pues ella adoraba las muñecas preciosas de pelo largo que tenía su hermanita Soraya.

Soraya, la niña más consentida, metía sus bonitas muñecas en la pila de agua y jugaba a bañarlas, pero ocurría que cuando se les mojaba el pelo, se les caía, entonces la niña presumida, las botaba. Corría Melina a recogerlas, las escondía y los domingos que trabajaba menos en la panadería, las sacaba, les ponía un calcetín de su hermanita menor en la cabeza y listo, las muñecas volvían a tener pelo; eran la adoración de Melina. Ella conservaba el instinto de niña, por ello le gustaba jugar con las muñecas pelonas que su hermanita tiraba a la basura y les hacía vestidos a mano. Tanto su abuela Catalina como su madre eran costureras, pero ninguna de las dos pensó en enseñarles el arte de la costura a las niñas, sin embargo Melina y Nora se convirtieron también en costureras, y con ello se defendieron más tarde en la vida; años más tarde, la primera se juró a sí misma que nunca volvería a trabajar en panadería, debido al profundo odio que le tenía a ese trabajo, y así fue, cumplió su palabra.

Estábamos en que Melina recogía las muñecas pelonas; a una de ellas le puso por nombre Sandra Patricia, esta fue su adoración; le confeccionaba lindos vestidos de los restantes de tela que su madre botaba cuando hacía costuras para la familia. En una ocasión le hizo un trajecito de cachiporra con la faldita de paletones roja bien plisada, una blusita blanca manga larga con galardones dorados adelante y una gorra con una bolita blanca y roja de lana en el copete, también con tela le hizo las botas. De ese modo, la muñeca se convirtió en la cachiporra que la niña siempre quiso ser. Luego fue al fotógrafo y le hizo tomar fotos a su muñeca. ¿Cómo obtuvo dinero para las fotos? Para entonces, su madre le pagaba un colón, (más o menos 25 centavos de dólar americano), a la semana por el trabajo realizado en la panadería, cuando las empleadas ganaban 25 colones por semana, 10 dólares americanos en aquel tiempo. ¡Qué desigualdad! Aún las empleadas valían más que Melina. Pero al menos contaba con ese dinero para comprarse alguna cosita que le gustara. Ese día le sacó fotos a su muñeca vestida de cachiporra, estaba tan feliz de su hazaña, de haber descubierto un talento que no se conocía, tanto que hasta su madre se quedó sorprendida; y más se quedó Melina cuando Doña Estela les compró una linda maquina eléctrica y les dijo:

-Se las compré porque ambas están aprendiendo a coser por sus propios medios.

Jamás ella ni la abuela se preocuparon por ensenarles, menos aún iban a gastar dinero en ese par de inútiles para que fueran a una academia a aprender el arte de la costura, sin embargo Melina llegó a confeccionar hasta vestidos de novia, tuvo su tallercito y con él sobrevivió muchos años más.

Melina estaba terminando sexto grado, era el fin del año 1973 y en enero del 74 comenzaría el primer grado de educación básica; se sentía emocionada, pero al mismo tiempo presentía que su vida cambiaría, hubiese sido bueno si el cambio hubiera sido positivo, pero fue totalmente lo contrario. Como comenzaría su primer año básico, el plan básico o tercer ciclo básico, como se llamaba a la escuela, exigía que se presentaran las actas de nacimiento de cada alumno. Y cuál sería la enorme sorpresa, la enorme decepción y la gran frustración de Melina, cuando una vez más se vio enfrentada a una confusión que frustraría más su existencia.

Resultó, que había hecho toda su escuela primaria con gente que la conocía con el nombre Melina Beatriz Villareal, pero al presentar el acta de nacimiento, su verdadero nombre era Melina Beatriz Gómez Medina. La jovencita se quedó perpleja, se quedó muda y rompió a llorar:

-Pero ¿Por qué? Porque tengo otro apellido ¿Por qué mamá?

Doña Estela que no soportaba ver llorar a su hija, porque se enfurecía, en lugar de sentir compasión, al llegar a casa le ordenó a la niña callarse y con toda la fuerza de su desprecio le contestó:

-Preguntas por qué tienes otros apellidos, pues te diré, porque putas como vos no merecen llevar mi apellido. Te basta como respuesta o querés más. ¡No mereces llevar el Villareal!

Melina se quedó callada, se tragó sus lágrimas y enrojeció de dolor y de cólera, mezcla que se le hacía difícil controlar; ese día, más que nunca, sintió deseos de morir, de escapar, y sin poder decir una palabra, corío a la planta de arriba diciéndose para sí misma:

-Si es verdad que existe un Dios, que venga y que me lleve con él, y si no es mi momento que me ayude a saber qué hacer. No sé quién soy, si soy rica o si soy pobre, si soy puta o si no lo soy, si soy quién provoca estas situaciones insensatas o no. Solo tengo 13 años, y siento que es difícil vivir como he vivido hasta hoy, pero más ahora que ya no soy Villareal, sino Gómez Medina, ¿De dónde diablos han sacado esos apellidos?

Eran los apellidos de un padre que Melina nunca conoció, un padre cuya existencia desconocía, pero se los imponían. Ese momento dejó marcada a Melina para el resto de su vida. Se juró que nunca volvería a llevar el apellido de su madre, y hasta ahora ha cumplido su palabra.

Así comenzó la escuela básica, diciéndose que tal vez allí encontraría un muchacho que se convirtiese en su novio y la pidiera en matrimonio, para poder escapar; pues entre más crecía más y más fuertes se hacían las golpizas, más y más difícil se hacía la convivencia con los hermanos, especialmente con Nora, quien estaba tan curtida de las golpizas de su madre que ya no le importaba hacer cualquier burrada para que la castigaran, el problema era que le echaban también la culpa a Melina y ambas eran maltratadas quedándose hincadas durante todo el día y toda la noche. En una ocasión, fueron castigadas, por cualquier motivo, ya no había importancia, las dejaron hincadas, entonces, el malvado Mario Mercado, quien no perdía una oportunidad, intentó agarrarles los senos, pero Melina, quien para entonces tendría 12 años y medio, junto con Nora que contaba con 14, lo agarraron del pelo, le dieron puñetazos y lo arañaron; el viejo como pudo se soltó y salió corriendo a decirle a Doña Estela que las dos salvajes de sus hijas lo habían golpeado sin motivo alguno.

Serían las dos o las tres de la madrugada, era la hora en que se echaba leña al fuego y se encendía el ornó para que se cosiera el pan francés; a las cuatro, estaban las dos de rodillas, no podían más con el cansancio, así que se habían quedado dormidas en el suelo; de repente, sintieron la primera patada, la cual cayó en sus caras seguida de jalones de pelo, la madre las levanta, las ponen de pie y cachetada tras cachetadas les dice:

-Par de putas, ¿Cómo se atreven a tocar a mi marido? ¿Cómo se atreven a faltarle al respeto a un adulto?

Sí, era un adulto, pero era también peor que un animal, peor que una bestia, pues no tenía la más mínima educación, no valía ni la cabuya de un cigarro. Era él quien merecía ser castigado, no sus hijas. Pero las injusticias continuaban, no había ningún cambio en las actitudes de Doña Estela, en las de su marido.

Corría enero de 1973, era tiempo de las fiestas patronales y como siempre el pueblo estaba de algarabía, todo parecía transformarse, aparecían las ruedas de chicago grande, el rock and roll, los kioscos de dulces típicos del país. No era como las fiestas de navidad o año nuevo. Toda la gente, pobres y ricos se ponían sus mejores galas para asistir a la iglesia, para acompañar las procesiones del Señor de las misericordias, especialmente cuando llegaba el gran día, el 14 de enero, día en que los organizadores del evento llevaban los mejores grupos musicales del país a San Jerónimo. Todo era fabuloso, el reventar de cohetes, los bailes en la alcaldía municipal, las carrozas; por algunos días el pueblo olvidaba de lo duro de la vida cotidiana y la gente se dejaba envolver por la alegría que proporcionaban las luces, la música y las dedicatorias que los jóvenes enamorados les hacían a sus chicas por medio de los enormes parlantes que traían los encargados de las ruedas mecánicas.

Todo era un encanto también para las hermanas Nora y Melina; es cómico y doloroso lo que habría de sucederles. Ambas estaban obligadas a trabajar en la panadería, a veces igualmente las ponían a cocinar; ese día Nora había puesto a cocer frijoles en la cocina de leña de la casa, de repente, se escucharon las bandas de guerra que anunciaban el desfile de las carrozas; sin pensarlo dos veces, salieron ella y Melina corriendo a la calle, quedándose lelas al ver las jóvenes montadas en sus lindas carrozas, adornadas con los colores más lindos que se pudieran imaginar; iban maquilladas, con sus cabellos bien arreglados y sus vestidos preciosos; estaban bocas abiertas, soñando que tal vez un día ellas también, podrían participar en el reinado del pueblo; olvidaron que debían regresar al trabajo, y que los frijoles habían quedado en el fuego. De repente escucharon el grito de Álvaro que les ordenaba regresar inmediatamente a casa; los dichosos frijoles se quemaron y no solo ellos, la olla también. ¿Se imaginan perder dos libras de frijoles, más una olla? Eso era imperdonable, era como si hubieran cometido un crimen. Melina y Nora regresan corriendo a la casa, Álvaro estaba parado en medio de la cocina y el comedor, el mal olor de los frijoles quemados se sentía por toda la casa, al igual que la furia de Doña Estela quien le ordenó a Álvaro castigar a ese par de putas inservibles. Álvaro preguntó cuál de las dos había puesto los frijoles a cocer, Melina se queda callada y no avanza, como presintiendo lo que pasaría, Nora da unos pasos hacia adelante, se queda a un metro de distancia de Álvaro y le dice:

-Yo, ¡Yo fui quien puso los frijoles!

Ni bien había terminado de decir la frase cuando Álvaro le pega una trompada con el puño cerrado en plena cara, la pobre se va de reculada y cae tres metros atrás con la boca reventada y botando sangre. Melina se queda petrificada, no es capaz de moverse, siente que en ese momento van a matarlas, siente un terrible escalofrío por todo el cuerpo y se dice:

-¡Ahora sí, nos llegó la hora!

Nora quedó medio inconsciente, no era capaz de ponerse de pie, Melina en medio de su miedo, hizo algo por ayudar a su hermana, ganando tiempo para que no le rompan asimismo a ella la boca. Probablemente para Álvaro también fue impactante lo que acababa de hacer, al ver a su hermana totalmente ensangrentada, desapareció su cólera y no continúo golpeándola, solo ordenó que limpiaran la cocina y que botaran la olla con los frijoles.

Cada día los castigos se hacían más y más violentos, ya no les bastaba con darles con un cincho o con el maldito látigo de cuero, sino que las golpeaban como a hombres, a puño cerrado, como si fueran unas vulgares chicas de la calle. En ciertos momentos había compasión entre las dos hermanas, pero era incomprensible cómo una semana después Nora estuviera de nuevo en contra de Melina, acusándola de que le pegaban menos y volviendo a la misma situación de discordia entre las dos. A Melina le costaba mucho comprender porque su hermana actuaba así; tendrían que pasar muchísimos años para que entendiera el sentimiento de celo y de envidia que habitaba en el corazón de Nora.

El año estaba a punto de terminar, y aunque había pasado el sexto grado con notas muy bajas, después de las fiestas patronales, Melina comenzaría el séptimo grado. En medio de todo lo que vivía, el solo hecho de regresar a la escuela era para ella motivo de alegría; su madre le hacía nuevos uniformes, le compraban zapatos y para ese año también le había regalado un par de sostenes, lo cual le generó una enorme alegría, al fin podría cubrirse el enorme busto que tanta pena le daba; además les compraban cuadernos y lapiceros nuevos a ella y a su hermana. Todo eso significaba mucho para ambas, por momentos creían que en el fondo del corazón de su madre, había un poquito de amor hacia ellas; aunque tal vez, todas esas cosas nuevas, se debían a una simple obligación.

Melina comenzaría su séptimo grado en el próximo año, ella es bastante tímida y siente dificultad para hacerse a nuevas amigas, pero desde en noviembre ella ha comenzado a ser la novia de un joven de nombre Armando Portales, un chico de piel morena y mirada jovial a quien le gustaba hacer bromas; quizás fue eso lo que atrajo también el interés de Melina. Armando era un muchacho como la mayoría de los jóvenes de su edad, vivía con sus padres y sus cinco hermanos, tres varones y dos hembras, pertenecía a una familia de gente trabajadora, considerada de clase media; tenían comodidades económicas y de cierta forma eran apreciados en el pueblo, especialmente él a quien le gustaba jugar futbol y estar acompañado por los jóvenes de su equipo, pues tenía muchos amigos. Sus padres eran el señor Jeremías Portales y su esposa la señora Marta Cabrera de Portales, personas trabajadoras; él compraba y vendía ganado, mientras que sus hijos mayores Felipe, Armando y Elías trabajan pasteando vacas y bueyes e incluso montando a caballo para llevar y traer el ganado, hacían su trabajo antes de ir a la escuela y al regresar de ella; más les valía realizar bien las labores, pues su padre era estricto con todos sus hijos. No menos que la madre, Doña Martita como le llamaba por cariño la gente del pueblo. Don Jeremías ganaba dinero con el ganado, Doña Martita administraba un salón de prostitutas llamado "El Cristal" y dos cantinas donde vendían agua ardiente, alcohol de 55%. Además tenían una pequeña tienda en la entrada principal de la casa en la que habitaba la familia completa, a excepción de Rosa, la hermana mayor, quien ya estaba casada cuando Melina conoció a Armando y vivía en la capital de San Salvador. Rosa sería una persona de gran ayuda para Melina un año más tarde. Como podemos verlo, la familia Portales no vivía mal, tenía buena solvencia económica, aunque tres de sus negocios no eran muy recomendables, pero eran negocios como cualquier otro, pagaban impuestos y de todas formas alguien debía tenerlos para alegría de los campesinos que llegaban al pueblo los sábados y los domingos desde sus cantones a vender el fruto de su trabajo en el campo; pues de pasada dejaban sus ganancias en las cantinas, al tiempo que se daban un poco de placer con las mujeres alegres del «Cristal»; ello hacia parte de la rutina del pueblo, donde la música salía de las cinqueras, aparato al que le echaban cinco centavos para que sonara las canciones.

El de Armando era un ambiente completamente diferente al de Melina, pero como dicen: uno no escoge la familia, le toca porque le toca. Aunque sus padres eran estrictos con sus hijos y tuvieran esa clase de comercio, jamás les faltaban al respeto. Armando le contaba a Melina que si a veces no hacían las cosas como su papá o su mamá les decían, los castigaban, pero también tenían bastante libertad, un poco menos la hembra, por supuesto; en aquellas tierras nacer mujer parecía un crimen. Don Jeremías, era delgado, con rostro perfilado, bastante simpático y muy severo, lo difícil era que le gustaba beber mucho alcohol y había días en los que se perdía completamente en las borracheras, podía pasar meses y meses bebiendo y bebiendo. Un hombre tan trabajador como él, no pudo controlar la incidía, y para el año 1974 fue la causa de su muerte. La muerte del señor Portales causó gran consternación en el pueblo. Doña Marta pasó a ser viuda de Portales, quedando sola con síes hijos a cargo. Ella era una mujer de carácter fuerte, a pesar de ser pequeña de estatura, su valentía la hacía seguir adelante, tenía carita redonda, ojos oscuros y labios delgados, pero contaba con una voz ronca que imponía autoridad. Siempre fue atenta con sus hijos, trataba de darles la mejor educación posible y de hacerles entender que el hecho de tener ese tipo de negocios, no significaba que debían hacer lo mismo que había hecho el padre; deseaba que estudiaran lo más que les fuera posible, así que se enfocaba en darles lo necesario; sin embargo, no todos nacemos para el estudio y como hombres que eran, también hacían de las suyas.

Cuando Armando comenzó a enamorar a Melina, ella sabía qué clase de negocios tenían sus padres, pero también sabía que eran pocos los muchachos del pueblo que se atrevían a acercársele por miedo a Doña Estela; algunos las consideraban las riquillas del pueblo, otros las locas y las coquetas, pues al igual que su hermana Nora, siempre andaba en busca de un hombre que se hiciera cargo de ellas. Los muchachos que pertenecían a las familias más acomodadas o adineradas jamás pusieron sus ojos en ellas, aunque no eran nada feas, por el contrario, cada una tenía su belleza y su gracia. Desde noviembre que Melina aceptó ser la novia de Armando Portales; él era más pequeño que ella, de hecho le decían "pequeño" como mal apodo; físicamente no era muy guapo que digamos: moreno, de ojos café oscuros, nariz puntadita y labios pequeños como los de la madre; él y su hermana Rosa eran los más parecidos a ella; pero hubo algo que hizo que Melina se enamorara de él y fue que a pesar de ser un joven de 18 años, no le importó que todo el pueblo le tuviera miedo a Doña Estela Villareal, y le dijo que quería a Melina y que un día se casaría con ella o la robaría. Al escuchar tales palabras, Melina sintió que al fin había encontrado al hombre valiente que necesitaba para que la sacara del infierno de su casa.

Salir del fuego para caer al brasero

Pasaron la navidad del 73 saliendo a escondidas de su madre; sus compañeras del sexto grado se burlaban de ella, diciéndole: «chiquito pero matón»; a ella no le importaban las críticas de la gente del pueblo, donde todo se sabía en el mismo momento. Apenas salía a escondidas de su casa para verse con Armando, su mamá se enteraba y a su regreso, llegaban las cinchasiadas, pero se las aguantaba diciéndose que pronto todo terminaría porque al fin, aunque fuera chaparro, había encontrado a alguien que la amara, que le diera caricias, alguien a quien abrazar y besar con agrado mutuo. Cuando estaba con él, quería que el tiempo se detuviera y que él le dijera que se fueran juntos, pero las cosas no eran así de fáciles, él aún estaba en noveno grado, pronto iría al bachillerato, y aunque ya trabajaba un poco, continuaba dependiendo de su madre.

Cuando Melina estaba con Armando, olvidaba todas las barbaridades que su padrastro le había hecho vivir, olvidaba todas las noches de insomnio y de ingratitudes e inconscientemente deseaba hacer el amor o tener sexo con su novio, pues debido a todo lo que había sido sometida, ella tenía su instinto sexual muy desarrollado para su corta edad.

Armando era solamente cinco años mayor que ella, pero tenía mucha más experiencia de la vida, había conocido mucha más gente tanto del interior como del exterior del pueblo, ello debido a los negocios de sus padres y a que a sus 18 años ya tenía Permiso para conducir, por lo que, manejaba un camión pequeño en el que transportaba gente del pueblo vecino. Tenía grandes cualidades, era un hombrecito muy, pero muy trabajador y sobre todo muy optimista, siempre andaba sonriendo, así que hacía sonreír a Melina aunque un día antes la hubieran castigado a causa de andar con él; sin embargo, a pesar de que en un principio se mostró como un ser humano muy positivo, con el tiempo Melina descubrió su lado negativo, pues se convirtió en alguien extremadamente celoso, posesivo y violento.

Habían transcurrido casi dos meses desde que Melina estaba saliendo con Armando, y ha llegado el momento que tanto esperaban, él le pide una prueba de amor. Melina sabe en qué consiste, así que se dice para sí misma:

—Si es que me queda un poco de virginidad, mejor se la entregó a Armando que al menos dice quererme, antes de que terminen de arruinarme.

Para ella era una dicha besarlo y abrasarlo, por lo menos lo hacía con agrado, porque lo quería, así que deseaba estar con él. Fue así como en enero del 74 se dan cita en un local en el que ensayaba el grupo musical del pueblo, ya que uno de los integrantes llamado Mariano, era amigo de Armando y accedió a prestarle la llave de la puerta principal. Lo hicieron aprovechando la hora de la siesta de Doña Estela; hora en la que la joven se ponía de acuerdo con las panaderas para salir corriendo a encontrarse con su amado. Ese día, tuvieron sexo completo por primera vez, ella se entregó sin ninguna reserva, aunque a decir verdad, ninguno de los dos tenía mucha experiencia. De pie, apoyados en una pared, comenzaron a acariciarse, él la tocaba por aquí y por allá, sin ninguna coordinación; quizás estaba emocionado al ver aquellos senos tan voluminosos y aquel cuerpo tan desarrollado para su corta edad, especialmente porque Melina se dejaba tocar sin decir una palabra. Cuando la penetró, ella sintió dolor, pero no tanto como el que sus amigas le habían contado, Armando disfrutaba de aquel momento, pero se dio cuenta de que su novia no era totalmente virgen. En un acto de improvisación él se quitó la camisa, la puso en el suelo y se lanzaron ambos como queriendo salir de la duda, él iba más y más fuerte.

Cuando terminó, como se dice vulgarmente, se levantó bastante frustrado, enojado y confundido sin comprender lo que estaba pasando, entonces en un arranque de cólera, la miró fijamente a los ojos haciéndole muchas preguntas a la vez:

-¿Pero vos ya no estás virgen? ¿Ya no tienes nada de niña? Decime la verdad hija de p... ¿Con cuántos hombres te has acostado? ¿Cuántos te han pasado por encima? ¡Contéstame, contéstame!

La frustración de Armando es tan grande que no se da cuenta cuando le suelta la primera bofetada en la cara, luego otra en la cabeza y una más en la espalda, hasta que al fin ella le grita que deje de pegarle, que en ese momento no puede explicarle lo que ha pasado. La joven recuerda como cuatro años atrás cuando dijo a su madre y a sus hermanos, lo que el padrastro le hacía, parecía que nadie le había creído; así que ¿Quién podía garantizarle que en esta ocasión Armando iba a creerle? Está asustada de su actitud; temblorosa se levanta del suelo, empieza a vestirse y guarda silencio porque también ella está enojada, frustrada, aterrorizada de saber que su tesoro más grande, su virginidad, no sabía dónde podría haber quedado!!

Pero eso qué importaba en aquel momento, lo realmente importante era encontrar una explicación para ella y para Armando, pues sabía que a causa de no poseer su virginidad, perdería a quien para entonces era el hombre que quería y quien probablemente la sacaría de la casa de su madre, su salvador, su única esperanza.

Melina estaba aturdida, por lo que acaba de vivir con Armando y ha terminado en golpes, llora, suplica que le dé una oportunidad para explicarle, pero no se atreve a denunciar al padrastro, quien año tras año ha abusado de ella, pues solo tenía 3 o 4 años cuando el horror comenzó siguiendo luego con su primo. La pobre, de regreso a casa, roja de los golpes y de la vergüenza se pregunta:

-¿Pero dónde quedó mi virginidad Dios mío? ¿Qué he hecho para merecer todo esto? ¿Qué crimen he cometido para vivir con tanta maldad, con tanto desprecio? Y ahora si pierdo a Armando estaré más sola que nunca.

Desafortunadamente, había puesto todas sus ilusiones y esperanzas en él. Una hora más tarde llegó a casa de su madre, suerte que aún no se había levantado; entró por el enorme portón de la panadería y se puso su delantal para comenzar a trabajar de nuevo. Una de las empleadas fijándose que la joven traía la cara enrojecida, le preguntó qué le había pasado; Melina incapaz de pronunciar una palabra sobre lo sucedido, solo se limitó a sonreír fingiendo, como de costumbre, que todo estaba bien. Al final oscureció, terminaron el día de trabajo y ella podría irse a dormir. Su cuerpo le dolía por los trompones proporcionados por Armando, pero más le dolía haber descubierto que su virginidad había quedado, quién sabe cuándo, y más aún le dolía la incertidumbre de pensar que su relación con Armando podría haber terminado; sentía mucha tristeza, pero no podía compartirla porque no confiaba en nadie. Melina se ha instalado en el suelo, no quiere dormir con su hermana, se queda en un rincón enrollada como una culebra y llora, llora hasta que el cansancio la domina y se queda dormida.

Amanece, es el siguiente día, uno nuevo en el que a nadie le interesa su tristeza. La joven intentaba hacer un recordatorio de su vida, entonces llegó al sexto grado, allí había salido con un joven llamado Amadeo, un joven común y corriente al que le llamaban de mal apodo «Candado», pero él apenas la había besado tres o cuatro veces, sin atreverse a tocarle los senos y menos a meterle la mano por entre las piernas; no podría decir que ese joven tenía algo que ver con la pérdida de su virginidad, pues el pobre Amadeo en cuanto vio cómo la habían dejado con la primera golpiza a causa de verse con él, se alejó y no volvió siquiera a dirigirle la mirada.

Era el tres de enero cuando Melina se entregó a Armando, ahora sentía que estaba a punto de perderlo, pues aunque chaparro y violento, pensaba que era su salvación y no solo eso, sino que era la primera persona que la quería de verdad, por lo menos así lo pensaba su mente inocente, pero en realidad qué podía saber ella del significado de la palabra Amor, o del concepto de ser amada, de querer y de que la quisieran, si nunca había oído una palabra de cariño en su casa; por ello cuando Armando le decía: «mi amor, mi vida, te amo tanto que lo daría todo por vos, mi chiquita preciosa», aunque fuera más alta que él; se sentía flotar sobre las nubes e imaginaba une vida de princesa al lado de su pequeño Armando.

Un día después de haberse entregado a Armando, un montón de dudas se acumularon en su mente:

-¿Qué pasará ahora? ¿Qué debo hacer? No puedo decirle la verdad, él nunca me creerá.

Está absorta en sus pensamientos cuando oye el grito de su madre:

-¡Vení para acá hijas de 60000 mil putas! ¡Con que ayer estuviste amontonando con ese chaparro! ¡Qué no te da vergüenza estar exhibiéndote con ese 'troncón de amarar sapos'! ¡No te das cuenta del ridículo que haces, estúpida!

Tras los insultos venían las bófetas, los jalones de pelo, los lanzamientos de una pared contra otra, finalmente, sacaba el acial y le asentaba una buena paliza. Melina como siempre permanecía callada y aunque sentía dolor en todo el cuerpo, no derramaba una lágrima delante de su madre, cosa que enfurecía más a Doña Estela. Cuando al fin se cansaba su madre de castigarla, Melina se levantaba, si no la dejaba hincada todo el día, se ponía el delantal, se amarraba la enorme cabellera que tenía y se iba al taller de la panadería poniéndose a trabajar como si nada hubiera sucedido.

Entonces decía para sus adentros:

«Si yo soy ridícula saliendo con Armando porque es enano, más ridícula es ella viviendo con un marido borracho empedernido, y que se acuesta con prostitutas. Entonces ¿Cuál es el ejemplo que me da?»

Sí, todo lo que allí se vivía era un mundo de mentiras, para todo había que mentir, había que aparentar porque a Doña Estela Villareal le gustaba fingir que en su casa todo estaba bien para que la gente del pueblo le hiciera elogios por sus triunfos y por las colaboraciones que daba a la escuela y por ser una ferviente partidaria del P.C.N, Partido de Conciliación Nacional, que por muchos, muchos años gobernó al país, hasta que un día los habitantes se cansaron, se organizaron y explotó una guerra civil que duró casi quince años, asesinando a miles y miles de inocentes, ocasionando miles y miles de desaparecidos y miles y miles de exiliados en todas partes del mundo.

Ese mismo mes había sucedido algo extraordinario, las hermanas Gómez, Nora y Melina, que tanto habían soñado con participar en el reinado del pueblo de San Jerónimo, ese año podrían hacerlo, pues extrañamente Doña Estela había dicho que sí, que aceptaba que sus hijas participaran. Los preparativos habían empezado desde diciembre, Melina se había entregado a Armando durante los primeros días de enero, ahora oscilaba entre la alegría por el deseo de ser la reina del pueblo de ese año, la tristeza por lo que había ocurrido y la incertidumbre de que la relación con su negrito Armando continuara o no. Quería ser la reina, pero ello era pasajero, porque en el fondo lo que realmente deseaba era fugarse de casa de su madre.

Melina, en medio de su ignorancia o de su inocencia, creía como muchas jóvenes de su edad, que solo estando con un hombre, podía tener un poco de valor y de respeto ante el pueblo. Vivía un dilema, su infancia y el comienzo de su adolescencia habían sido de gran controversia; ahora aparentaba estar feliz con la idea de participar en el reinado.

Sucedió que después de tres días del silencio total que Armando había tenido con ella, apareció como siempre lo hacía desde el andén de la casa vecina silbándole de la forma que solo los dos reconocían; sabía la hora en que Doña Estela hacía su siesta, tiempo en el cual Melina podía escapar por algunos minutos. Ella oyó el silbido, miró para todos lados, les dijo a las panaderas que iba a salir, porque Armando estaba allí. Había vuelto, brincaba de contenta, cuando vio a su pequeño, lo abrazó, lo beso, le mostró su alegría, era como si hubiera olvidado los golpes de tres días atrás, no importaba, lo que importaba era que él estaba allí de nuevo con ella, y que con su regreso, volvían a nacer la esperanza y la ilusión de sentirse amada por alguien; más aún cuando él le dijo que la quería, sin importarle si era virgen o no, que la quiere igual, más aún porque ahora:

-Ya sos mi mujer.

La ingenua de Melina se sintió importante, porque creyó que tenía quien la defendiera, quien la apoyara, más importante se sintió cuando Armando sacó una cajita y de ella extrajo un lindo anillo con una piedra de color celeste, era de oro puro, algo que sus ojos no habían visto jamás, y poniéndoselo en el dedo anular de la mano derecha, le dijo que un día, cuando ella fuera mayor de edad, se casarían. Melina no podía creerlo, no solo la había perdonado, sino que además le proponía que se casará con él; con su acto le decía:

-Me haré cargo de ti, quiero estar toda mi vida contigo.

La felicidad que sentía era inmensa, su príncipe azul había llegado para salvarla, pero la vida o el destino le harían una mala jugada. Por aquellos días, el alcalde y los organizadores de las fiestas patronales habían escogido a Nora para que fuese la reina de la caña de azúcar, mientras que Melina participaba en la competencia para reina del pueblo, pero Doña Estela no hizo mayor esfuerzo para que Melina ganara, pues todo era cuestión de dinero. La tradición consistía en que competían cinco jóvenes, y quien vendiera más votos ganaba el reinado y representaba al pueblo de San Jerónimo durante todo el año, el quince de septiembre y los quince días que duraban las fiestas patronales en honor del Santo Señor de las Misericordias, días de las festividades religiosas más importantes en el pueblo. Melina no realizó su sueño de ser cachiporra de la escuela y tampoco llegó a ser la reina de las fiestas patronales; de sobre sabía que cuando su madre decía sí, era sí y cuando decía no, era no, así que no podía discutirse.

Llegó el 12 de enero, era el gran día de que Nora se montara en la hermosa carroza arreglada exclusivamente para ella, ese día sería la bella reina de la caña de azúcar; su madre le había confeccionado un lindo vestido largo de color amarillo pálido, escotado en los hombros, con corte de peto estilo princesa y con una capa roja digna de una reina; pero la pobre había estado castigado una semana antes y los moretes no habían desaparecido del todo. En su carita se reflejaba mucha tristeza, para cubrir los golpes, su madre le compró unos lindos guantes largos que le tapaban casi todo el brazo. Arreglada como iba, con su cabellera bien peinada, su carita maquillada y la hermosa vestimenta que llevaba puesta, ¿Quién podía imaginar lo que vivía en realidad en casa de su madre? Nadie habría creído que las hermanas Villareal fueran víctimas de maltratos físicos y verbales y menos aún que fueran tratadas peor que las sirvientas. Las apariencias engañaban, pero no había otra opción que continuar con ellas, aparentar que estaban felices y que todo en sus vidas era como un en cuento de hadas.

Era el turno de Melina, el día más importante de las fiestas patronales, el 14 de enero, ella monta en la carroza acompañando a la reina, Nora lo hace también en representación de una joven que enfermó, Doña Estela acepta hacerle el vestido. Ese año las dos hermanas son damas de honor de la Reina del pueblo. Están vestidas con bellísimos trajes largos, abiertos en un lado hasta media pierna y con escote de círculo medio, son de color verde turquesa, muy lindos por ciertos, estaban extremadamente bellas; Melina tiene trece años y dos meses y Nora quince; parecen princesas con collares color plata, zapatos negros de tacón alto, guantes largos que les cubren las manos y brazos. Una vez montada en la carroza, Melina se pone sobre el guante el precioso anillo que Armando le ha dado; está maravillada con su lindo vestido y con su magnífico anillo de oro con piedra celeste; se sentía flotar en las nubes, deseaba que ese día no terminara nunca o cuando terminara ir a casa de Armando, no a la suya.

Allí iba la carroza con las lindas muchachas, desfilaba por todas las calles del pueblo, ellas saludaban de mano a su paso a toda la gente que salía de su casa a aplaudirles por ser jóvenes afortunadas de participar en un evento tan grandioso.

Melina ve a Armando parado en la puerta de su casa, y tanto él como ella se tiran besos con las manos, se hacen muecas y se sienten los jóvenes más felices de la tierra, pues entre ellos existe un compromiso. Aunque ella es una muchacha de solo13 años, él la considera su mujer, en otras palabras, algo de su propiedad; maldita mentalidad la de aquel tiempo. Una vez terminado el desfile, las jóvenes bajan de la carroza y son conducidas al interior de la alcaldía municipal donde en pocas horas comenzarán a tocar las mejores orquestas del país su música tradicional, como la famosa cumbia salvadoreña.

Durante quince días que duraban las festividades del pueblo, los habitantes disfrutaban de carreras de caballos, de juegos mecánicos, del típico dulce llamado «conserva de coco o de leche»; pero había llegado el momento más fascinante de ese día, las orquestas empezaban a tocar su música. Todos los que habían pagado la entrada, saltaban a la pista y comenzaban a bailar; para Melina hacerlo, era como el remedio a todos sus males, pues el baile era una especie de terapia para esta chiquilla, quien sin que nadie se lo enseñara, lo practicaba de manera desenfrenada, al igual que cuando se entrenaba para ser cachiporra. El baile y el trabajo llegarían a ser refugios para ella, convirtiéndose en dos motivos que le ayudarían a seguir viviendo.

Al iniciar la música, se entremezcla en medio de la gente para irse a un rincón a bailar con Armando a escondidas de su madre y de sus hermanos. Abrazaba a su pequeño, bailan y bailan cada minuto que lograban escapar de la mirada de su familia; en ese momento cree estar enamorada, confía en que pronto se irán a vivir juntos y que será una mujer de hogar; no siente inquietud por estudiar, como si su única salvación fuera que él se hiciera cargo de ella. Probablemente a su cuerpo de adolescente, lo habitaba una mentalidad de mujer madura, además imaginaba que vivir con Armando sería más fácil que hacerlo con su madre. Entonces Melina y él han bailado lo que han podido, se han dicho que se quieren, pero deben despedirse. Las orquestas han terminado de tocar, la fiesta ha llegado a su fin, las personas comienzan a irse para sus casas. De repente Melina se da cuenta de que no tiene su lindo anillo de oro, ¡No puede ser! Seguramente cuando se quitó los guantes lo olvidó, así que corre a buscarlo por donde puede, pero es imposible, no lo encuentra. Llora y llora debido al valor sentimental que tenía para ella, pero no hay nada que pueda hacerse. El primer regalo que había recibido en su vida y acababa de perderlo. Le confiesa a Armando la pérdida y él la consuela diciéndole que un día volverá a comprarle otro.

Una vez terminadas las fiestas, el 16 de enero, todo llegaba a su fin, así que comenzaban a deshacer los juegos mecánicos y quienes los manejaban partían a otro pueblo y luego de ese a otro más, esa era la rutina de vida de quienes se encargaban de dichos trabajos, no tenían ningún lugar de residencia, andaban de pueblo en pueblo y de aventura en aventura. Entonces regresaba a la realidad, el cuento de la cenicienta había terminado, la princesa era despojada de sus bellas vestimentas, de sus lindos zapatos y de sus joyas. Era como si todo fuera prestado y volviera a sus viejos vestidos, a sus sandalias de hule y a su delantal, de nuevo al trabajo de la panadería, también se reanudaban las miradas horribles de su padrastro que parecían desnudarla y los enojos impulsivos de su madre. Todo volvía a ser igual, comenzaban de nuevo los insultos, los maltratos, las humillaciones y contra eso no podía hacer nada, solamente intentar ser lo más invisible que pudiera para evitar algunas palizas. Llegaba así mismo el final del mes de enero, ello significaba el comienzo de otro año escolar, ese año comenzaba su séptimo grado. Ha terminado la primaria y entra en el tercer ciclo básico, el cual duraba tres años, después al bachillerato, cosa que jamás llegó a conocer.

Los estudiantes entran de nuevo a las aulas de clase, Melina ya es la mujer de Armando, pero en el tercer ciclo sigue fingiendo ser la señorita Gómez comportándose como si solo fuera la novia de Armando. Están felices, porque van a poder volver a verse todos los días en la escuela, el problema comienza cuando otros chicos comienzan a cortejarla. Armando se pone celoso y le hace escenas, ella no puede dirigir la mirada hacia nadie, porque su chaparrito le da trompones en los brazos o en la espalda. Es entonces cuando decide empezar a retirarse de su lado al entender que no es fácil llevar una relación con alguien extremadamente celoso. Sentía miedo, muchísimo miedo cuando él se enojaba, diciéndose a sí misma que sería mejor terminar su relación, pero él pensaba todo lo contrario, le decía que la amaba, que la adoraba y que ella le pertenecía; repitiéndole continuamente:

-¡Acaso has olvidado que sos mi mujer! ¡Vos sos mía y de nadie más! ¿Sabes eso, verdad? ¡Lo sabes!

Melina solo bajaba la cabeza afirmándoselo, al tiempo que se decía mentalmente:

-¡Ay Dios mío, en qué lio me he metido! Este hombrecito va a darme duro como mi madre.

Pero por amor o por miedo, porque en realidad no sabía distinguir dichos sentimientos, continuaba con él; sin embargo, en el mes de marzo, tranquilamente comenzó a alejarse, pues para entonces, le podía más el miedo que el amor. En la escuela se había hecho a algunas amigas, así que andaba siempre con ellas para evitar estar a solas con él, por lo menos de esa forma Armando contenía sus enojos y Melina evitaba recibir los trompones; pasaba los días, en una constante zozobra preguntándose:

-¿Cómo hacerle comprender que ya no quiero estar con él, que se ha vuelto violento y grosero y que no me gusta que me golpee por celarme tan absurdamente?

Armando insistía e insistía, la vigilaba por donde anduviera, cuando estaba repartiendo el pan o comprando el queso y la crema; había momentos en los que la agarraba a la fuerza, la abrazaba, la besaba y le decía que no podía vivir sin ella; probablemente la amaba de verdad, solo que lo hacía de manera posesiva y dominante, pero Melina no quería vivir lo mismo que en casa de su madre, y eso Armando, era incapaz de comprenderlo. Había observado durante meses las golpizas que la madre le daba por estar con él, sin embargo estaba haciendo lo mismo. Melina se decía «Es como salir del fuego para caer en el brasero, como salir de Guatemala para caer en Guatepeor.»

A pesar de su corta edad, se había dado cuenta de que las actitudes de Armando no le convenían, diferenciaba las golpizas con el acial de cuero o los cinchos con que le daban su madre y sus hermanos, de los puñetazos de un hombre. Continuaba esquivando a Armando, estudiando, haciendo lo posible por sacar buenas notas para agradar a su madre y para tener derecho a salir a hacer los deberes con sus amigas y compañeras de clase.

Llegó el mes de abril y con él la Semana Santa, fiesta religiosa celebrada en el mundo por quienes profesan la religión católica. En el pueblo se desarrollaba con procesiones como el vía crucis de Jesucristo y el día viernes de dicha Semana, estaba prohibido comer carne. La gente del pueblo se reunía en la iglesia para la realización de variadas actividades religiosas y los días sábado y domingo, la mayoría de las familias se iba a las diferentes playas del país a disfrutar de un merecido descanso, aunque solo fuera de uno o dos días.

Ese año en particular, sucedió algo maravilloso y sorprendente, Doña Estela Villareal decidió que llevaría a toda la familia a la playa, cosa que era muy raro que hiciera; todos estaban emocionados, a los siete hijos les habían comprado calzonetas, azul y negra para Melina, que era la negrita y roja para Nora que era la blanquita, pues acostumbraba vestir de colores vivos a la segunda y de oscuros a la primera, cosa que a Melina la hacía sentir inferior a su hermana; pero igual tenía que aceptarlo.

Todos se preparan para ir a la playa, arreglan comida como para un ejército, y se montan en la camilla del pick-up rojo de doña Estela, se acomodan y salen ante la mirada sorprendida de la gente del pueblo, porque era cosa rara que Doña Estela cerrara, aunque fuera un día, la fabulosa panadería El Triunfo.

A eso de las diez de la mañana llegaron al Puerto de Acajutla, una de las mejores playas en aquella época; todos están contentos, se ponen sus calzonetas y corren a zambullirse en el mar. Qué dicha, qué alegría la que siente Melina sentada en la orilla de la playa dejando que las olas del mar mojen su bonito cuerpo de adolescente. En aquel momento nada de lo que la importunaba estaba allí, solo disfrutaba del mar, veía jugar a los niños con la arena haciendo castillos, de repente llegaban las olas, les deshacían todo lo que habían construido, ellos reían, gozaban y construían uno más. En ese momento, Melina estaba completamente evadida del mundo real, soñaba despierta que si su madre los había llevado a la playa era porque los quería, imaginaba que todo lo que vivía a diario en su casa, no era real, que era posible que la amara, aunque fuera demasiado cruel cuando la castigaba. Estaba sumida en sus pensamientos cuando sintió que alguien la observaba, y se percató de la mirada penetrante de un joven que la veía con ojos de admiración.

El joven estaba como paralizado observando la belleza de Melina. Lo extraño fue que cuando volteó la mirada hacia él, también ella quedó hipnotizada, fue como un flechazo de Cupido, probablemente lo que llaman «amor a primera vista» Para ambos fue un encuentro impactante en el que se sintieron atraídos el uno por el otro. No podían pronunciar palabra, solo con la mirada unos instantes se dijeron cientos de cosas, como si se conocieran de tiempo atrás, de otra vida tal vez; al fin él se atrevió a decir:

-Hola ¿Cómo estás? ¿Cómo te llamas? –Extendiendo su mano para presentarse.

-Yo me llamo Luis Alonso, Luis Alonso Randales ¿Y usted?

Ella temblorosa extiende a su vez la mano contestándole:

-Yo, yo me llamo Melina, Melina Gómez, encantada.

Luis Alonso toma su mano y sin decir palabra la atrae hacia él, besándola en la mejía primero y luego en la boca, la chiquilla pueblerina se queda anonadada con el gesto que ese perfecto desconocido tiene con ella, pero al tiempo se queda flotando en las nubes y vuelven las ideas tontas a su cabeza:

-¡Ahora sí! Este es el hombre de mi vida, este es el hombre que me llevara lejos, muy lejos de la casa de mi madre.

Pero si hacía pocos minutos que acababa de conocerlo, no sabía ni quién era en realidad, pero su ingenuidad llegaba a los extremos, el deseo de huir de las garras de su padrastro la hacía caer en cualquier ilusión y quizás esas ilusiones eran las que permitían que continuara viviendo.

Están abrazados, preguntándose de dónde son, cuántos años y cuántos hermanos tienen y al mismo tiempo descubriendo sus cuerpos. Buscaba la manera de ser un poquito feliz, y en ese momento se sentía en un mundo irreal, viendo el cuerpazo de Luis Alonso, con su piel morena, sus hombros bien espigados, su estatura de un metro y setentaicinco centímetros; lo veía alto, altísimo, comparado con su pequeño Armando. Tenía rostro alargado, acompañado de enormes cejas, su pelo era ondulado y negro, su nariz bien perfilada y sus labios sabían besar, se veía a leguas que era un hombre de mucha experiencia con las mujeres.

Melina había caído como una mosca en un papel con azúcar, no pudo poner resistencia, él tampoco, se abrazaban, se besaban, deseaban volver a verse. Había que apurarse a intercambiar información porque los hermanos de ella ya andaban buscándola. Él le dice que es capitalino, que vive con su madre, cosa que no era cierta, en la colonia Zacamil, que tiene 19 años y que trabaja en una ladrillera. Melina por su parte, le dice que vive con su madre también, que tiene 13 años y medio, que va al plan básico, que está sacando el séptimo grado y que trabaja en la panadería de su casa.

Le dice el nombre del pueblo, San Jerónimo y la ruta del autobús que puede llevarlo, por último vuelven a besarse diciéndose:

-Hasta pronto.

Melina sale corriendo del escondite en el que se encontraba con Luis Alonso y se mete al agua para que sus hermanos la encuentren bañándose en el mar, ellos la llaman para que vaya a comer, todo parece normal, solo que Melina está flotando en una nube rosada; se siente enamorada, se imagina de nuevo al príncipe azul y trata de disimular su alegría para no despertar sospechas. El día de la playa en Acajutla llega a su fin, toda la familia prepara sus cosas y emprende el viaje de regreso, no sin que antes Melina se dé una escapadita para besar a su nuevo enamorado, su nueva esperanza de que un día podrá largarse de casa de su madre.

Pasa una nueva semana, llega lo que tanto espera Melina, el día domingo, y tal como lo había prometido Luis Alonso, llega a San Jerónimo, no solo al pueblo sino a su casa pretendiendo comprar cincuenta centavos de pan dulce. Ella casi se desmaya cuando lo ve atravesar la puerta principal de la panadería, sus ojos no creían lo que estaban viendo, sus piernas le temblaban y apenas la sostenían; no podía entender como un capitalino había puesto los ojos en ella ni como pudo hacer todo ese trayecto en autobús para venir a verla.

Cuánta alegría sentía, que no se daba cuenta de que su madre observaba cada uno de sus gestos y que tanto ella como el resto del pueblo notaba la presencia de un desconocido en él.

Luis Alonso con la mirada penetrante que lo caracterizaba y con aires de seguridad en sí mismo, entró en la panadería y saludó a Doña Estela diciéndole:

-Buenos días señora ¿Pudiera venderme cincuenta centavos de pan?

A su vez ella lo miró desconfiadamente ordenándole a Melina atender al muchacho. Melina arregló la bolsa de pan y suavemente le dijo:

-En una hora mi mama hará su siesta espérame en el chalet de refrescos que está en el parque.

Pero Doña Estela no era ingenua, así que se dio cuenta inmediatamente de la actitud de los dos y por más que su hija le suplicaba que fuera a acostarse, no lo hacía. Pasaron casi tres horas antes de que la señora subiera las escaleras para ir a tomar su siesta. Melina dejó pasar unos diez minutos y subió también a ver si su madre estaba dormida, quizás no lo estaba, pero permanecía acostada, entonces aprovechó el momento y se dijo:

-Voy corriendo a ver a Luis, le daré la carta que he preparado para él y le diré que se vaya, pues la situación está muy arriesgada.

Ya se había regado en San Jerónimo la bola de que un capitalino andaba en el pueblo, pero ¿Por qué o por quién estaba allí? En cuanto la vieron con él, se soltó la bomba, los chismosos empezaron a pasar la noticia hasta hacerla llegar a oídos de Armando, quien justo cuando Luis Alonso se montaba en el autobús para regresar a la capital, venía a ver qué ocurría con

Melina. Armando no aceptaba terminar su relación con ella, él nunca aceptó perderla.

Cuando Melina lo vio llegar, salió corriendo a refugiarse en casa de su madre; sabía que no sería fácil arreglar la situación entre ellos, pero ya no sentía amor por él, su sentimiento, se había transformado en miedo, además durante esa semana había recibido el flechazo de cupido y estaba enamorada o tal vez ilusionada con el capitalino. En la carta que le había escrito, le informaba que en dos semanas habría un torneo de fútbol en el pueblo, que todas las escuelas participarían, pero que ella no asistiría, sino que tomaría el autobús para ir a verlo a la capital; además, le pedía que la esperara en determinado lugar para que pudieran estar juntos tres o cuatro horas.

Atrevida la chiquilla desafiando la autoridad de su madre a sabiendas de que en el pueblo nada quedaba oculto, pues más tardaba ella en mover un pie que en saberlo su madre.

Melina sabía en el fondo que estaba jugando con fuego, conocía el poder y la autoridad de Doña Estela, pero era de eso, de los maltratos y de las humillaciones de lo que quería escapar. Necesitaba huir, sentir que alguien la amaba y que la protegería de tanta injusticia que vivía día tras días en casa de su madre. Melina tenía, según ella, un plan, todos los días robaba un colón de la venta del pan a su mamá; así que había logrado reunir quince colones. Le pidió a su amiga Roxana que la acompañara, Roxana estaba muy contenta pues conocería algo de la capital, ella no tenía mayor problema con su familia porque su papá las había abandonado a ella y a su hermana mayor, y su madre hacía un año se había ido para los Estados Unidos. Además, Melina le daría como pago una bolsa de pan del valor de un colón, lo cual era bastante en aquella época y le pagaría los pasajes y la alimentación.

Durante las dos semanas que siguieron, Melina se la pasó jugando al gato y al ratón con su madre, se escondía lo más que podía; en las mañanas iba a la escuela y en las tardes trabajaba con las empleadas en la panadería, si su madre llegaba al taller, ella se iba al despacho o a la planta de arriba evitando cruzarse con la mirada de Doña Estela. Así transcurrieron las dos largas semanas, hasta que llegó el día del torneo de fútbol, era un jueves 24 de abril de 1974; Melina y Roxana habían hecho detenidamente el trayecto de las calles que cruzarían para no ser vistas por la gente del pueblo, claro, eso era misión imposible, pero las ingenuas creían poder vacilar la vigilancia de los chismosos.

Melina había sacado un pantalón café y una blusa floreada que había dejado en casa de Roxana, y al levantarse, se vistió como de costumbre con su uniforme del plan básico, como iba todos los días a la escuela, solo que esta vez fue a casa de su amiga, quien estaba esperándola. Tras llegar, se cambió de ropa, le dejó la bolsa de pan que llevaba bajo la falda del uniforme y salieron ambas camino al desvió del pueblo para abordar uno de los autobuses que pasaban de Chalatenango hacia la capital.

Según Melina su plan de pasar por las calles alejadas del centro del pueblo era una buena estrategia, pero más tardaron en abordar el autobús en el desvió del pueblo que Doña Estela en saberlo, pues su hija era bastante conocida. Ellas van contentas pensando que nadie las ha visto y que todo saldrá bien, sin imaginar lo que les espera al regreso y sin saber si Luis Alonso estará esperándolas, pues no conocen mucho la capital. Cuán grande es el deseo de huir de Melina, que no mide las consecuencias de sus actos ni el riesgo en el que pone a su amiga Roxana.

El trayecto dura, aproximadamente 40 minutos, han llegado a la parada del autobús en la que deben bajar; tras hacerlo, se dirigen a buscar la avenida Independencia; no han caminado mucho cuando Melina ve acercarse a Luis Alonso quien ya estaba esperándolas, y sin pensarlo dos veces, corre hacia él, lanzándose en sus brazos con desesperación, como diciéndole: ¡Ayúdame, por favor ayúdame! ¡Sálvame! Se aferra a su cuerpo unos minutos, luego voltea hacia su amiga y le dice a Luis Alonso:

-Mire amor, le presento a mi buena amiga Roxana, gracias a que ella me acompañó he podido venir a verlo.

El joven muy caballeroso le sonríe, extiende su mano para saludarla y le dice:

-Mucho gusto señorita Roxana, yo me llamo Luis Alonso, para servirle.

Roxana nerviosa le contesta:

-Roxana Pleitez, encantada.

Comienzan los tres a caminar, Melina agarrada de la mano de Luis Alonso y Roxana a la par. Van tranquilos, sin ninguna preocupación, todo es dicha en ese momento; abordan otro autobús, él se las lleva a un bonito parque llamado Parque Infantil. Ellas están fascinadas, pues aparte del parquecito del pueblo, nunca habían visto uno, menos así de grande, con tantos niños y ventas de golosinas y jugos por todos los lados. Al mismo tiempo han hablado de ellos, tratando de conocerse lo más que les es posible en poco tan tiempo, mientras se prometen hacer hasta lo imposible para verse de nuevo. Se abrazan, Luis Alonso la aprieta fuerte contra su cuerpo deseando detener el tiempo y estar con su nuevo amor al que llama «Meli».

Llega el momento de despedirse, Luis Alonso saca de su bolsillo una pequeña caja y se la ofrece a Melina diciéndole:

-Es un regalo, más bien una prueba de mi amor por ti; ¡Ábrelo! Es mi promesa de que siempre estaré para vos, te quiero, te amo, te adoro Meli.

Melina abre la cajita, encontrando en ella un par de aretes de fantasía; al verlo, le ruedan lágrimas de alegría; besa a Luis Alonso por un largo tiempo y le dice:

-Gracias, mil gracias por el regalo, pero más porque me quieres, yo también prometo quererte...Hasta pronto.

De regreso a la parada del autobús que las llevará de regreso a San Jerónimo, él les ayuda a montar y las ve alejarse; lejos está de imaginar lo que le espera a la pobre Melina, pero va llena de felicidad, de esperanzas, por lo que va comentándole a su amiga:

-Hoy sí Roxana, hoy sí, pronto, muy pronto me vendré a vivir a la capital con Luis Alonso, ¿Has visto cómo es de lindo? ¿Has visto con que delicadeza me trata? ¡Ay cómo lo quiero!

Su amiga solo haciende con su cabeza y dice:

-Ojala Melina, porque si es verdad que tú sufres con tu mamá, vas a estar mejor con este muchacho, se ve que te quiere.

Han llegado al pueblo, es casi medio día, el torneo de fútbol ya casi ha terminado, hay cuatro compañeras de clase esperándolas y en cuanto bajan del autobús, Anita, Eleonor, Rosa y Daysi se les acercan afligidas y con caras pálidas le dicen, hablando todas al mismo tiempo :

-Melina, tu mamá está bien enojada, tus hermanos han estado buscándote toda la mañana y hay algo que es peor aún, Armando está requeté bravo porque le han dicho que te vieron montar al autobús.

En segundos Melina olvida la felicidad que traía dentro, sabía de sobra la paliza que la esperaba, pero no imaginaba los extremos a los que llegaría la furia de su madre. Las cincos compañeras hacen una rueda o un círculo, según ellas, para proteger a Melina, y armándose de valor deciden acompañarla hasta su casa.

Dios mío y padre mío; se quedaron paralizadas cuando vieron a Doña Estela parada en la puerta principal de la panadería; ella deja que Melina se acerque un poco y empieza con una lluvia de bofetadas, la tira del pelo, le grita toda clases de insultos, no le da tiempo para ninguna explicación. Las compañeras quieren intervenir pero también reciben algunas bofetadas y son tratadas de rufianas; las pobres no tienen otra alternativa que abandonar el campo de batalla, dejando a Melina a merced de la furia de su madre. La joven es golpeada salvajemente frente a sus compañeras en el andén de su casa, también quienes pasaban por allí pudieron ver lo que estaba sucediendo, pero, como de costumbre, nadie intervenía, ni siquiera las autoridades del pueblo que podían hacerlo porque la casa de Doña Estela estaba ubicada al costado de la Alcaldía Municipal.

-Puta de mierda que no servís para nada. Así es como agradeces todo lo que se te ha dado, saliendo a putiar con cualquiera. Y te me vas a la mierda de aquí porque putas como vos no quiero en mi casa.

Y así y así más y más; cuando al fin se cansa de golpearla, de insultarla y la ha echado a la calle, se da vuelta, entra en la casa y le grita una vez más:

-No te vayas a atrever a entrar, ¡Está ya no es tu casa! ¿Me entendiste pedazo de mierda?

Ese día, fue uno de los días lo más crueles que le tocó vivir a Melina, echada a la calle tan solo con el uniforme que cargaba puesto y el pantalón y la blusa que había sacado para ir a la cita con Luis Alonso. Sus compañeras se han ido, Melina mira para todos lados buscando a alguien que pueda brindarle ayuda, pero las personas pasan y pasan, y simplemente bajan la cabeza.

Entonces Melina comprende que está sola, completamente sola, pues aunque en casa de su madre vivía un infierno, al menos tenía techo y comida. ¿Y ahora qué? ¿Para donde agarra? La gente del pueblo no querrá ayudarla por temor a las represalias de Doña Estela Villareal. La chiquilla, empieza a caminar, sin rumbo va de un lado para otro, sin saber qué hacer. Ha llegado a las líneas del tren, allí se dice:

«Mejor sería hacerme atropellar por el tren, así se acabaría todo este sufrimiento. ¡Muerto el perro se acaba la rabia!»

Se lo repetía una y otra vez en su desesperación, pero el amor, mejor dicho la ilusión de volver a ver a Luis Alonso la hacían encontrar fuerzas para seguir viviendo. Él le había dado su dirección, le dijo que vivía en la colonia Zacamil, ¿Pero dónde era la colonia Zacamil? Y ¿Cómo llegar allá?

Además solo tiene tres o cuatro semanas de conocerlo, únicamente se habían visto en tres ocasiones, habían hablado apenas unas seis u ocho horas en total, entonces ¿Cómo buscarlo para que se haga cargo de ella?

Tantas preguntas e ideas locas que cruzaban por su mente, permanecía sentada en los rieles del tren esperando a morir o que se le diera un milagro. De repente levanta la cara y ve la silueta de su hermana Nora, se alegra al verla porque cree que su mamá la ha mandado a buscar para que regrese a la casa.

Se pone de pie y corre a abrazarla, pero Nora fríamente extiende su mano para entregarle el reloj de puño que le pertenecía, al tiempo que la mira acusadoramente. La joven comprende que nada de lo que imaginó es real, su hermana había sido enviada por la madre para interrogarla, así que empezó a preguntarle:

-¿Cómo estás? ¿A qué fuiste a la capital? ¿Fuiste a acostarte con el capitalino? ¿Tuviste relaciones sexuales con ese hombre? ¿Perdiste tu virginidad? ¿Por qué sos tan pendeja?

Melina la escucha y rompe en llanto, diciéndole como puede que no, que nada de eso es verdad y por primera vez confía en su hermana mayor y ella a su vez confía en Melina. Se confiesan todos los manoseos que les ha hecho su padrastro y Melina agrega que su primo Federico hacía lo mismo. Nora le cuenta que a ella la habían llevado al médico ese mismo día, y que por suerte aún era virgen. Melina le comenta que a principios de enero se entregó a Armando Portales, y que él le había dado golpes desde su primera vez juntos, porque no la había encontrado virgen; aunque aparentemente la había perdonado. Nora entonces le pregunta que si Armando la había perdonado, por qué no había seguido con él; Melina apenas conteniendo el llanto le responde:

-El problema es que a cada vez que nos vemos quiere que hagamos el amor, entonces se enoja y se pone violento porque quiere saber quién me ha desvirgado, y aunque le diga la verdad sobre el viejo Mario, él no va a creerme, de sobra sabes que nadie nos cree.

Melina no podía parar de llorar, Nora se pone de pie y le dice que no hay nada que hacer, que no puede volver a la casa, porque su madre le mandaba a decir que le haría el mismo examen que le hicieron a ella, si salía bien podría regresar y ser perdonada. Pero para Melina era demasiado tarde. Todas sus esperanzas se desvanecieron, todo parecía estar contra ella, a su corta edad, su pequeño mundo se destruyó, deseaba que se la tragara la tierra y al mismo tiempo sentía una fuerza invisible que la protegía. Nora, se aleja para regresar a casa de su mamá, dejando a Melina en el completo abandono, a la merced del destino, frente a un mundo cruel en el que tendrá que sobrevivir por sus propios medios. Pero se pregunta:

-¿Haciendo qué? ¿Trabajando en qué? No quiero ser puta como dice mi mamá. ¿Qué voy a hacer? ¡Dios mío, ayúdame!

El sol comienza a ocultarse, pronto caerá la noche, se pregunta dónde dormirá, pues aparte de su hermana que había venido a verla, nadie había hecho nada por buscarla, menos Armando, quien estaba disgustado porque Melina se había ido para la capital a verse con otro.

Son casi las ocho de la noche, hace horas que no ha comido nada, su estómago y su cabeza le duelen terriblemente, además los golpes que había recibido por todas partes de su cuerpo le dolían terriblemente. De pronto se le ocurre ir a suplicar a la mamá de Anita que le venda algo de comida y que la deje pasar la noche con ellas, mañana verá que hacer. Doña Teresa, viuda de Quintana, fue muy bondadosa con Melina, no solo le dio posada por una noche, si no que le dijo que podía quedarse unos días más. Le brindó alimentación diaria tres veces por día y además le dio cariño, ternura y le decía palabras dulces que Melina jamás escuchó en su familia. La joven hubiese querido quedarse a vivir allí para siempre, porque aunque vivían con pobreza, poseían algo de mayor valor, tenían amor de hogar, cariño entre ella y sus hijos y mucho respeto. En los ocho días que vivió con ellos, Melina jamás los escuchó gritarse o insultarse; cosa que era cotidiana en casa de su madre.

Anita continuaba yendo a la escuela, al igual que las demás compañeras, quienes de vez en cuando iban a visitar a Melina y le llevaban algo de comer o alguna blusita para que se cambiara de ropa. Sentían lastima, pero también eran pobres, así que no podían hacer gran cosa por ella.

Armando hace acto de presencia después de cuatro días y aparece en casa de doña Teresa proponiéndole a Melina que se vaya a vivir con él, que él va a recogerla y a hacerse cargo de ella.

-Mira «ceja». –Forma en que le decía de cariño. -Yo voy a recogerte porque te quiero, de todas maneras no tienes para donde

irte, así que yo te llevo a casa de mi mamá, vos serás mi mujer y yo seré tu marido por todo el resto de la vida.

Melina lo mira y lo mira, tiene muchos interrogantes, pero no dice nada, permanece callada. Su amor por Armando se ha convertido en miedo, pero sabe que no tiene alternativa, pues ha enviado decenas de mensajes a su madre suplicándole que la deje regresar a casa y la respuesta es siempre la misma:

-Que vaya a comer mierda, yo putas en mis casa no quiero.

Su abuela, estaba completamente indiferente con todo lo que sucedía alrededor de su nieta, sus comentarios eran:

-Merecido se lo tiene por andar de puta. Bicha cagada de anoche que no sabe ni putiar.

Decía eso porque según ella, no sabía cobrar a los clientes.

Los hermanos mayores jamás movieron un dedo por ella, pues también tenían tanto miedo de lo que les hiciera su mamá. En cierta forma era Melina quien más valor tenía y ahora estaba pagando el precio de su valentía. La joven se sentía como una perrita desamparada, hacía tan solo tres meses había participado en el reinado del pueblo haciendo creer a todo el mundo que vivía como una princesita en casa de Doña Estela, ahora estaba de arrimada y la única puerta que se le habría era Armando Portales, pues su nuevo enamorado Luis Alonso vivía lejos y no sabía cómo llegar hasta su casa, además nadie le daba trabajo en el pueblo, así que no había otra opción que convertirse en su mujer.

Ser mujer de hogar a los 13 años

Fue así como cuatro días después Armando recogió a Melina. Él ya había hablado con su madre, Doña Marta y con su padre Don Jeremías Portales a quienes no les gustó mucho la idea porque querían que su hijo estudiara un poco más, pero tras la insistencia del joven, aceptan, no sin antes advertirle que tendrá que dejar los estudios para trabajar y mantener a su mujer. El corazón de Melina está partido en mil pedazos, sabe que las cosas no serán tan fáciles como parecen. Por un lado se siente enamorada del capitalino y por el otro el rechazo de su madre, abuela, tíos y hermanos, la hace sentir como su madre siempre le decía:

-»Sos una puta que no vales ni la cabuya de un cigarro, parto refrigerado que no servís ni para mierda.»

Va camino a casa de Armando, aunque lo que siente por él es miedo, pues desde meses atrás saboreaba ya sus puñetazos y conoce sus celos, además tiene el presentimiento de que Luis Alonso regresará al pueblo, ya que no está enterado de nada de lo que está pasando. No tienen como comunicarse, ni por teléfono, ni por telegramas porque se dijeron la dirección, pero no estaba completa. Tal como Melina se imaginó, ocho días después de estar viviendo en casa de Armando, haciendo el roll de mujer de hogar, sin saber cocinar, ni lavar ropa, pues sabía trabajar en la panadería, pero no cómo servirle a un hombre, y comienzan los problemas.

Melina lavaba su ropa en casa de su madre, pero lavar la ropa de Armando era otra cosa, en varias ocasiones había fregado los pantalones a mano y los tendía en la cuerda para que se secaran, él iba, los revisaba y si quedaban mal lavados, la llamaba diciéndole:

-¿Así es como lavas la ropa? No sos más que una inútil que no sabe ni lavar.

Y con los pantalones mojados empezaba a golpearla hasta que Doña Marta llegaba, regañaba con él y le ordenaba que dejara de pegarle a la sipota. Cuánto, y cuánto lamentaba Melina haberse ido con Armando, que caro estaba pagando el precio de haberse hecho mujer de este hombrecito, que a su manera. Quería que de un día para otro la pobre sipota supiera hacerlo todo, quería que se comportara como mujer de hogar tanto en los quehaceres de la casa como en la cama. Era como ella lo había pensado antes:

«Salir del fuego para caer al brasero»

Pues lejos de mejorar su situación, había empeorado y empeoró aún más cuando un domingo apareció Luis Alonso en el pueblo buscándola. Volvió a regarse la bola de que el capitalino estaba en el pueblo, Melina se enteró rápidamente y salió corriendo donde su amiga Anita para que fuera a buscarlo y lo llevara a su casa, donde Melina podría hablar con él.

Era un domingo en la mañana, Armando estaba trabajando en su pick-up transportando gente de un pueblo a otro, San Jerónimo - Las palmas. Melina le dice a su suegra que va a casa de Anita; Doña Marta no dice nada, pero ya sabe la noticia del capitalino, así que manda a alguien a vigilarla. Una vez más la joven no mide las consecuencias de sus actos, así que sale corriendo a encontrarse con Luis Alonso, este al verla la estrecha en sus brazos fuertemente, la besa y le pregunta qué está pasando. Ella rompe en llanto, le cuesta explicarle todos los detalles, pero le dice que mejor se vaya porque ella ya pertenece a otro hombre, así que para evitar más problemas es mejor que dejen las cosas como están. Luis Alonso se niega a aceptar la situación, le promete que regresara a buscarla y que se irá con él, porque no permitirá que Armando siga golpeándola, ya que observa los moretes en sus brazos. Antes de despedirse, le da su dirección exacta y un número de teléfono al que podrá llamarlo en caso de emergencia.

Con ello un nuevo episodio doloroso habrá empezado en la vida de la joven Melina, un episodio quizá peor que cuando estaba con su madre, ya que ahora es la mujer de Armando, un artículo de su propiedad, por lo que debe hacer lo que su marido le ordena y de no hacerlo, es golpeada fuertemente.

Cuando Armando regresa de trabajar, ya le tenían la noticia de que Melina había estado con el capitalino en casa de su amiga Anita.

Melina no ve venir el primer puñetazo, el cual le pega en plena cara y al que le siguen muchos otros, acompañados de palabras como:

-Así que fuiste a verte con ese hijo de p... ¿Volvió a cogerte otra vez? ¡No sos más que una puta mal agradecida, yo te he recogido de la calle y mira como me pagas!

Y paff y paff pescozadas y puñetazos por todos lados.

Pero lo más cruel fue en la noche, cuando fueron a acostarse al cuartito que sus padres les habían dado. Estaba totalmente golpeada y con moretes por todos lados, su carita de niña estaba destrozada; sin embargo sin importarle nada de eso, ella debía cumplir con sus obligaciones de mujer de hogar.

Los días que siguieron fueron iguales, cada noche que pasaba con él era maltratada una y otra vez, la agarraba como quería y le decía:

-¿Así es que te gusta, verdad? ¿Te hago mejor que el capitalino? ¡Contéstame!

Como de costumbre, no contestaba nada, solo abandonaba su cuerpo para no sentir tanto dolor y pensaba: «Yo jamás hice el amor con el capitalino, si quienes me estropearon fueron mi padrastro y mi primo y ahora vos que me tratas como a una cualquiera.»

Pero solo pensaba sin decirlo, porque ya sabía que le esperaba.

A partir de ese día la vida de Melina al lado de Armando se convirtió en un infierno, las golpizas eran cada vez más frecuentes y no digamos los insultos y la desconfianza. La golpeaba tan fuerte y con tanta rabia que no veía donde asentaba los puñetazos y las patadas y a causa de eso su útero quedó desviado, aunque tal vez lo estaba desde las palizas de su madre.

Tenían tres o cuatro meses de estar juntos, él quería que Melina quedara embarazada, pero como no quedaba, le pegaba más porque creía que a escondidas tomaba pastillas para no quedar encinta; ¿Cómo podría hacerlo si era él quien controlaba el dinero? Ella no tenía acceso a nada, pues lo único que tenía era techo y comida y un poco de cariño por parte de los hermanos de Armando y de su suegra. Al ver Doña Marta la agresividad de su hijo con Melina, decide que no es justo, así que encuentra los medios para que la chiquilla vaya todos los días a casa de una señora a aprender sobre el trabajo de la costura; además piensa que es una buena manera de alejarla un poco de su hijo, entonces, le compra una máquina de pedal, un lujo en aquella época. Melina se sentía dichosa al ver la maquina nueva comprada especialmente para que aprendiera a coser; oficio que posteriormente le permitió ganarse la vida honradamente y con el que lo ha hecho hasta hoy en día.

Bien que mal las cosas habían mejorado un poquito, pero un día a principios del mes de junio, apareció un hombre alto, de piel morena, es lo único que recuerda Melina, quien dando enormes zancadas entró en casa de Doña Marta diciendo que quería ver a la joven, alegó que era su padre y que venía para llevarla a vivir con él, pues ella era menor de edad y por lo tanto él, como su padre legitimo tenía todos los derechos.

Tras escuchar aquello, Doña Marta da un brinco agarrando a Melina de un brazo, al tiempo que el enorme hombre la coge del otro con la mano izquierda, mientras que con la derecha saca una pistola con la cual amenaza a la señora.

Melina tiembla de pies a cabeza:

-Dios Mío. –Dice. -Pero ¿Quién es usted? No entiendo nada, yo nunca he visto a mi padre. Nunca he sabido quién es, ¿Por qué ahora viene a reclamar derechos? ¡Usted es un completo desconocido para mí!

Doña Marta había mandado a buscar a Armando con sus demás hijos, quienes le contaron lo que estaba pasando; él era muy joven, pero muy delicado, especialmente con su amada Melina, a quien él golpeaba, pero no permitía que nadie le pusieran un dedo.

¡Ay Dios mío la que se armó cuando Armando llegó a casa y observó al desconocido jaloneando a Melina, y peor aún, amenazando a su madre!

Era costumbre en el pueblo que cuando los hombres trabajaban y manejaban su propio dinero, anduvieran con pistolas en la cintura, así que Armando cargaba todo el tiempo la suya; entonces, al ver aquello, a pesar de su corta edad, en ningún momento le mostró miedo al supuesto papá de Melina, por el contrario, se enfrentó a él sacando su revólver.

El viejo gritaba que era su padre y que por tal tenía derecho, mientras que Armando respondía que era su mujer, que él la quería y que la había recogido cuando su madre la echó a la calle.

-Soy yo su marido. –Le dice Armando. -Soy yo quien responde por ella, así que se queda aquí.

El hombre, llamado Norberto, seguía jalonando a la joven y balanceando la pistola de un lado para el otro; pero Armando continuaba mostrándose valiente y sereno con la pistola en la mano puesta hacia abajo.

Melina no podía mirar a ninguno de los dos, sus ojos estaban clavados en el suelo sin pronunciar palabra, hasta que al fin el viejo Norberto dijo:

-Si las cosas están así, entonces que sea ella quien decida.

Entonces todas las miradas se volvieron hacia Melina, la pobre joven no articulaba palabra, solo miraba a su suegra y en un impulso corrió a abrazarse con ella rompiendo en un llanto de angustia y de desesperación. Al ver tal actitud, el señor no dijo más nada, dio media vuelta y se marchó. Quedó abrazada la chiquilla a Doña Marta, Armando envainó su pistola y también fue a abrazar a su mujer, en ese momento, ella se sintió protegida por su marido y sintió gran admiración por su valentía, mientras se decía a sí misma:

-Si no me golpeara como lo hacía mi mamá, todo sería distinto.

Él, la contempló un buen rato, hasta que dejó de llorar y de temblar, luego la llevó a caminar, al regresar a la casa cenaron y se fueron a acostar. Armando era un jovencito insaciable, así que esa misma noche, después de lo ocurrido, todo volvió a la normalidad. Daba lo mismo si Melina se negaba, no había poder humano que lo calmara, si lo hacía, peor para ella, porque igual la agarraba como le daba la gana, sin que tuviera derecho a reclamar.

Amanece en casa de la familia Portales, se abren las puertas de la tienda, comienza un nuevo día para Melina, quien a las ocho de la mañana va donde la señora Aurora, para que le enseñe a coser; está bien contenta, pues siente un poquito de libertad, además está entusiasmada con la idea de aprender a hacerlo; ayuda a Doña Marta en la tienda y luego se va para donde Doña Aurora. Así pasa los días, las semanas y los meses, si se porta bien y hace lo que le dicen que haga, todo está bien, pero si es desobediente ya sabe lo que se le espera. Melina era una jovencita silenciosa, pero rebelde en su interior. Alguna vez, llegó a sospechar que Armando la engañaba con otra mujer, así que como podía salía del trabajo para vigilarlo y en una de esas ocasiones lo encontró con una joven, muy guapa por cierto. La chica estaba sentada en sus piernas acariciándole la cara, entonces la ingenua de Melina comienza una escena de celos. Él al verla se levanta, se dirige a ella y le dice:

−¿Y quién te ha mandado a vigiarme? −Y comienzan los primeros trompones. −¡Nos vamos para la casa ya! −Continúa ordenándole.

Ese día le dio una tremenda paliza por desobediente, pues según él, ella no tenía por qué estar vigilándolo, él era hombre y podía hacer lo que quisiera.

En cuanto Doña Marta vio a su nuera otra vez con la cara morada, regaño a su hijo y le dijo que ya era demasiado, también habló con Melina ordenándole que arreglara un poco de ropa porque se iría a pasar unos días con su cuñada Rosa, la hermana mayor de Armando. Rosa le tenía mucho cariño a Melina, seguramente porque ella también era mujer, porque hacia un tiempo estaba casada o porque contaba ya con dos hijas de su matrimonio, entendía lo difícil de la vida de hogar, máxime para una joven de corta edad. Melina se alegró mucho al conocer la noticia, especialmente porque Rosa vivía en una colonia muy bonita llamada Santa Lucia, ubicada en la capital. En casa de su cuñada, la joven se sentía libre, disfrutaba jugar con las hijas de esta, Yanira de seis años y Elvira de cuatro; pues aunque suene cómico, a Melina le gustaba jugar con las muñecas de las niñas, tal vez porque mientras lo hacía, olvidaba que era una mujer de hogar. Las tres pasaban horas y horas jugando a las muñecas, les hacían vestidos, las llevaban a parques y restaurantes imaginarios, diversiones que pocas veces pudo tener en su casa cuando era pequeña, pues ya conocemos bien las circunstancias que rodearon su infancia. Sin embargo, pasados dos o tres días, llegaba Armando por ella, prometiéndole a su hermana que no la golpearía más. Así que le permitían llevarla de vuelta al pueblo, pero dos o tres semanas después volvía a hacerlo, por lo que regresaba a su rutina.

Fue así como un día, Melina no aguantó más e hizo su primer intento de suicidio, la joven estaba desesperada, no veía otra solución, todo en su mente se había vuelto oscuro y cada una de las ideas que cruzaban por su cabeza, eran oscuras también, entonces, sin pensarlo mucho agarró una enorme variedad de pastillas de las que Doña Marta vendía en la tienda; eran alrededor de 20 o 25, pero se las trago de una bocanada sin decirle nada a nadie, y posteriormente corrió a esconderse bajo la cama en la que dormía uno de los hermanos de Armando. Había pasado menos de media hora, Melina comenzó a convulsionar, estaba segura de que era su tiempo de morir, de repente sintió que la tiraron de los pies y al mismo tiempo escuchó los gritos de Doña Marta; al volver en sí, la empleada le comentó lo que había dicho su suegra:

-Corten unos limones, exprímanlos y me traen el jugo de ellos, ¡Apúrense, apúrense!

Doña Marta tomó a la joven por la cintura, le apretó el estómago, la sentó en la cama y la obligó a tomarse el jugo concentrado de limón, gracias a lo cual, en pocos minutos comenzó a vomitar; posteriormente la llevó a la farmacia, donde el farmacéutico le recetó un líquido para que le hicieran un lavado estomacal. La señora sintió mucho miedo de la actitud de Melina, pero al mismo tiempo entendió la desesperanza de la jovencita, la quería, así que sentía compasión por ella, fue así como gracias a la diligencia de Doña Marta, la muchacha continuo viviendo.

Contaba ya con 14 años de edad, pero su situación no mejoraba, a pesar de que estaba aprendiendo a coser y de que tenía ya un cuartillo aparte donde vivía con Armando, el problema continuaba porque no quedaba embarazada; había momentos en los que por ello, Armando perdía la paciencia y se enojaba, la agarraba bruscamente para hacerle el amor y a veces, incluso, la golpeaba. Pasaron casi dos meses, Melina intenta por segunda vez quitarse la vida. Era un domingo, Armando debía ir a trabajar, Melina sabía que vendría a almorzar, a su regreso, él deja el pick-up parqueado en la galera detrás de la casa. Mientras él termina su almuerzo, ella se levanta sin decir nada dirigiéndose al baño, ubicado en el patio de la casa. Al llegar afuera mira para todos los lados, pero no ve a nadie, así que se mete bajo el pick-up en medio de las cuatros llantas, mientras se dice:

-Cuando Armando arranque el carro me aplastará y así terminarán todos mis sufrimientos.

Pero definitivamente, contaba con ángeles o con alguna fuerza divina que la protegía, evitando que sus planes se cumplieran, pues ese día ocurrió que Armando decidió no regresar a trabajar, argumentando que estaba cansado, por lo que mejor iría a la cancha a jugar futbol con sus amigos; así que al cabo de un rato, cuando Melina no regresó del baño, comenzaron a buscarla. La joven se había hecho puñitos bajo el auto, Armando y Doña Marta al cabo de una hora de estar buscándola y creyendo que había escapado, deciden agarrar el pick-up para ir a indagar en las calles del pueblo o en casa de alguna amiga. Armando se monta primero y arranca el carro, pero de repente, Doña Marta, quien alcanza a ver los pies de Melina debajo, le grita:

- ¡Para, para, no arranques, ella está ahí! ¡Ahí debajo!

Melina se había quedado dormida esperando ser aplastada por el pick-up, pero el grito de Doña Marta la despertó. Al verla, Armando la agarró por los brazos y la jaló hacia afuera, por supuesto estaba muy enojado, así que le daría su merecido; sin embargo de nuevo su madre se interpuso ordenándole que no la tocara. Cabe anotar, que en varias ocasiones, cuando Armando golpeaba a Melina, su madre también lo castigaba a él, pegándole fuertemente con un cincho, aunque el testarudo volvía a las mismas. Era difícil controlar su malgenio y su agresividad, pero ese día él pudo calmar su cólera, así que no fue violento, simplemente la llevó al cuarto, donde ella rompió en llanto diciendo que quería morir, asegurándole que ya no soportaba los maltratos y que por tal era mejor no seguir viviendo. A partir de ese día, él se calmó bastante, prometiéndole de nuevo, que no volvería a maltratarla.

En cierta forma era como si la historia se repitiera, pues Norberto Gómez, el supuesto padre de Melina había sido muy agresivo con la madre de esta, así que el turno era ahora para ella en manos de Armando. Valga la pena recordar, que desde el día en que Norberto Gómez hizo irrupción en casa de Doña Marta, Melina quedó traumatizada con su actitud, tanto que jamás pudo recordar el rostro de quien fuera su padre, pues al parecer, su mente borró por completo la imagen de aquel hombre, dejándola huérfana para siempre. Aunque Nora se llevó la parte peor, Melina por lo menos permaneció en el pueblo con Armando, mientras que su hermana, fue entregada ese mismo día a un perfecto desconocido, Norberto Gómez, y llevada por él al antiguo pueblo donde también había llevado a su madre, cuando se casaron, al pueblo llamado Cojutepeque.

Dicha actitud era injusta porque Nora no había dado motivo para que su madre la entregara a ese hombre, fue Melina quien escapó semanas antes para ir a la capital a verse con Luis Alonso; su hermana mayor no sabía nada al respecto, por tal no merecía semejante castigo. Nora fue obligada por su madre a irse con el supuesto padre, a pesar de que ni ella ni Melina lo habían visto jamás. ¿Cómo puede una madre entregar a su hija de 15 años a alguien que nunca se preocupó por sus familiares? Estela María creía tener la razón, porque según ella, sus hijas se habían vuelto incontrolables, pero ¿Cómo pretendía que fueran modelos, si las maltrataban peor que a perras callejeras? Pero no se discutió, Nora fue obligada a irse con un desconocido, aunque era la primera vez que lo veía, la decisión estaba tomada, así como cuando dos meses antes había echado a Melina a la calle, pues en ese momento hacía prácticamente lo mismo. Cuánto rechazo sentía aquella mujer hacia sus hijas, que buscó la manera más fácil de deshacerse de ellas, prefiriendo conservar al alcohólico y abusivo que tenía por marido. ¡Qué ironía, la vida o el destino se empeñaban en repetir los mismos patrones de conducta!

Sin embargo, antes de que Nora fuese llevada por su padre, estaba de novia de un joven llamado Mariano Meléndez, él era músico, tocaba en el grupo «Los Solitarios» del pueblo de San Jerónimo. Que sucedió entre ellos, no se sabe, porque Nora, dos semanas más tarde regresaría al pueblo de San Jerónimo en compañía de Mariano. Apenas han pasada dos o tres meses juntos, y ella le informa que está embarazada y la noticia del bebe no fue del agrado de nadie, sin embargo decide que tendrá a su niño, y por lo tanto no tiene otra alternativa que regresar con su madre, quien por razones que Melina desconoce, perdona a Nora recibiéndola nuevamente en casa. A sus escasos 16 años Nora fue mamá, dio a luz a un lindo varón al cual llamaron David Eduardo Gómez, registrado por el hermano mayor de la joven, Adalberto Gómez. Gracias a dicho nacimiento, los maltratos para Nora terminaron, tal vez porque de cierta manera Doña Estela reconoció su responsabilidad al haber entregado su hija a Norberto, quien nunca actuó como un verdadero padre.

Mientras tanto, Melina continuaba su rutina, iba todos los días a casa de Doña Aurora y cada vez aprendía más y mejor el arte de la costura, igualmente trabajaba cuidando los cuatro niños de la señora y hacía los mandados apurada para observar cómo se cortaba la tela y cómo se les daba forma a los vestidos y a toda clase de ropa pedida por los clientes de Doña Aurora. Han pasado tres meses, Melina recibe un pago de cinco colones por semana, pues ya hace sus propias costuras, además la señora Aurora le reconoce los cuidados que la joven da a sus hijos. Se encuentra muy contenta, pues comienza a ganar sus centavitos, a hacerse su ropa y a comprarse las cosas necesarias.

Es importante decir aquí que a Melina desde muy niña, le gustó maquillarse la cara, aunque le pegaran por eso su mamá o Armando, igual lo hacía; contrario a su madre y a su marido, a Doña Marta, su suegra, no le molestaba, es más, a veces era ella quien le compraba algún lápiz labial o alguna tela para que confeccionara sus vestidos, pues se dio a la tarea de cuidarla después de sus múltiples intentos de suicidio, además le preocupaba el que no le anunciara que estuviera embarazada. Seguramente se preguntaba si la joven era estéril, si Armando no la agarraba bien o si tomaba algo para no quedar preñada. Por esos mismos días, Armando comenzó a desesperarse a causa de ello, así que decidió llevar a Melina al médico del pueblo, el Doctor Casa Blanca. Este la examinó, pero no encontró nada anormal y por lo tanto le sugirió que tomara pastillas anticonceptivas por 3 meses, para que una vez normalizadas sus reglas, que hasta entonces fueron abundantes y dolorosas, cupiera la posibilidad de quedar embarazada. Cabe recalcar que Melina estaba muy joven para ser mamá, pues solo contaba con 14 años y aunque había que obedecer al marido, ello no hacía que la joven dejara de preguntarse:

-¿Qué va a ser de mí con un niño? No voy a aguantar mucho tiempo las golpizas que me da Armando, y una vez tenga un hijo suyo, será imposible dejarme con él.

Salen de la clínica, el médico le ha prescrito unas cuantas receta, hay que comprarle algunas vitaminas de hierro porque su infertilidad puede deberse a la anemia, unos jarabes para la tos, que más parecía bronquitis, y las ya mencionadas pastillas anticonceptivas gracias a las cuales, a más tardar en seis meses debería quedar embarazada. En aquella consulta el medico no alcanzó a darse cuenta de que el útero de Melina estaba desviado, por lo tanto pasarían tres años más antes de que el problema fuera resuelto.

Armando está feliz, pronto, muy pronto Melina le dará lo que él más anhela, un hijo. Es importante recordar, que a pesar de que la golpeaba, le decía que la adoraba, pues la consideraba una preciosidad de mujer, ingenua, rebelde y silenciosa, pero bonita, muy bonita, de hecho lo se mencionaba continuamente:

-Vos sos demasiado bonita, por eso es que tengo que cuidarte, porque sos mía ceja, mía y de nadie más. ¡Mía para siempre!

De nuevo le promete que si todo sale como lo espera y si pone de su parte portándose bien, no volverá a golpearla y que será más paciente con ella. En efecto, por algunas semanas todo va bien, no hay golpes, ni regaños, Melina se toma los medicamentos tal y como el doctor lo había prescrito. Armando le hace el amor con menos violencia, hasta con dulzura podría decirse, cosa que para la joven era extraño hasta entonces, además comienza a decirle cosas bonitas al oído, cosas que ella no se cree del todo, pues siempre sospechó que él tenía relaciones con otras mujeres, lo cual Armando negó todo el tiempo.

Pero en medio de todo, Melina con su mentalidad de adolescente ingenua, creía equivocadamente, como muchas jóvenes de su edad, que tal vez dándole un hijo a Armando, realmente cambiará de actitud con ella, confiando en que un hijo será la solución para su tormentosa vida. Llevan ya 14 meses juntos, Melina no ve otro camino para salvar su relación, aunque en ella siempre ha estado el deseo de huir, pero ¿Para dónde? Es claro que no está conforme con la clase de vida que le da Armando, pues si bien es cierto que tiene comida y que gana un sueldo, también lo es que a causa de los celos enfermizos, su marido la golpea, haciéndola sentir un deseo enorme de morir o de escapar como lo había hecho de casa de su madre, pero no tiene a donde ir. Ha perdido completamente el amor hacia él, solo le queda lo mismo que sentía por su madre: «mied», un miedo enorme que destroza su interior y que le impide sentir confianza en alguien.

Han pasado casi dos meses desde que Melina sigue el tratamiento al pie de la letra, su salud ha mejorado bastante, come con mucho apetito y sus menstruaciones son más regulares y menos dolorosas.

-Pronto, —Se dice ella. -Todo se arreglará, quedaré embarazada y entonces Armando me mimará, me cuidará y nunca más volverá a golpearme, nunca más.

Esos eran los pensamientos de una chiquilla que creía en la vida, y que aunque a sus escasos 14 años había sufrido tanto, continuaba confiando en que un día su vida cambiaría. Llegan los días finales del mes de julio, el tratamiento está dando resultados positivos, pero la vida o el destino les tienen reservada una sorpresa; Melina ha aceptado su futuro al lado de Armando, no era lo que soñaba de un hogar, pero por lo menos tiene lo esencial, aparte de las golpizas, por supuesto.

Y sucedió que un domingo de dicho mes, Anita, la amiga de Melina, llega a buscarla a casa de Doña Marta con el pretexto de que la acompañara al mercado, pero tras salir, toman un camino diferente y llevándola a su casa le dice:

-¡Adivina quién anda buscándote! −Mostrándose sobreexcitada y contenta.

-¿Quién me busca y por qué estás tan contenta?

Su amiga no puede contener el nerviosismo, la abraza y le responde:

-El capitalino, Melina, Luis Alonso está en mi casa esperándote.

Melina no puede creerlo, piensa que es una broma de Anita, pero ella le repite que es verdad, que el capitalino está allí y que quiere hablar con ella. La joven comienza a temblar de pies a cabeza, hacía un año que no sabía nada de él, pensaba que la había olvidado ya. Salen las dos corriendo hacia la casa de Anita, y en cuanto Melina ve a Luis Alonso, queda petrificada como cuando lo conoció. Él está sentado en el patio de la casa de la mamá de Anita, la señora que en el pasado ayudó a Melina, él en cuanto la ve, da un enorme salto atrayéndola hacia sí, la besa y la abraza tiernamente, haciendo que Melina pierda la noción del tiempo y el recuerdo de su compromiso con Armando. En los brazos de Luis Alonso vuelve a sonreír, a sentir confianza en alguien, se siente protegida y revive la llama de la esperanza. La joven tenía unos cuantos moretones en los brazos y en la cara, así que cuando él se los ve le formula un montón de preguntas:

¿Quién te ha golpeado? ¿Por qué estás tan morada? ¿Ese hombre con el que estás te pega? Porque si es así, te venís inmediatamente conmigo.

Que más hubiera querido Melina que irse enseguida con él, pero sabía que en ese momento no era posible. Melina lloraba y reía al mismo tiempo, contándole la vida que llevaba con Armando, y explicándole que no era fácil porque la golpeaba mucho, además de que en ese momento estaba en un tratamiento para darle un hijo. A Luis Alonso no le agradó para nada la idea, especialmente al ver los moretes que tenía. Hablaron y hablaron, y quedaron en que él volvería en 15 días para llevarla a conocer a su mamá y a su familia.

Más tardó Luis Alonso en regresar a la capital que la noticia en llegar a oídos de Armando, quien se puso extremadamente furioso al conocerla. ¿Cómo era posible que después de tanto tiempo apareciera de nuevo aquel joven en busca de Melina? La joven ha vuelto a casa de su suegra, Armando ya estaba esperándola, así que comienza su interrogatorio:

-Así que venís de verte con ese hijo de puta. ¿Crees que podes hacer lo que se te dé la gana? ¡Yo soy tu marido! ¡Yo soy quien te manda! Ahora mismo vas a decirme qué estuviste haciendo con ese pendejo, y te digo una cosa, si vuelve por aquí, vas a saber quién soy yo.

Y para rematar, por supuesto le dio una buena paliza mientras le gritaba todo lo que le daba la gana, Melina de nuevo permanecía callada, hasta que al fin le contestó que sí, que lo había visto y que había hablado con él, pero que le había dicho que mejor se fuera para evitar más problemas.

Puras mentiras, ella mentía para que dejara de golpearla, al igual que lo hacía con su madre, pues desgraciadamente tenía que engañar para sobrevivir; el problema era que una mentira engendraba otra y esa a su vez requería una más grande, hasta que se metía en problemas cada vez más y más graves. Como en esa ocasión, pues sabe que ha hablado con Luis Alonso y es consciente de que quiere fugarse con él, sin embargo no mide las consecuencias de sus actos, a pesar de la golpiza que le ha propinado Armando y de que la sentenció ordenándole que se portara bien, pero es una rebelde silenciosa y contrario a detenerse, continúa llamando a Luis Alonso.

Se habían puesto de acuerdo sobre en el día en que se reunirían en la capital, y habían quedado en que si todo salía bien, Melina se llevaría sus pocas pertenencias para irse a vivir con él, aunque fuera una vez más a casa de los padres de su enamorado. Durante los días que siguieron, ella iba a escondidas a las oficinas de las telecomunicaciones para hablar por teléfono con él o para enviarle telegramas. El joven le había prometido que de una u otra forma vendría a buscarla para que hicieran una vida juntos y Melina había creído en sus palabras; pobre, lejos estaba de imaginarse lo que le esperaba con el capitalino.

Uno de esos días, él envía un telegrama a casa de Anita en el que le dice a Melina que fuera a la capital para las fiestas patronales de su colonia, que se celebrarían el 10 de agosto, Melina responde a su llamado, cometiendo de nuevo la misma imprudencia cometida cuando vivía con su madre, va a encontrarse con el hombre por el cual la echaron a la calle, y va a hacerlo justo cuando vive con Armando.

Ante la sociedad y la gente del pueblo él es el marido y por lo tanto le debe respecto, pero ella está segada, cree que su vida será mejor cambiando de pareja, pues confía en que Luis Alonso la tratará mejor, que la querrá más y que cuidará de ella. Pobre sipota, aún cree que el mundo puede ser color rosa y que cambiando de hombre y de ciudad, todo será mejor.

Su amiga Anita intenta detenerla, pues quiere hacerla razonar, pero nada, absolutamente nada la hace retroceder, se siente enamorada de Luis Alonso, así que piensa que nada puede ser peor que lo que está viviendo con Armando; pero más le hubiera valido que lo pensara dos o tres veces.

Engaño y huida

El día indicado, 10 de agosto, Armando sale a trabajar, para ese momento ya ha comprado un enorme camión en el que viaja a los departamentos de San Miguel y La Unión a comprar sandia para luego venderla en el pueblo. Melina espera a que su marido salga para arreglarse e irse a la capital al encuentro con Luis Alonso. Según ella, ha calculado bien el tiempo, pero una vez más comete el mismo error al creer que nadie la verá abordando el autobús. Apenas se sube en él, y los chismosos ya le han avisado a su suegra lo que ha hecho. Y para rematar, cuando Armando va solo a medio camino, su camión tiene fallas mecánicas, lo cual lo obliga a regresar al pueblo en busca de un mecánico.

Tras dejar el camión en reparación, regresa al cuarto en el que vive con Melina, por ser sábado, ella no debía ir a trabajar en la costureria, así que debía estar en el apartamento o en casa de su suegra. Al no encontrarla en el cuarto, se va a buscarla donde su mamá, pero cuál sería su sorpresa al no hallarla allí tampoco, y mayor aun cuando Doña Marta se ve obligada a decirle que la han visto abordar el autobús hacia la capital.

¡Dios mío! En ese momento sí que se armó la grande.

Armando se pone furioso, porque sabe que Melina ha ido en busca del capitalino y él no está dispuesto a perder a su amada ceja.

Andaba de un lado para otro, como un león enjaulado, ahogando su cólera, esperando el momento en que ella regresara para darle su merecido. Y mientras eso sucede en San Jerónimo, Melina se muestra boba, ingenua y deslumbrada ante lo que ve en la capital, especialmente está encantada porque la familia de Luis Alonso la recibe con los brazos abiertos, pues todos han simpatizado con la joven, aunque también todos guardaban un terrible secreto, el cual sería más adelante una de las más atroces crueldades cometidas contra ella, empezando por Luis Alonso.

Ha llegado el momento de despedirse y todos se muestran contentos por la nueva novia del joven; por su parte, Melina cree que su vida ahora sí será diferente. Se besan antes de decirse hasta pronto, él la lleva a la terminal del autobús de regreso a su pueblo. Fue así, como la misma causa, el mismo error, esta vez le costará casi que su propia vida, antes hubiera querido morir, pero ahora no lo desea, quiere vivir porque está enamorada.

Son alrededor de las cuatro de la tarde, Melina baja del autobús, va feliz porque ha pasado un día maravilloso con Luis Alonso y con su familia. Llega a su cuarto corriendo, se cambia de ropa, esconde los zapatos que Luis Alonso le ha comprado y hace como si nada hubiera pasado. Cinco o diez minutos más tarde entra Armando, Melina está apurada preparándole la comida, cuando voltea la mirada, ve que detrás de él viene también su suegra, Doña Marta. Con solo ver la cara de angustia que tiene la señora, Melina sabe que ha sido descubierta. Armando empieza a interrogarla alzándole la voz:

-¿Dónde has estado Melina? ¿Dónde has estado? ¡Contéstame!

Ella, como no sabía que hacia horas que él estaba esperándola, le contesta:

-¡Pero si aquí he estado! ¡No he salido para nada!

-¡Ah! –Continúa él con voz agresiva. -¡Ah! ¿No has salido?

Y viene el primer golpe, y otro y otro en plena cara. Melina no sabe qué hacer, continúa negándolo todo. La sangre comienza a brotar de su boca, de su nariz, tiembla de pies a cabeza y no sabe qué decir. Armando está fuera de control, la agarra del cabello y la arrastra por todo el cuarto. Doña Marta lo sigue e interviene tratando de ayudar a la joven, pero su hijo le dice:

-No mamá, hoy es el día en que voy a matar a esta puta, hoy es el día en que voy a enseñarle quién soy yo. Esta puta no vale nada, es una traidora mentirosa y malagradecida. ¡La he recogido de la calle y mire como me paga!

Su madre le suplica:

-No te comprometas hijo, no te comprometas, que si es una puta como tú dices, no vale la pena ir a la cárcel por ella. – Seguramente se lo decía para calmarlo.

Pero él no escuchaba razones, ya le había destrozado a puñetazos la cara. Los ojos de Melina estaban hinchados, tanto que parecía que se le reventarían en sangre. La tiró al suelo, en el que quedó tendida boca arriba. Luego se montó sobre ella e intentó estrangularla. Su madre continuaba gritándole que la soltara:

-¡Suéltala hijo! ¡Por favor suéltala!

En medio de su desespero, la señora cogió un cincho que encontró en el cuarto y comenzó a golpear a su hijo con todas sus fuerzas, pero Armando estaba fuera de sí, y por lo tanto no soltaba a su mujer o mejor dicho a su presa. Melina estaba a punto de perder el conocimiento, cuando Doña Marta en un último esfuerzo por salvarle la vida a ella y por proteger de la cárcel a su hijo, lo agarró por el pelo, tirándolo hacia atrás, ante lo cual Armando se vio obligado a soltar a la chica para quitarse a su madre de encima, entonces Doña Marta aprovechó para gritarle a Melina:

-¡Corre hija corre, corre y no te detengas corre!

Melina se levantó como pudo, arrastrando el dolor que sentía en su cuerpo, salió corriendo al patio del mesón donde vivían, se saltó una cerca y cayó del otro lado, en la casa de la Señora Paquita, una mujer que vendía tortillas a la hora de la cena y que tiempo atrás había sido la cocinera de Doña Estela. Era Paquita quien lloraba cuando castigaban a Melina en casa de su madre y cuando le tenía que servir la comida en el suelo porque la dejaban hincada noche y día.

En cuanto Paquita vio acercarse a Melina completamente ensangrentada, su corazón dio un vuelco y de inmediato le extendió un pedazo de toalla para que se limpiara la sangre que llevaba en la cara. Melina apenas podía hablar, así que solo le suplicó:

-Por favor deme un colón para pagar el pasaje del autobús. Tengo que huir y voy para la capital.

Paquita no preguntó nada, metió la mano en el combito donde echaba su dinero y le dio lo que agarró. Melina cogió el dinero, con el pedazo de toalla se cubrió la cara y echó a correr. Corría hacia el desvío del pueblo que estaba a kilómetro o kilómetro y medio de donde se encontraba, una vez allí, abordó el primer autobús que pasó.

Armando por su parte ha logrado soltarse de su madre y ha ido a sacar el pick-up, así que sale en persecución de Melina. Varios buses han pasado por el desvió del pueblo mientras Armando conducía el pick-up, se acercaba a cada uno para preguntarle a los conductores si una joven que va golpeada ha subido, y justo en uno de ellos va Melina, pero gracias a Dios el chofer y el cobrador al ver las señales que les hace la joven, le dicen que no, que no han visto a nadie con esas características. Melina permanece escondida entre los asientos de atrás del autobús y gracias a la complicidad de los dos hombres logra escaparse, al verla tan angustiada el cobrador le pregunta:

-¿Señorita quién ha hecho esta canallada con usted?

-El joven que vino a preguntar si me habían visto. -Le contesta ella.

El cobrador solo mueve la cabeza como diciendo ¡Qué ingratitud!, y no le cobra el pasaje. Así que cuando llega a la capital, con el dinero que tiene, agarra un taxi y le pide al conductor que la lleve a la casa de Luis Alonso en la colonia Zacamil. El taxista la mira con ojos de misericordia y le dice que le dé la dirección exacta, y que la dejará en la puerta por los pocos centavos que lleva; lo cual fue una bendición para la joven, pues comenzaba a hacerse tarde, y cuando no se conocen los rincones de la capital, puede ser muy peligroso, más aún en las condiciones en las que ella estaba.

Melina está desfigurada, tiene el ojo izquierdo hinchado, no puede abrirlo, su nariz continúa sangrando, el labio de abajo está reventado, por lo que se le hace imposible cerrar la boca. Siente miedo y vergüenza de que la familia de Luis Alonso la vea es estas condiciones, cuando unas horas antes, sus parientes la habían conocido en perfectas condiciones.

Al llegar a la dirección indicada, toca la puerta, de inmediato le abre un niño, ella le pregunta si conoce a Luis Alonso Randales, este le dice que sí, ella le pide el favor de que lo llame. En pocos minutos aparece Luis Alonso, quien al verla en ese estado se pune furioso.

-Pero, ¿Quién te ha hecho esto? Pero ¿Cómo, por qué? –Grita.

Hubiera querido saltar en el primer autobús e ir a arreglar cuentas con Armando, pero Melina lo detiene suplicándole que espere, pues por el momento lo mejor es buscar una solución para su situación. Ella le preguntaba dónde puede pasar la noche y lavarse, además le dice que necesita encontrar ropa limpia para cambiarse ya que la que llevaba puesta estaba inmaculada de sangre.

Luis Alonso está fuera de sí y le pide que le cuente con detalles lo ocurrido.

-¿Desde cuándo soportas esta situación amor mío? –Le pregunta con ternura.

Pero Melina solo baja la cabeza diciéndole que las cosas eran así desde el día en que se conocieron ellos, y continúa contándole que de todas formas en su vida con Armando no había habido mucho cambio, ya que cuando estaba con su madre vivía prácticamente lo mismo. También le cuenta que desde hacía un año y cuatro meses lo tenía por marido, porque no había tenido otra alternativa, pero que desde que lo conoció a él en la playa, él se había convertido en el amor de su vida. Lo decía con total sinceridad, y ese amor habría de perdurar por muchos, muchísimos años en el corazón de Melina.

Debían ingeniarse algo que convenciera a sus padres para que la dejaran entrar en la casa, así que inventaron que Doña Estela, su madre, y uno de sus hermanos habían sido quienes la habían golpeado de manera tan salvaje. Suplicaron a sus padres que le dejaran quedarse al menos durante algunos días, mientras encontraban otra solución, y no les fue difícil convencerlos, pues Don Rene y la Señora Mercedes, la acogieron con cariño e inmediatamente la madre de Luis Alonso la acostó en una cama, la limpio y le puso lienzos de tela untados con miel, que le cubrían toda la cara, los brazos y las piernas, ya que eran los puntos de su cuerpo en los que su piel estaba a punto de reventar. Después la llevaron a la cocina y le prepararon una sopa para que comiera algo. Melina no podía meterse la cuchara en la boca porque le sangraba, pero hizo lo que pudo y comió algo ayudada por una hermana del joven, quien también le prestó una pijama y la llevó a su cuarto, facilitándole su cama, en la que cayó dormida.

A la mañana siguiente, Melina, a pesar de estar tan golpeada, se sentía feliz debido a las atenciones que le brindaba la familia de Luis Alonso, creía que al fin había encontrado la familia que tanto soñaba. Una familia que le diera cariño y que la hiciera sentirse segura. Por primera vez en muchos años había dormido tranquila y sin miedo de ser obligada a quedarse en la cama por el resto del día, de ser abusada por su padrastro en la noche, golpeada por su madre u obligada sexualmente por Armando. Pudo al fin descansar por varios días sintiéndose apreciada y colmada de atenciones por parte de la familia Randales. Para ella aquello era como estar en el paraíso, los días que siguieron fueron maravillosos, la señora Mercedes la cuidaba todos los días, poniéndole pedazos de carne en los ojos y en el resto de la cara y tela untada con miel en todo el cuerpo; en una semana, increíblemente, Melina había vuelto a tener esa belleza natural particular en ella con sus apenas 14 años. La joven estaba radiante, Luis Alonso la mimaba, la llevaba al cine, al parque, y al zoológico, haciéndola descubrir la capital; pequeños detalles que jamás nadie habían tenido con ella en su corta vida. Todo parecía lindo, perfecto, hasta las hermanas de Luis Alonso la acompañaban a todos lados y le estaban ayudando a sacar un Permiso de trabajo para que pudiera ganar dinero y comprarse sus cositas.

Diez días habían pasado, Melina decide que es momento de regresar a su pueblo para recuperar lo poquito de ropa que tenía, pues había trabajado duro para comprársela. Llega a escondidas, como una gacela, al mesón donde vivía con Armando y le pide permiso a su vecina para entrar por el lado de su cuarto. Le pregunta si tiene una escalera porque debe saltarse la pared que divide los dos apartamentos. Es así como montada en la escalera y agarrándose del muro da un brinco de casi tres metros, salta y cae al lado de su antiguo cuarto. Con mucha rapidez recoge sus poquitas pertenencias, las mete en dos pequeñas bolsas y sale por la parte de atrás del cuarto. Pasa a pagarle el dinerito a la Señora Paquita, le da las gracias y sigue su camino hacia el desvío del pueblo para abordar el autobús antes de que alguien la llegase a descubrir y regresar a la casa de la familia Randales.

Melina está muy contenta, cree que ha encontrado una bonita familia, aunque pobre, pero llena de buenas personas, sin embargo la vida, el destino o lo que sea, nunca le han hecho regalos a Melina, y vuelve a sucederle una mala pasada. Ella ya ha encontrado un trabajo en una pequeña fábrica de hacer camisas, así que la Señora Mercedes le ha dado un cuartito para que viva con su hijo, todo parece caminar bien, hasta que un sábado aparece una mujer de aproximadamente 22 años acompañada por dos niños, una hembra y un varón, los cuales lleva en cada mano; en cuanto entra al patio de la casa, se dirige directamente a la Señora Mercedes, la saluda e inmediatamente le pregunta:

-¿Está por aquí mi marido Luis Alonso?

Melina se queda helada, perpleja sin poder decir una sola palabra, la mujer se dirige directamente a ella y le pregunta:

-¿Y vos quién sos?

La señora Mercedes interviene respondiéndole que es una amiga de sus hijas, la mujer no está muy convencida, y con aires desconfiados y desafiantes dice:

-¡Ah sí! Entonces por favor dígale a mi marido cuando llegue de trabajar que se vaya directamente para nuestra casa. Que lleva ya varios días que no va por allá y sus hijos quieren verlo.

Dando media vuelta se despide de Don Rene y de la Señora Mercedes, ordena a sus hijos darles un beso a sus abuelos y se marcha. Melina queda pálida como un papel y apenas articulando palabras le pregunta a sus suegros:

-¿Pero cómo? ¿Cómo? ¿Luis Alonso tiene mujer y dos hijos? ¿Cómo ha hecho para estar aquí conmigo durante 15 días? ¿Cómo es posible? ¿Cómo pudo esconder algo semejante?

Sus suegros solo le responden que le pregunte a Luis Alonso. Melina sale llorando, corriendo hacia el cuarto y vuelven los mismos interrogantes a su cabeza:

-¡Ay Dios mío! ¿Y ahora para dónde agarro? Quedarme aquí es imposible, Luis Alonso tiene mujer e hijos y yo no conozco mucho la vida en la capital, ¿Qué hago?

En ese momento llega la Señora Mercedes tratando de explicarle que ya no hay nada serio entre Luis Alonso y esa mujer porque su hijo no la quiere, además le asegura que él le ha confesado que es con ella con quien quiere hacer su vida. Pero Melina le contesta:

-Hay dos hijos pequeños y su mujer ha venido a buscarlo, no creo que no esté con ella.

Ante esa respuesta, Doña Mercedes no dice nada más y se va; cuando Luis Alonso llega de trabajar, inmediatamente Melina le reclama:

-¿Por qué, por qué me has mentido de esa manera? ¿Por qué me has engañado vos también?

Luis Alonso trata de abrazarla, pero ella se le suelta e insistiendo le promete que él va a arreglar ese problema.

-Escúchame Melina, es contigo con quien quiero hacer mi vida, sos vos a quien yo amo, vos lo sos todo para mí.

Pero Melina ya no le cree nada, le dice que lo mejor es que se termine esa relación para que se quede con su mujer y con sus hijos, porque ella es mucho mayor y ha dicho que no está dispuesta a perder a su hombre por una chiquilla babosa como Melina.

Para ponerle el sello de oro a la situación, al día siguiente, domingo, acompañada de Rosalía, una de las hermanas de Luis Alonso, se va al mercado a comprar los víveres para la comida del día; estando allí se encuentra con la Señora Argelia, una mujer que también había trabajado como cocinera en casa de su madre. La señora se pone muy contenta cuando ve a la joven, la saluda y rápidamente se la lleva a un rincón del puesto en el mercado en el que trabaja para decirle:

-Melina, por ahí anda Armando buscándola, carga una foto suya y a toda la gente le pregunta si la ha visto. Desde ayer está por aquí, pero no solo él la busca, también lo hacen unos guardias que preguntan por usted. Esos policías disque han sido enviados por su mamá. Así que tenga cuidado porque la policía se la va a llevar presa y Armando está armado.

Melina se queda asustada, un frío la invade y no sabe qué hacer, pues a pesar de todo lo que ha vivido con Armando, continúa siendo menor de edad y tanto él como su madre tienen derechos sobre ella, además aunque fue su madre quien la lanzó a la calle, ahora la busca. ¿Por qué? No lo sabe. También está su marido ¿Qué quiere? ¿Terminar de matarla? Melina tiembla de pies a cabeza, el temor de encontrarse con Armando la llena de pánico, no puede permitir que la familia Randales descubra la relación que hubo entre ellos, y peor aún, causarles problemas con la policía por encubrir a una menor de edad en su casa, pues conociendo el poder y el carácter de su madre, sabe de lo que es capaz. No bastando con todo lo anterior, están la mujer y los hijos de Luis Alonso la cual ha hecho erupción el día anterior.

En un abrir y cerrar de ojos el mundo de felicidad que creía haber encontrado se desvanece como un castillos de cartas. Tan solo quince días pudo ser feliz, pero todo volvió a destruirse. Viendo la gravedad de la situación, no ve otra solución que regresar a casa de su madre, así evitará problemas a la familia Randales, dejará en libertad a Luis Alonso con su mujer y sus hijos, y estando de nuevo con su madre, aunque sabía de sobra lo que le esperaba, al menos Armando no osará tocarla o volver a hacerle daño. En sí su vida era una constante lucha por sobrevivir.

El día lunes, cuando Luis Alonso partió hacia su trabajo, Melina recogió de nuevo sus dos bolsitas de ropa que era todo lo que tenía y emprendió el camino de regreso al pueblo y a casa de su madre. Va con el corazón destrozado. Al llegar, decide ir a casa de su amiga Anita, le cuenta lo bien y lo mal que le fue y le explica que no tiene otra alternativa que la de regresar con su madre, aunque le reconoce que no tiene el valor para enfrentarla. Anita sabe lo que es la madre de Melina, así que como buena amiga le aconseja:

-Échate unos traguitos Melina así vas a agarrar valor.

Y sin pensarlo más manda a su hermano a comprar una pachita de alcohol para dársela a beber con unas rodajas de limón. En cosa de 15 o 20 minutos Melina estaba tan borracha que ya no se daba cuanta en el gran lio en el que estaba.

Anita la agarró de un brazo para que no se callera y la acompañó hasta cerca de la casa de Doña Estela Villareal diciéndole:

-Párate bien Melina, deja de tambalearte, ponte seria porque si no tu mamá no te va a recibir.

Melina comienza a caminar, tambaleándose por lo embriagada que estaba, llega a la puerta de la casa, apenas logra articular palabras, así que solo le dice a su madre:

-Mire mamá, vengo a pedirle perdón, no tengo para donde agarrar y necesito de su ayuda. ¡Perdóneme mamá!

Doña Estela quien no quiere a su hija, al verla tan borracha le da unas bofetadas y le ordena a Adalberto castigarla como la bastarda lo merecía, según ella. Adalberto como hijo obediente que era, agarra una faja de una máquina y le asienta tres cuerazos en la espalda a Melina, de inmediato, ella cae doblada del dolor, pero Adalberto, le da dos cuerazos más, se los da con tanta fuerza, que Melina casi pierde el conocimiento y en reacción, se orina. Ella se hizo un solo puño en el suelo y allí se quedó posada en sus propios orines, bien golpeada, pero como estaba tan borracha, eso le dio el valor para aguantar la paliza. Sabía de ante mano que no se escaparía, no supo qué hora de la noche era cuando despertó completamente mojada y hedionda a pipi. Se paró como pudo y fue a buscar una cama donde dormir, pero antes de acostarse, sacó de las bolsitas que llevaba, ropa, se cambió, y se dijo:

-¡Gracias Dios mío, al menos me dejó entrar, mañana será otro día y tú dirás qué pasará!

En medio de tanta crueldad, ella creía que existía un Dios o una fuerza superior que la ayudaba a resistir tanta maldad, por ello siempre guardó la esperanza de que un día su vida cambiara. Sin embargo, dicho cambio no llegaría así porque sí, todavía le faltaban muchas experiencias por vivir o en otras palabras, muchos pecados que pagar. Pecados que le costó mucho entender por qué...

Adalberto completa su destino

Es casi el final del mes de agosto, un nuevo amanecer se presenta en el pueblo de San Jerónimo, un amanecer para Melina de nuevo en casa de su madre. Una nueva adaptación al trabajo de la panadería, a sus hermanos y sobre todo una nueva relación con Doña Estela, hacia quien mantenía un nudo y un miedo de acercarse. La joven hacía todo lo humanamente posible por ganarse su cariño o por lo menos su compasión, pero continuaba siendo imposible.

Los días transcurrían entre el trabajo de la panadería, la relación con sus hermanos y el bebé de su hermana Nora, el cual le brindaba mucha alegría a Melina. Armando por su lado, la acosaba casi todas las mañanas cuando salía a hacer la repartición del pan a las tiendas. A eso de las seis, cuando ella salía con los costales de pan en los hombros, Armando siempre estaba en alguna esquina esperándola para pedirle, para rogarle que volviera con él, prometiéndole de nuevo que no volvería a golpearla. Promesas y más promesas, pero Melina ya no confiaba en él, además su mente confundida, confiaba en que un día, Luis Alonso volvería a buscarla, cosa que no sucedió hasta 20 años más tarde.

Su vida continuaba en la misma rutina, trabajaba duro, pero extremadamente duro, su madre y su hermano ya no la golpeaban. Su padrastro ya no se atrevía a abusar de ella, pues Melina cada vez que podía lo amenazaba con un cuchillo y le decía:

-¡Si me vuelve a tocar, le voy a arrancar los huevos viejo desgraciado!

Después de lo que había vivido con Armando, durante un año y cuatro meses, había aprendido a defenderse un poco.

Su hermano mayor, Adalberto al ver la gentileza de Melina, pues era muy atenta y servicial con todos, en ocasiones, los domingos le pedía permiso a su madre, montaba a su hermana en su linda motocicleta anaranjada y la llevaba a ver los partidos de fútbol que él jugaba. Adalberto era el arquero, y gracias a ello nace en Melina una pasión por dicho deporte.

Cuando salía con su hermano, se sentía libre, alegre, veía gente diferente a la del pueblo y le agradaba platicar con ella, pues era una chiquilla curiosa y sonriente, que a pesar de tantos maltratos, buscaba siempre el lado bueno de las personas; además le gustaba escuchar las historias que la gente contaba, porque era la manera que encontraba para conocer más el mundo.

La joven Melina ha cumplido sus 15 años y gracias a la petición del director del Plan Básico el señor Fernández y al Permiso de Doña Estela, ella pudo continuar sus estudios. Así que asistirá todos los sábados a casa del director junto con diez jóvenes, que como ella, habían abandonado la escuela, allí recibirán clases particulares, tendrán que poner mucho empeño para obtener su certificado de noveno grado. Entre los años 1975 y 1976, Melina logra terminar su noveno grado en las clases privadas dadas con buena voluntad por parte del director de la escuela, de su esposa y de sus hijos. Fueron 11 los jóvenes, que gracias a los esfuerzos de esa familia lograron terminar su noveno grado. Al mismo tiempo, la joven continuaba trabajando en casa de su madre y para ese entonces, se había convertido en la madrina de su sobrino David, al cual quería mucho. Por su parte, su hermano Adalberto, continuaba llevándola a los partidos y le había presentado a un compañero de trabajo con la intención de que dicho joven se convierta en su novio. El muchacho se llamaba Wilson Perales, era simpático, tenía 21 años, la misma edad de Adalberto, y además era bastante guapo, aunque más bajo de estatura que ella, pero igual, le agradaba mucho. Los jóvenes comienzan a frecuentarse, así que Adalberto le pide a su madre Permiso para llevar a Wilson a la casa para que sea el novio oficial de su hermanita Melina. Doña Estela no hace ninguna objeción, así que todo parece ir por buen camino.

Adalberto, era un gran arquero de fútbol, transcurría el año de 1977 cuando su equipo, El Fuerte San Jerónimo, había ganado el torneo y se habían clasificado en la liga A. Ese es el sueño dorado de todos los pequeños equipo de fútbol, participar en la liga mayor, y ese año precisamente, el pueblo había obtenido muchísima popularidad a causa de su equipo. La gente del pueblo estaba orgullosa de los jugadores, quienes debían entrenar duro para mantenerse en la liga A.

A esas alturas, Adalberto ya se había graduado como agrónomo y trabajaba para el Ministerio de Agricultura del país, y debido a su trabajo, se había instalado en la capital, San Salvador, donde alquiló un cuarto cerca del trabajo, pero todos los miércoles regresaba al pueblo para entrenar con sus compañeros del equipo. Los fines de semana, regularmente, iba a casa de su madre, aunque a veces se quedaba donde sus amigos o amigas en la capital. De cierta forma, Adalberto era un joven tranquilo, sin problemas, su mundo y su gran pasión eran jugar futbol, trabajar y disfrutar lo más que podía con sus amistades.

Álvaro por su lado, el segundo hermano, era diferente tanto físicamente como en carácter. Adalberto era blanco de cuerpo rellenito y pequeño, con carita redonda, pelo negro ondulado, inmensas pestañas bien incurvadas, nariz pequeña y labios finos, pero con una bellísima dentadura; su carácter era jovial y generoso. Álvaro por su parte tenía piel morena, era bastante delgado, con cara alargada, cejas y pestañas negras, pero menos espesas que las de Adalberto, también era mucho más alto; tenía un carácter más orgulloso y era el más creidito de la familia, con su cuerpo bien espigado y con una inteligencia súper dotada para los estudios, por lo que se daba aires de niño rico.

Álvaro también jugaba fútbol, era volante en el mismo equipo de su hermano mayor, pero no era amigo de los demás compañeros, pues se destacaba por ser guapo e inteligente, pero sobre todo por ser selectivo con sus amistades, mientras que Adalberto ayudaba a la gente pobre del pueblo, sacando las bolsadas de pan y regalándoselas. Por ejemplo, había en el pueblo un borrachito completamente perdido en el alcohol, al que le llamaban Pinina, pues nunca se supo su verdadero nombre. El borrachito Pinina ya sabía los días en que Adalberto iba al pueblo, así que rondaba y rondaba alrededor de la panadería hasta que lo veía; cuando lo hallaba, le silbaba y Adalberto salía con un plato de comida y una bolsa de pan, el borrachito se alegraba comiendo al menos ese día, de vendaje le daba dinerito para que se comprara su trago.

-Total, decía Adalberto, ese pobre hombre ya no se va a componer y a lo mejor se muera bebiendo.

Así fue, Pinina murió de alcoholismo y quedó tirado en un basurero. Adalberto que estaba en el pueblo cuando ello sucedió, buscó una carreta con bueyes y se fue a recogerlo. Nadie podía creer que el ricachón de Adalberto Gómez Villareal hubiese recogido al borracho y hubiera sacado un Permiso en la alcaldía municipal para enterrarlo en el cementerio del pueblo. Adalberto, le dio una santa sepultura, iba en la carreta con el muerto y detrás los borrachitos que habían tomado con Pinina. Él los miraba y los regañaba diciéndoles:

-¡Esto les va a pasar a ustedes también, si no dejan de beber!

Pero eran palabra al viento, porque los borrachitos estaban tan curtidos que la vida no les importaba ya. Así era Adalberto, un muchacho generoso a quien le habían costado muchos sus estudios, pues no tenía la inteligencia de su hermano Álvaro, pero alguien que logró graduarse y jugar en la liga mayor. Le gustaba que le digieran por sobrenombre «Chopper», adoraba su linda moto color anaranjado, en la que tantas y tantas veces, Melina se montó y en la que se sentía libre, libre como el viento.

Mientras Adalberto vivía y trabajaba en la capital, Álvaro ingresaba a la prestigiosa escuela militar, con sus apenas 19 años, había obtenido excelentes notas al finalizar el bachillerato académico, lo cual le dio la posibilidad de entrar en dicha escuela, a la que solo llegaban los mejores académicos y de recursos económicos, pues de ella salían los coroneles y generales del país, quienes muchas veces, llegaban a ser presidentes de la república.

El Salvador fue gobernado por militares por muchísimo tiempo, y para el año 77 en que el pueblo se rebeló contra ellos explotando una horrible guerra civil que duraría casi 15 años; en ella miles de personas murieron, miles desaparecieron y miles abandonaron su tierra para siempre. Doña Estela, quien era pudiente y se relacionaba con los políticos del pueblo, especialmente con el alcalde, siempre prestó su ayuda y su casa para que se hicieran las elecciones municipales, pues junto con su madre, Doña Catalina, era fiel colaboradora del partido de Conciliación Nacional, partido político que conservó el poder por más de 30 años, porque siempre ganaba a los Demócratas.

Lo que Melina recuerda cuando la gente empezó rebelarse y a protestar contra las injusticias del gobierno; estudiantes y profesores hacían manifestaciones reclamando mejores condiciones de trabajo, a ellos se unían los campesinos quienes reclamaban una reforma agraria, y hasta la iglesia católica intervenía apoyando a la gente más pobre, argumentando que entre más trabajaba más pobre quedaba ya que el gobierno exportaba lo mejor de los cultivos del país.

A raíz de ello, comenzaron a organizarse pequeños grupos que hablaban de una revolución, de derrotar al gobierno y de instalar la democracia. Los jóvenes universitarios que entendían sobre leyes y sobre cómo funcionaba el sistema, se embarcaron dando su firme apoyo para la revolución. Melina no entendía mucho la situación; cuando se encontraba terminando noveno grado, el director trataba de explicarle lo que sucedía, pero ella decía que tenía suficientes problemas como para incorporarse a una revuelta, porque a causa de dichas ideas, tanto él como sus hijos fueron asesinados en su propia casa, razón por la cual ni Melina, ni los otros alumnos recibieron nunca el certificado que los graduaba.

A la joven la guerra no le importaba, lo único que sabía hasta la fecha era que había trabajado mucho y había soportado miles de golpes, así que para ella cada día era un constante reto sobrevivir. Por milagro de Dios, Doña Estela la había dejado entrar de nuevo en casa y aunque no tenía el amor de una madre, por lo menos contaba con techo, comida y con el cariño de su hermano Adalberto.

Para marzo de 1977, se encontraba en el pueblo un sacerdote Jesuita a quien llamaban el padre Grande, probablemente por su estatura; se caracterizaba por ser dinámico y jovial, además ayudaba a los campesinos. Comentaban en que les enseñaba a leer y a escribir, al tiempo que los orientaba a hacer cambios en su estilo de vida y los incitaba a luchar por la reforma agraria, pues les decía que eran ellos los trabajadores y que era con el sudor de su frente que se mantenía el país. Gracias a esto, poco a poco los campesinos se fueron rebelando, así que cuando el caso llegó a oídos de las autoridades, pusieron manos en el asunto, aunque no se sabe a ciencia cierta quiénes fueron los responsables de lo que con él sucedió, si lo hizo la Fuerza Armada, la Guardia Nacional o el Escuadrón de la muerte; lo cierto es que un día cuando salió a predicar al pueblo vecino, llamado Las Palmas, lo estaban esperando, y en el camino le hicieron una emboscada acribillándolo junto con su chofer y con un niño que los acompañaba.

Ese día, San Jerónimo quedó condenado como el pueblo de los guerrilleros y empezó una larga y dolorosa persecución para todos sus habitantes. Después del asesinato del padre Grande muchos sacerdotes fueron capturados, torturados y asesinados simplemente por ayudar a la gente pobre. Prácticamente nadie se oponía, porque eran pocos quienes estaban conscientes de lo que en realidad sucedía. Conforme pasaban los días y las semanas, los miembros de la Guardia Nacional o los Choriceros (policía municipal) usurpaban las casas de las familias, entraban por la fuerza, sacaban a los jóvenes y en ocasiones también a las chicas a quienes violaban, asesinaban y luego cortaban en pedazos. La mayoría de jóvenes a los que capturaban participaran o no en la revolución, desaparecían y sus familias no volvían a saber de ellos. Cuando los padres se esforzaban por encontrarlos, desaparecían también.

Melina, quien vivía en la casa de 2 plantas de su madre, continuamente veía cuando las autoridades capturaban a los muchachos que en su infancia fueron sus compañeros de escuela, entonces, se decía que jamás volvería a verlos. Bajo esas circunstancias el 19 de mayo de 1977, se transformaría la vida de los Villareal en una pesadilla, pues comenzarían a ser ellos los perseguidos. Ese día iba, como era costumbre los miércoles, Adalberto Villareal llegaba al pueblo a entrenar con su equipo de fútbol y al siguiente día saldría en la madrugada de regreso a la capital para su trabajo. Pero sucedió que después del entrenamiento, regresó a casa de su madre, se bañó, se arregló y le dijo a esta que saldría con su amigo y compañero de trabajo Marco Estrada, sin comentarle que pasarían la noche en compañía de 2 muchachas, pues sabía lo estricta que era.

Doña Estela les daba a los varones cierta libertad, pero Adalberto sabía cuál era el límite, tenía solo 21 años, y ese día hizo algo que hasta entonces no había hecho, le pidió Permiso a su madre para quedarse en casa de su amigo Marco, a lo cual ella accedió sin ningún problema. Así que sin decirle más la atrajo hacia él, la puso de pie y la hizo bailar unos minutos. Sonreía mientras le daba vueltas y vueltas a su madre y en medio de sus sonrisas se acercó a su oído para decirle:

-Mamá, la quiero mucho sabe. –Abrazándola fuertemente.

Ella no dijo nada, solo le sonrió y se quedó muy contenta por el acto hecho por su hijo. Alrededor de las ocho de la noche, Adalberto salió de la casa, esa sería la última vez que Doña Estela y su familia lo verían con vida. Fue una actitud poco usual la que el joven tuvo aquella noche, y fue más extraño aún, que la madre se hubiese dejado agarrar de su hijo, especialmente hasta bailar con él. Melina que nunca antes ni después de ello haber visto a su madre bailar y reírse como lo hizo esa noche.

Todo parecía normal, la familia se fue a descansar ya que al día siguiente debían levantarse temprano a trabajar. Doña Estela era la primera en levantarse a las cuatro de la madrugada, luego lo hacían Melina y Nora a las cinco y los empleados llegaban a las seis. El primer cliente de la panadería diariamente era el señor Porfirio, quien cuando Doña Estela abría las puertas ya estaba esperando para comprar una pequeña cantidad de pan que vendería durante el día. Pero ese jueves, cosa extraña, el señor no llegó como de costumbre.

Doña Estela abre la puerta, ve hacia afuera y se queda extrañada al observar a los soldados de las Fuerzas Armadas, quienes le ordenan cerrar de nuevo; ella no comprende nada, nadie en el pueblo entendía lo que pasaba, a esa hora era mucha la gente que se encontraba despierta porque normalmente la mayoría comenzaba su trabajo entre las cinco y las seis de la mañana, además quienes trabajaban en la capital abordaban el autobús de las 5:30 am para llegar a tiempo y los motoristas, los cobradores, las vendedoras de atol chuco con pan o con chocolate caliente, también iniciaban su jornada de madrugada.

Le ordenaron a Doña Estela cerrar de nuevo las puertas porque desde muy temprano habían invadido el pueblo, tenían bloqueadas todas las salidas y habían descargado varios camiones cargados son soldados y con tanques de guerra. Parecía que se preparaban para una batalla, solo la armada tenía derecho de circular por las calles del pueblo y todo aquel que se opusiera era asesinado sin dejarlo decir una palabra.

El pueblo había sido tildado de «Nido de Guerrilleros», por esa razón lo estaban invadiendo, decididos a terminar con todos los revolucionarios; solo ese día, asesinaron a más de cien personas, todas personas inocentes que habían salido para sus trabajos y que fueron vilmente ametrallados como en un campo de batalla. El pequeño parque central de San Jerónimo, ubicado frente a la alcaldía municipal, tenía al lado izquierdo la iglesia católica, hacia el norte el mercado y la cancha de fútbol y al costado este la panadería El Triunfo, por ello los miembros de la familia, de pie en la segunda planta, a través de las persianas, observaban cada cosa de las que pasaba en la plaza. Todo era confusión, se escuchaban gritos y el traqueteo de fusiles y ametralladoras; la gente corría por todos lados, pero aun así era alcanzada por la lluvia de balas. Mientras más avanzaba el día, más y más se amontonaban los muertos en los camiones de la fuerza armada.

A las 6:30 de la mañana, cuando el día ya había aclarado, la familia Villareal continuaba escondida observando cómo los soldados sacaban las mangueras de agua de la Alcaldía Municipal para lavar la sangre que había sido derramada en el parque central, donde tantas personas inocentes encontraron la muerte. Doña Estela estaba nerviosa, sabía que algo grave estaba pasando, pero se mantenía tranquila, prefería no provocar más incidentes. Los empleados nunca llegaron a trabajar, todo el pueblo estaba en tensión, todo se encontraba paralizado. De los pocos que se escaparon de la muerte, muchos fueron capturados, llevados a la cárcel y torturados, como había ocurrido con los tres sacerdotes católicos, los profesores, los directores de escuela y con muchos sindicalistas.

Las familias permanecían encerradas en sus casas, solo la armada, las autoridades locales y la cruz roja podían circular por las calles. Alrededor de las 7:30 am, alguien tocó a la puerta de la panadería; Doña Estela con miedo y desconfianza la entre-abrió, apareció entonces un joven conocido de la familia, quien trabajaba como socorrista de la cruz roja y era amigo de Adalberto. El muchacho se caracterizaba por tener una apariencia jovial y simpática, tenía piel blanca y pelo rubio, pero ese día se notaba más blanco que una hoja de papel; al llegar a la puerta, dejó salir lágrimas de sus ojos, y Doña Estela sintió su voz entrecortada, pues apenas lograba pronunciar las palabras haciendo un enorme esfuerzo, así que balbuceando pudo decirle a la señora que su hijo, Adalberto había sido asesinado. Le aclaró que no conocía los detalles, solo alcanzó a sollozar:

-Lo han asesinado junto a su amigo Marco, y los dos cuerpos están tirados en el patio de la casa de la Señora Cándida.

También le comentó rápidamente que sentía mucho lo sucedido, y que no estaba autorizado a avisarle a ninguno de los familiares de las personas asesinadas, ya que todos los muertos, absolutamente todos serían enterrados en una fosa común. Por último le rogó que no lo delatara, porque había ido a avisarle debido al cariño y respeto que le tenía a su amigo Adalberto.

Cuando el socorrista se va, Doña Estela cierra la puerta y se queda parada tras ella completamente petrificada.

-Pero ¿Cómo? ¿Por qué? ¿Qué ha sucedido? ¡Mi hijo asesinado! ¡No puede ser! –Dice.

Miles de preguntas pasan por su mente, pero se da cuenta de que tiene que actuar, pues no hay tiempo que perder, sino Adalberto sería enterrado sin nombre, y ella no sabría nunca donde quedaron los restos de su hijo. Es ese momento, mientras permanecía un silencio glacial en la casa, sucedieron cosas muy extrañas. La primera fue que Nora, tras escuchar que su hermano mayor había sido asesinado, comenzó a lanzar gritos de locura y desespero, se encontraba fuera de sí, temblaba y lloraba; y aunque todos hubieran esperado que su madre la abrazara contra su pecho para tranquilizarla, ello no sucedió, por el contrario, su reacción fue tan brutal como de costumbre, pues agarró a su hija por los pelos y comenzó a darle bofetadas ordenándole que se callara si no quería aguantar más pescozones. Melina, quien observaba, comprendió que no podía ponerse a llorar y que tenía que mostrarse fuerte para no ser golpeada también; es probable que en ese momento, ni Doña Estela supiera lo que estaba haciendo.

Lo segundo extraño que ocurrió fue que antes de que llegara el socorrista a la panadería, entró en casa un gato negro, era usual que lo hicieran algunos animales callejeros en busca de comida, pero este al parecer tenía rabia, enfermedad que convierte a los animales en un peligro de salud, pues al morder a alguien, pueden contagiarlo; así que fue necesario ahorcarlo, cosa que hicieron Mario y Ernesto, poniéndole una soga al cuello, lo que sucedió justó a las 7:30 am, hora en la cual, supuestamente, fue acribillado Adalberto. ¿Supersticiones? ¿Creencias? Quién sabe, la gente decía que matar a un gato negro traía mala suerte, aunque nadie hizo el vínculo en ese momento. De todas formas, no había tiempo que perder, había que tomar medidas, así que empieza el movimiento; Doña Estela se arma de valor y se va a la alcaldía municipal a buscar al señor alcalde; consideraba que había aportado bastante ayuda a su partido político, por lo que en este preciso instante utilizaría la ayuda de todos ellos.

El señor alcalde, estaba hecho una sopa, temía contradecir a los comandos de la fuerza armada, por tanto no fue de ninguna ayuda para ella, así que junto con su madre, enfrentó a los altos mandos de dichas fuerzas suplicándoles que por milagro de Dios les permitieran recuperar el cuerpo de su hijo Adalberto y el de su amigo Marco.

La fuerza armada sabía que había cometido un error al matar a Adalberto Villareal, el hijo de una de las familias más prestigiosas del pueblo, habían asesinado sin historial jurídico a un joven agrónomo que trabajaba para el gobierno en el ministerio de agricultura. Pero no quisieron reconocer su error, así que acusaron a Adalberto y a Marco de guerrilleros, sabían que no era cierto, pero como Poncio Pilatos se lavan las manos de la sangre derramada y al acusarlos de guerrilleros, adquieren el derecho de asesinarlos a sangre fría.

Estela y Catalina movieron cielo y tierra, no les importaba si las asesinaban a ellas también, iban de un lado a otro buscando quien autorizara la entrega de los dos cadáveres. La revuelta comenzó a eso de las nueve de la mañana y al fin a las cuatro de la tarde recuperaron los cuerpos de los jóvenes. Hay que recalcar en esta situación la bondad de Doña Estela, quien al empeñarse por recuperar el cuerpo de su hijo, también lo hizo por el del joven Marco, pues de no haber sido por ella, la familia Estrada no hubiese podido darle santa sepultura a su hijo, ya que aunque su hermano mayor fuese miembro de la policía municipal, nada hubiera podido hacer.

Mientras esto ocurría, Melina desafiaba la vigilancia de los soldados, quienes tenían la orden de matar a todo aquel que saliera a las calles, ella diciéndose a sí misma:

-¡Qué importa si me matan! Total, mi vida no tiene ninguna importancia.

Sentía que el destino le había arrebatado una vez más algo valioso para ella, pues su hermano desde hacía pocos meses había empezado a brindarle cariño, atención y cuidados, intenciones que la ayudarían a llevar una mejor vida, pero ahora estaba muerto, y con él morían sus esperanzas de encontrar lo que tanto deseaba, un poco de felicidad y apoyo. Su hermano le había prometido que la ayudaría a que se casara con Wilson y que se irían del pueblo para siempre; pero ya nada de eso sería posible. Así que Melina sale a la calle haciendo zigzag en medio de los soldados armados con metralletas, camina a paso ligero y sin mirar para ningún lado, con el fin de que el miedo no la delate. Camina y camina hasta que llega a casa de Doña Cándida, señora de 60 años de edad, que tenía un pequeño restaurantes en el que vendía desayunos y almuerzos. La encuentra sentada en una silla con la mirada perdida y con los ojos y la cara hinchados de la golpiza que los soldados le han dado. Al ver a la joven, la señora rompe en llanto y entre lágrimas y gemidos le dice:

-Es una injusticia lo que han hecho con tu hermano y con Marco.

Ellos solo vinieron a desayunar, estaban acompañados de dos muchachas que también fueron capturadas, pero no sabía nada sobre ellas.

Solloza y solloza y continúa diciendo:

—Estaban comiendo, de repente entraron dos muchachos corriendo, venían huyendo de los soldados, lograron escapar, pero los soldados sin preguntar nada, sujetaron a Adalberto y a Marco, los pusieron boca abajo y les dispararon a quema ropa. ¡Injusticia, qué cruel injusticia! —Repetía una y otra vez la señora.

Melina se acercó a ella, la abrazó fuertemente y le dijo:

—No se preocupe Doña Cándida, ya no hay nada que se pueda hacer.

Dejando sola a la señora se acerca al cuerpo de su hermano Adalberto que yacía tirado en el suelo, vio entonces que tenía una bala en el cuello y que para cerciorarse de que no quedara vivo, lo voltearon boca arriba propinándole un balazo en el pecho y otro más en el corazón. La carne le vibraba todavía, su cara estaba completamente pálida, sus ojos chiquitos con sus pestañas crespas se veían tristes. Esta fue la imagen que quedó grabada en la mente de Melina, quien no pudo derramar ni una sola lágrima por su hermano, quien tuvo que tragarse todo el dolor que la comía por dentro y mostrarse fuerte porque sin imaginarlo sería condenada, junto con su familia a una persecución desmesurada.

Por error e injusticia estaban allí ensangrentados los cuerpos de Adalberto y de Marco, a quien no pudieron contarle cuántas balas le fueron propinadas en su esfuerzo por defender a su amigo. Dos días más tarde se supo que las muchachas fueron llevadas al cuartel de la guardia nacional y que fueron violadas y torturadas; solo Dios sabe que tuvieron que hacer o decir para ser liberadas seis días después. En el pueblo no se supo nunca más de ellas, probablemente huyeron o abandonaron el país.

Cuando por fin Doña Estela recupera el cuerpo de su hijo, llama a la funeraria de la capital para que envíen un ataúd al pueblo, pretende hacer un velorio y un entierro apropiados, dentro de las circunstancias en las que se encontraban, pero ello fue imposible. Las fuerzas armadas impidieron el paso de la funeraria y que tampoco permitieron hacer el velorio, pues era inaudito que una sola mujer tuviera el valor de desafiar a las autoridades.

-¿Cómo se atreve esta señora a contradecir las órdenes? – Gritaba el capitán a boca llena.

En las horas que pasaban mientras se recuperaba el cuerpo de Adalberto, los soldados y la guardia usurparon la casa de Doña Estela; entraron por la fuerza quebrando todo a su paso, tomaron a los miembros de la familia, los pusieron de rodillas y los golpearon. Mientras unos lo hacían, otros robaban lo que encontraban a su paso. Al padrastro de Melina, Mario Mercado, lo pusieron boca abajo, prestos a dispararle, solo Dios sabe por qué no lo hicieron. Ernesto el hijo menor de Doña Estela, logró saltar al techo de la casa y salir huyendo porque de haberlo encontrado, lo hubieran asesinado por ser hombre. Tenía 14 años y permaneció escondido por tres meses, luego regresó a la casa. Nora y Melina quienes eran en ese momento las mayores de la familia, fueron golpeadas cruelmente, pero por milagro no fueron capturadas. Las autoridades buscaban, según ellos, armas o publicidad subversiva, porque hasta tener una fotografía de Monseñor Rosario era considerado un crimen.

Pero la excusa carecía de sentido, pues lo que pretendían era robar. Cansados de darle vuelta a todo y de no encontrar con qué acusar a la familia, hallaron unas bolsas con dinero, era el ahorro de muchos años de trabajo de Doña Estela; después de tomarlo, se llevaron todo el pan que había en la panadería, y para colmo, Doña Estela quedó sancionada, así que era su obligación alimentar a los soldados el tiempo que permanecieran en el pueblo.

Le quitaron a su hijo, allanaron su casa, golpearon a sus familiares, no permitieron la entrada a la funeraria al pueblo, ni la realización de un velorio digno y además inmediatamente recibe el cadáver de Adalberto, es obligada a enterrarlo. En el pueblo hay toque de queda a partir de las ocho de la noche, hora desde la cual queda completamente prohibido circular por las calles. Son las cinco de la tarde y apenas Doña Estela ha logrado comprar el ataúd en el pueblo. En cuestión de una hora todo está arreglado, en silencio y haciendo los movimientos lo más discretamente posible, se monta el cuerpo de Adalberto en el pick-up, lo acompañan Melina, su primo Efraín, su madre y el marido de ella, quien tambaleaba después de la golpiza, por lo que fue necesario buscar a alguien que manejara el automóvil.

Los pocos familiares que acompañaban el cadáver, iban en absoluto silencio, sintiendo la mirada amenazante de los soldados, sus burlas y sus carcajadas, porque para ellos aquello parecía un juego, era como si estuvieran en un circo viendo payasos que los hacían reír; mientras que para la familia el dolor era inmenso, aunque no derramaran ni una lágrima para no mostrar su debilidad, pues debían mostrarse fuertes ante la adversidad.

Llegaron al cementerio casi a las 5:30 pm, debían apurarse para abrir la lápida hecha en ladrillo y cemento de la fosa en la que 25 años atrás habían enterrado al tío Dionisio Villareal, quien fuera asesinado por una bala perdida, crimen del cual nunca se encontró al culpable. Doña Catalina, Viuda de

Villareal, había perdido a su hijo en circunstancias confusas y ahora, años después, su hija Estela perdía a su retoño de forma parecida, pues nadie se hacía responsable de la muerte de ninguno; diferentes escenarios, diferentes tiempos, pero historias similares.

Deben apurarse, el tiempo pasa, comienza a caer la noche, tienen que regresar antes del toque de queda. El motorista, el primo y otro señor rompen la entrada de la lápida, una vez abierta sacan los restos del tío Dionisio para ponerlos a un lado y meter el ataúd. Todos están en fila, el primo detrás del motorista para lanzar los huesos a Melina quien los descarga delicadamente en el suelo. De repente le entregan a la joven el cráneo de su tío con un agujero de bala en el centro, al verlo, siente un terrible escalofrió, y más aún cuando le entregan los calcetines rellenos con un polvo, que al parecer era lo que quedaba de los pies de su tío. Cosa curiosa, cuando enteraron a Dionisio, le pusieron calcetines de diferentes colores, y justo en ese momento, de la misma manera iba a ser enterrado Adalberto. ¿Cosas de la vida? ¿Causalidades? Los dos fueron asesinados, quedaron en el mismo mausoleo, llevaban calcetines impares y murieron jóvenes.

Han cerrado nuevamente el mausoleo, son casi las ocho de las noche cuando las familias emprenden el camino de regreso al pueblo que quedaba a unos cuatro kilómetros del cementerio. Todo está en silencio, no se ven luces por ningún lado, Doña Estela, su marido, el primo de Melina, el motorista y ella saben el riesgo que corren, pero deben regresar. Al llegar al desvió del pueblo, los soldados les quitan el pick-up. Así que se ven obligados a regresar a pie; les falta casi un kilómetro para llegar a casa, a paso ligero continúan avanzando y justo a las ocho, logran entrar en ella.

En la casa todo está sombrío, se siente una inmensa desolación, Melina comienza a temblar, corre hacia la planta de arriba, se mete bajo la cama y empieza a llorar. Aquella situación parece una terrible pesadilla, desea con toda su alma encontrar fuerzas para continuar. Su estado nervioso es incontrolable, desfilan por su mente los recuerdos de todas las personas a las que vio morir en un solo día; recuerda que en el cementerio, mientras ayudaba a la familia de Marco, descubrió una inmensa fosa en la que habían muchísimos cuerpos de hombre, de mujeres y quizás hasta de niños asesinados ese mismo día en el pueblo, fueron enterrados allí para que nadie lograra saber quiénes eran sus familiares. Muchas interrogantes la torturan:

-¿Por qué Adalberto y no yo? ¿Por qué si él que tenía un futuro? ¿Por qué si era uno de los hijos varones, a quien mi madre más quería? ¿Qué me va a pasar ahora? Allí está Melina tirada en el suelo con la mirada perdida, con miles de preguntas sin respuestas, con un nudo en la garganta, con miedo insoportable al pensar que pasará cuando amanezca; pero aquel terrible día no ha terminado todavía.

Alrededor de las diez de la noche tocan de nuevo a la puerta. Cómo sería la sorpresa de Doña Estela, cuando al abrirla encuentra tras ella a su hijo Álvaro con uniforme de cadete de la Escuela Militar; fueron minutos de silencio espantosos, tan espantosos que no hay palabras para describirlos. Solo se percibían rostros deformados por el dolor, corazones quebrados por el resto de sus vidas, vidas que no volverían a conocer la tranquilidad. Después de esos minutos de silencio se lanzaron madre e hijo en un abrazo eterno con un llanto incontrolable; cada uno deseaba formular miles de preguntas, pero ninguno lograba articular palabra. Se encontraban en un llanto tan desgarrador, que de solo recordarlo, Melina se estremece y se dobla de dolor.

Cuando por fin el hijo se calma, pregunta:

-¿Quién ha matado a mi hermano? ¿Por qué lo han hecho? ¿Usted sabe por qué mamá? Me dijeron que fue acusado de guerrillero.

-No hijo. –Contesta su madre. -Lo que hicieron con tu hermano fue una injusticia. Todo lo que te han dicho es falso, la Armada cometió un error al matarlo.

Continúan dialogando, la madre le muestra las ropas ensangrentadas que ha guardado de su hijo; al verlas a Álvaro lo invade una cólera incontenible, así que jura que vengara la muerte de su hermano; cuando Doña Estela lo escucha, reconoce el inminente peligro que pesa sobre la familia, especialmente sobre sus dos hijos varones, Álvaro y Ernesto.

Sabe que Ernesto está huyendo, así que le pide a Álvaro abandonar el país, le dice que se vaya para los Estados Unidos, pues considera que es lo mejor que puede hacer para salvar su vida; pero él, se rehúsa categóricamente a hacerlo, alegando no ha cometido ningún delito y que Adalberto murió injustamente; aquello es justamente lo que aterroriza a Doña Estela, pues teme que su otro hijo sea asesinado. Álvaro ha regresado porque le han dado de baja en la Escuela Militar, su sueño de ser Coronel se han convertido en cenizas, y aunque meses después de lo sucedido ingresa a la universidad tecnológica para continuar sus estudios, nada fue igual debido a la persecución de la que fueron objeto él y su familia.

Un nuevo día amanece, el pueblo continúa cercado por los soldados, ya no hay el mismo movimiento, la gente que usualmente madrugaba para sus trabajos no lo hace durante los quince días que dura la invasión, todo parece desierto, solo los soldados se desplazaban, mientras ríen a carcajadas sin importarles el dolor de las personas del pueblo. La familia Villareal no ha podido hacer ni por un momento, descansar y hacer su duelo, pues ha sido obligada a dar pan todos los días para casi 40 o 50 soldados que patrullan en el pueblo.

Esas dos semanas fueron interminables, la economía se vino abajo, Álvaro continuó siendo vigilado, las dos hermanas no salían a repartir el pan, por miedo a ser violadas o capturadas. Vivieron días y noche de angustia, de desolación, era difícil para Melina escuchar en el silencio de la noche, como su madre salía al balcón de la parte trasera de la casa a preguntarle a Dios:

-¿Por qué Dios? ¿Por qué? ¿Por qué me quitaste a mi hijo? ¿Por qué no te llevaste mejor a este par de putas que no me sirven para nada? ¿Por qué mi hijo Adalberto? ¿Por qué me castigas tanto mi padre?

Ese llanto de desamor haría que sus hijas se unieran por primera vez, y que meses más tardes abandonaran la casa familiar en busca de algo mejor. Pero antes de ello, cuando aún estaba invadido el pueblo, Melina como de costumbre buscaba una puerta de escape, alguien que la ayudara a huir, porque después de la muerte de Adalberto, las humillaciones y la furia de su madre se volvieron más agudas. La joven tenía ya16 años, había por ese entonces, un soldadito llamado Cesar Edwin que le hacía ojitos, así que ella pensó, en un momento dado, que cuando terminara la invasión, podría huir con él, a su departamento de origen, considerado por ella lejos, muy lejos. Realmente nunca hubo nada serio entre ellos, porque el joven por su edad no quería compromisos serios, así que cuando Melina le propuso que se la llevara con él, el pobre sintió miedo, por lo que decidió escribirle una carta, cuyo contenido quedaría grabado en la mente de la joven Melina para siempre, decía esta:

«Querida Melina le escribo esta cartita para decirle que yo la aprecio mucho, usted me gusta y la quiero, pero no tengo

los medios para llevarla conmigo, lo he pensado bien y me
he dicho que en realidad «usted es mucha manteca para freír
estos dos huevitos».»

En otras palabras, quiso decirle que sentía que ella era
mucha mujer para él. De esa forma se perdería otra esperanza
para Melina.

Continúan pasando los días y meses de ambiente sombrío
en el que los insultos hacia las hermanas no se hacían esperar.
La vida diaria es cada vez más insoportable; la madre no
puede ver a sus hijas, espera que ni siquiera se le atraviesen
por el camino, pues se ha vuelto más amargada que nunca, y
por lo tanto no encuentra consuelo en nada ni en nadie.

Para enero del 78, siete meses después de la muerte de
Adalberto, Melina y Nora se escapan de nuevo del pueblo
y se van a vivir al pueblo vecino de nombre El Carrillo, a
unos diez kilómetros de San Jerónimo. Se fueron sin decir
nada a nadie porque no soportaban el desprecio y también
lo hicieron porque encontraron trabajo en una costurería
llamada Moda Roxana. La dueña del taller, la señora Idalia,
les tenía mucho aprecio porque como trabajadoras eran
excelentes. Viajaban todos los días en el autobús hacia la
capital y Nora cuidaba a su niño. No se daban cuenta de
que por la manera en la que trabajaban, eran capaces de
mantenerse solas, llevaban una vida bastante tranquila,
pero no se convencían de que no necesitaban a un hombre
para valerse por sí mismas, pues ambas continuaban en la
búsqueda de un varón para sus vidas; esta manera errónea de
pensar les causaría muchos problemas en el futuro.

Por ejemplo, Nora trabajando en la capital, conoció a
un hombre casado, se llamaba Camilo, este le prometía que
dejaría a su esposa para casarse con ella. Como era obvio,
ello no sucedió, pero Nora quedó embarazada y nueve meses

después dio a luz a una pequeña niña a la que llamaron Érica Cuba Gómez. Camilo, aunque casado, fue amable al reconocer legalmente a la recién nacida, lo cual, años más tarde, se convertiría en un problema para sacar a la niña del país, pues del señor Camilo nunca se supo si fue capturado, asesinado o si simplemente desapareció.

A Melina por su parte no le fue mejor, pues continuaba en la búsqueda del amor perfecto, y ocurrió que un día, al salir del trabajo, se encontró con un conocido del pueblo, llamado German Rodolfo Quezada. Este joven era bastante simpático físicamente, tenía una carita alargada con una enorme frente, la nariz bien perfilada y un par de labios que daba gusto besar. En poco tiempo Melina se enamoró del flaco Rodolfo. Habían sido compañeros de escuela, siempre lo consideró un buen amigo, pero nunca imaginó que pudiera suceder algo entre ellos. Cuando se encontraron por casualidad en la capital, fue ella quien lo invitó al cine, y a partir de allí se consideraron novios; bueno, lo consideró ella, porque él tenía novias por doquier. No se veían a menudo porque para entonces, ella vivía y trabajaba en la capital, mientras que él estaba radicado en el departamento de San Vicente, ubicado a unos 240 kilómetros al oriente de la misma.

Cuando se veían cada dos semanas, iban a un motel, donde se deleitaban haciendo el amor sin preocuparse por las consecuencias que ello les pudiera generar, pues no usaban ninguna protección. Melina se sentía en las nubes; hacer el amor con Rodolfo era sublime, nada comparado con lo que había experimentado con Armando; se sentía dichosa en los brazos de aquel hombre, aunque no hablara mucho, pues era muy reservado. La joven consideraba que había encontrado al amor de su vida, que al fin alguien la amaba y correspondía lo que ella sentía.

A mediados del año 78, Melina vivía despreocupada de la guerra que se desarrollaba, creía haber encontrado su príncipe azul y que nunca más estaría sola, pues tenía en quien apoyarse, en quien confiar, a quien amar y por quien ser amada; la chiquilla apenas había completado 17 años y pronto conocería una traición más, lo cual parecía ya una costumbre en su vida. Habían estado durante varios meses juntos, se frecuentaban los fines de semana, iban al parque, al cine, estaban confiados de que Melina era estéril, pues habían pasado ya varios meses teniendo relaciones sexuales, además las había tenido también con Armando Portales y con Luis Alonso, sin quedar embarazada. Seguramente no imaginaba el impacto que causaron en su cuerpo las golpizas proporcionadas por su madre, por sus hermanos y en especial por Armando Portales, las cuales, al parecer, habían provocado un dislocamiento en su matriz.

Entonces sucedió que un día, mientras llovía muy fuerte, Melina salió de trabajar, y al correr para abordar el autobús, por desgracia o a lo mejor por bendición para ella, perdió el paso y deslizándose cayó, golpeando con su estómago y con la parte baja de su vientre el pavimento. La caída fue tan violenta que no fue capaz de levantarse; algunas personas que pasaban corriendo, también a causa de la lluvia, la ayudaron a sentarse en el andén. Se encontraba allí sentada, retorciéndose de dolor, empapada y sin saber qué hacer, así que no vio otra alternativa que abordar un taxi para que la llevara al hospital de maternidad de San Salvador.

Al llegar al hospital con dolores en el vientre, las enfermeras creyeron que se trataba de un aborto, por lo que le dieron atención inmediata; la instalaron en una pequeña sala y llamaron al médico de turno para que la examinara. El doctor, que era una persona mayor de edad, le preguntó con voz seca:

-¿Qué es lo que tiene?

Ella le explicó lo sucedido, él al ver su inocencia y mostrando un poco de consideración empezó a examinarla, ordenando luego que se le practicara una radiografía. Melina esperó durante varias horas el resultado del examen, le habían suministrado unas pastillas para calmar su dolor; tras regresar con los resultados, el doctor le dijo:

-Tiene un poco desviado su útero, pero no es nada grave, ahorita se lo arreglo.

Sin decir más, introdujo un aparato por la vagina de la joven y con un movimiento brusco puso el útero en su lugar. Melina sentía un dolor insoportable y sangraba abundantemente, él le dijo que la tendría un día en observación, lo cual fue favorable para ella, pues al siguiente día se encontraba mejor y pudo regresar a su trabajo.

Lentamente se fue recuperando de todas sus molestias, hasta continuar con su vida normal, y por supuesto, con su amado Rodolfo. Pero la felicidad con su flaco no le duró mucho tiempo, pues al cabo de unas semanas de que le arreglaran la matriz, empezó a tener vómitos, náuseas y mucho cansancio, solo quería dormir y le era casi imposible digerir los alimentos. Como era de esperarse, su patrona no tardó en descubrir que estaba embarazada, molestándose muchísimo porque Nora hacía muy poco había tenido también a su bebé, y ahora Melina le salía con lo mismo; pero esta vez no tuvo compasión, así que le quitó el empleo alegando que no estaba dispuesta a pagar un segundo seguro médico y que no quería personal con compromisos de niños.

Melina sintió que el mundo se le caía encima, lloró, suplicó, le rogó que la dejase continuar trabajando al menos por unos meses mientras encontraba una solución. La solución según ella sería hablar con Rodolfo, decirle que estaba embarazada y a lo mejor le diría que se fuera a vivir con él a San Vicente. Cuando partió a buscarlo, iba con muchas ilusiones, pensaba lo linda que sería su vida al lado de su amado y como con la llegada del bebé formarían una familia, por fin sería feliz. Pero que equivocada estaba y que lejos de imaginar la verdadera reacción que tuvo Rodolfo, jamás hubiera pensado que tendría que enfrentar sola semejante situación; fue duro y cruel el encuentro con él. Al llegar a la casa, tocó la puerta, tras verla, el joven se sorprende, la hace pasar y le dice:

-¡Hola! ¿Cómo estás? ¿Qué haces por aquí?

-Quería verte porque necesito hablar contigo.

-Hablar conmigo, y ¿De qué?

-De algo que no incumbe a los dos.

-¿Que nos incumbe a los dos? —Pregunta Rodolfo algo escéptico.

-Sí Rodolfo, a los dos. Vamos al grano, quiero que sepas que estoy embarazada y necesito tu ayuda. La señora Idalia me ha quitado el trabajo y no tengo a dónde ir.

Él da un salto de donde está sentado.

-¿Que estás embarazada? Y ¿De quién? —Pregunta.

-¡Cómo que de quién! —Replica ella. -Pues de vos, ¿De quién más va a ser?

-¡Preñada de mí! No me jodas la vida. Vos a mí no me enredas en ese rollo, a otro perro con ese hueso. Si de verdad estás preñada, estoy seguro que ni vos misma sabes de quién vas a parir.

Melina se quedó muda, completamente perpleja, no podía creer lo que sus oídos estaban escuchando, no pudo más que romper en llanto, en un llanto desesperado de desolación, porque una vez más hubiera querido que se la tragara la tierra. Sus ojos estaban nublados, sus piernas apenas y la sostenían, temblaba como una hoja de árbol y le costaba articular las palabras, pero sacando fuerza de su debilidad le dijo a Rodolfo:

-Te juro ante Dios, que lo que llevo dentro de mí es un hijo tuyo y de nadie más.

Rodolfo no respondió y agarrándola del brazo la llevó hacia la puerta, la sacó al andén volvió a decirle:

-A otro perro con ese hueso, y no volvas a venir porque 'eso' que vas a tener, no es mío.

Sale del apartamento con la cabeza agachada, siente una humillación terrible, miles de cosas atraviesan por su cabeza de adolescente, la primera, el suicidio, como ya lo había pensado años atrás debido a los maltratos de su madre y de Armando. Ahora es traicionada por Rodolfo, quien sin ningún remordimiento, reniega de la criatura que ella lleva en su vientre. Siente que su destino está marcado por la desgracia y se pregunta:

-¿Ahora qué voy a hacer? ¿Para dónde agarro? Dios míos ayúdame ¿Qué hago?

De regreso al autobús para ir a la capital, y en medio de las lágrimas que parecen de sangre, se dice que tiene que hallar una solución, que no puede suicidarse, porque lleva un ser humano en su vientre, y «eso», como le dijo Rodolfo, es suyo; así que cueste lo que cueste, vivirá, trabajará y criará a su bebé.

La única alternativa que encuentra, por el momento, es regresar a casa de su madre, aunque hacia solo doce meses había salido de allí; sabe que no será fácil, pero no hay nada más que hacer. Así que regresa a San Jerónimo en enero de 1979, una vez más le pide perdón a su madre, ella de nuevo la perdona, pero no acepta que viva en la casa familiar. Le ofrece trabajo en la panadería, pero aclarándole que debe buscar alojamiento en otro lugar. Esta vez no fue golpeada, pero sería tratada como una empleada más. Le pagaría 30 colones a la semana, aproximadamente $8, tendría dos tiempos de comida, trabajaría de seis de la mañana a seis de la tarde y como ya conocía el trabajo, no había más que explicarle. En ese momento, la joven no le comenta absolutamente nada de su embarazo a su madre ni a nadie; no tenía idea de cuánto tiempo podría mantenerlo oculto, pero sabía que por el momento era mejor callar.

Como no ha encontrado alojamiento en casa de su madre, va en busca de su abuela, Doña Catalina, suplicándole que le dé posada por un par de semanas, prometiéndole que tras recibir su primer pago, le pagará el alquiler y que si encuentra un cuartito, se irá de su casa lo más pronto posible, pues es consciente de que su abuela no quiere que esté allí. La abuela acepta y la deja vivir en su casa por tres semanas, después de ello encuentra un cuartito para donde irse.

Una nueva etapa comienza para Melina, ya tiene casi cuatro meses de embarazo, siente dificultad para comer y miedo de que sus constantes vómitos delaten su groses. Se las arregla para economizar hasta el último centavo, paga su alquiler de 40 colones al mes, y sabe que debe prepararse lo mejor posible para la llegada del bebé. No puede ocultar más su vientre, pues aunque la criatura era pequeña, ella no era más que hueso y piel y como consecuencia, su vientre era más visible. La poca ropa que tenía le quedaba apretada, lo cual la angustiaba, pues lo que ganaba no le alcanzaba para comprarse más. Finalmente tuvo que decirle a su madre; ella se mostró indiferente, pero por lo menos no le quitó el trabajo, porque a esas alturas, no la consideraba su hija sino una empleada más, así que le dijo que ese era su problema y que se las arreglará como pudiera.

La joven se pasaba las noches en vela pidiéndole ayuda a Dios, al tiempo que la guerra civil entre la guerrilla y las fuerzas armadas se agudizaba cada vez más. Su hermano Álvaro regresó a sus estudios en la universidad de la ciudad Santa Teresa; su madre era quien cubría los gastos de apartamento y de carrera, solo que para economizar comparte el alojamiento con un compañero de escuela y conocido del pueblo, llamado Tito Meléndez. Ambos trataban de llevar una vida más o menos normal, estudiaban, tenían amistades y hacían deporte, pero las autoridades mantenían en constante vigilancia a Álvaro, quien se sentía fastidiado y acorralado, pues no lo dejaban hacer su vida tranquila. En vista de tal situación empezó a unirse a la guerrilla, por lo que le pedía a Melina que lo ayudara a transportar armas de un pueblo a otro. Ella tenía siete u ocho meses de embarazo, y aún en su estado, se metía bajo sus amplios vestidos un rifle amarrado a cada lado de las caderas, así las transportaba y sin quererlo, también estaba siendo cómplice de la guerrilla. Ella lo hacía por ayudarle a sus hermanos, pues Ernesto que tenía 16 años, había ingresado a las fuerzas Izquierdistas F.M.L.N. (Frente Farabundo Martí para la Liberación Nacional), el principal grupo de las fuerzas revolucionarias guerrilleras.

El nacimiento de su bebe

Rodolfo permanecía inflexible ante el embarazo de Melina, negándolo todo sin importarle la suerte que corrían ella y su hijo. Durante ese tiempo también ocurrieron dos grandes acontecimientos en su vida. El primero, que el médico que seguía su embarazo, el Doctor Donato Casablanca, era un hombre muy gentil con ella, en ningún momento le cobró las consultas, pues veía las dificultades que la joven pasaba, ella confiaba en él y le explicaba sus circunstancias. Poco a poco Donato fue enamorándose de ella. Era un hombre de baja estatura y no muy guapo, pero tenía unos sentimientos nobles para con Melina; hasta que un día le propuso matrimonio diciéndole que se haría cargo del bebé.

Para Melina fue extremadamente difícil decirle que no, argumentándole que sabía que su hermana Nora había tenido relaciones con él y que por respecto a ella prefería dejar las cosas así. Sentía en el alma no poder casarse con el Doctor, pues la situación que atravesaba era de miseria total, sin embargo, y en agradecimiento por su bondad, le propuso que fuera el padrino de su futuro hijo. En el momento él le contestó que sí, pero jamás llegó a la iglesia el día del bautizo.

El segundo acontecimiento ocurrió cuando tenía ocho meses de embarazo. Un día, al salir de la panadería, se encontró frente a frente con Armando Portales. Después de tanto tiempo, él había regresado al pueblo, recorriendo 6.000 kilómetros para volver a verla. Tendría ya 23 años, vivía ilegalmente en los Estados Unidos, así que el riesgo de regresar era enorme, pero no le importó, pues lo único que contaba para él, era ella. Quería ayudarla y darle una mejor vida de la que tenía en ese momento, así que llegó al pueblo con la esperanza de regresar a su lado. Para cualquier mujer era la oportunidad de su vida, un hombre a su lado, un apoyo y por qué no, un padre para su bebé, además del 'sueño americano' para cualquier persona. Melina se quedó helada, petrificada sin poder decir ni una sola palabra. Una especie de alegría mezclada con miedo se revolvía en su estómago. Su cerebro trabajaba a mil revoluciones por minuto, pero al fin logró contestar cuando Armando le dijo:

-Hola 'ceja', ¿Qué tal? ¿Cómo estás? ¡Qué alegría verte!

Y tartamudeando le contestó:

-Bbbbien, bbbieen y vos, ¿Cómo estás?

Ambos se miraban fijamente a los ojos, Armando tenía una sonrisa de oreja a oreja. Y continuando el diálogo, agregó:

-No tan bien como usted, ¡Pero vea cómo está de gordita!

Así continúan conversando, se sientan en un andén y se cuentan todo lo que habían vivido durante los últimos tres o cuatro años en los que no se vieron. Como era de imaginar, él, que había vivido cuatro años en Los Ángeles, le cuenta todas las maravillas habidas y por haber de lo que son los Estados Unidos. Y le propone que en cuanto nazca el bebé, se vayan los tres a vivir allá.

Melina mostrándose muy desenvuelta y madura para sus 18 años de edad, presiente cierto peligro al ponerle un padrastro a su futuro hijo, ya que había sufrido muchísimo con el suyo. En el fondo se siente enamorada de Rodolfo, sabe que la criatura es de él y que una vez lejos de su tierra, en manos de Armando, solo Dios sabía lo que le podía pasarle, pues no había olvidado las golpizas que le proporcionaba.

Armando insistía, diciéndole que le brindaría ayuda económica, pero ella se preguntaba si valdría la pena intentarlo de nuevo con él. Para seducirla, la llena de palabras y de promesas bonitas, le dice que la ama y que le dará su apellido al ser que va a tener. Con ese palabrerío la convence, pero porque en cierta forma se aprovecha de su vulnerabilidad. Entonces Melina se entrega en los brazos de Armando una vez más. Desde ese momento la colma de atenciones, la hace sentir que hay alguien que la ama, que la cuida y que la cuidará por siempre. Ella no le cree del todo, así que durante las siguientes semanas continúan comunicándose, pero no le permite que toque su cuerpo.

Llega el 17 de junio, empiezan los dolores de parto, su madre al verla en ese estado le dice que la llevará al hospital de maternidad. Son alrededor de las once de la mañana cuando llegan a la entrada principal de hospital, allí su madre le dice:

-Bueno ya estás aquí, cuando salgas de 'eso' llamas o mandas un telegrama para venir a buscarte. –Da media vuelta y se retira.

Melina está terriblemente nerviosa, la dejan sola en la puerta del hospital, los dolores son insoportables, tiene que subir unas veinte escaleras y cuando al fin llega al puesto de enfermeras, una de ella le pregunta:

-¿Qué edad tiene señora?

-18 años señorita enfermera. –Le contesta ella.

-¿Y cuántos meses de embarazo? –Continúa la enfermera.

-Nueve, señorita enfermera. –Responde con voz tímida.

La enfermera, tras escucharla, le dirige una mirada escéptica y le dice:

-¿Está segura de lo que está diciendo?

-Sí señorita, y tengo mucho dolor. –Responde ella.

-Pues no le creo señora, pareciera que tiene cinco o seis meses de embarazo.

-No, no. -Insiste Melina.

-¡Ay señora! ¡Es que está demasiado chiquita su panza!

Melina sonríe, al tiempo que hace un gesto de dolor. La enfermera la toma llevándola a una sala para que el doctor la examine. Después de que este lo hace, llama a la enfermera para decirle:

-Mande de nuevo a esta señora para su casa, pues no ha dilatado y probablemente ha perdido la cuenta de cuántos meses tiene.

Melina sabe que está en la fecha correcta, sabe que tiene los nueve meses y que los dolores son reales, pero no le creen. A eso de las cuatro de la tarde la sacan del hospital, ella no sabe para dónde irse. Su madre está a 45 kilómetros de distancia, Armando no tiene teléfono para llamarlo y en unas horas caerá la noche. Lo peor, son esos dolores de vientre que la parten en dos.

Está sentada en las gradas del hospital sin saber qué hacer, de repente recuerda a la señora Dinora, quien en varias ocasiones, cuando trabajaba en la capital, la había ayudado. Entonces sin pensarlo más agarra un taxi y se va a buscarla al mercado San Miguelito. Por suerte, la encuentra allí. Ella se la lleva para su casa y la trata con cariño y amabilidad, le da de comer y le prepara una cama para que pueda descansar. Melina no logra comer nada, pues los dolores son demasiado intensos, no descansa ni sentada ni acostada, y por el contrario se pasa toda la noche caminando de un lado para el otro, conteniendo el deseo de gritar; se retuerce, se tira al suelo, pero el dolor es cada vez más y más fuerte.

Al fin amanece, es el día 18 de junio, a eso de las seis de la mañana. Melina agradece a Doña Dinora sus gentilezas y abordando un taxi regresa al hospital. Una vez más al llegar al puesto de la enfermera, la historia se repite. La recibe la misma niña del día anterior, quien al verla le dice:

-¿Otra vez usted señora? Está equivocada, usted no puede tener nueve meses, regrese dentro de dos o tres meses.

Melina rompiendo en llanto le contesta:

-Señorita he pasado un día y una noche retorciéndome de estos dolores, ya no puedo más, ayúdeme, me voy a morir con esta criatura dentro, ¡Por favor ayúdeme, ya no puedo más!

-Ayer le dijimos que la criatura no ha dilatado. –Le respondió de nuevo la enfermera, sin prestarle más la atención.

Melina, que cargaba una bolsita de papel con la poca ropa que había comprado para su bebé, la abrazó contra su pecho y hundida en el llanto y en la desesperación, alzó la vista al cielo gritando:

-Dios mío ayúdame, me voy a morir acá. –Y se fue caminando lentamente hacia la salida del hospital, sintiendo como si la hubieran condenado a muerte.

Ya no soportaba los dolores, no había nadie con ella y en el hospital no hicieron ningún esfuerzo por ayudarla, entonces se dijo:

-No tengo a donde ir, lo mejor que puedo hacer es quedarme en la sala de espera y que se haga la voluntad de Dios. Ya nada importaba para ella.

Fue así como se acostó en una banca de madera y se abandonó a lo que sucediera, de tanto llorar y contener el dolor, se quedó dormida. De repente alguien la despertó, era una señora de las que hacían la limpieza, quien al verla, le preguntó por qué estaba allí. Melina con voz entrecortaba y con lágrimas cubriendo sus mejías le contestó:

-Vine desde ayer para tener a mi hijo, pero ni el doctor ni las enfermeras me hacen caso; dicen que no es el tiempo y yo ya no soportó los dolores. ¡Me voy a morir señora!

La señora muy amable la agarra del brazo con dulzura y la ayuda a levantarse, llevándola donde otra enfermera amiga suya para explicarle el caso. Dicha enfermera acepta examinarla, y sonriendo le aclara:

-Seguramente no le hacen caso porque su vientre está muy pequeño para tener nueve meses, pareciera que solo tiene seis.

Justo cuando se disponía a examinarla algo líquido escurrió por entre las piernas de la joven, quien al sentirlo sintió vergüenza, pues no sabía qué decir:

-¡Ay señorita enfermera, discúlpeme, pero me hice pipi! ¡Me he orinado, señorita perdóneme!

La enfermera no le dice nada, la deja en una cama y va en seguida a buscar al doctor. Melina se quedó sola en la pequeña sala, mientras, escuchaba a algunas mujeres gritar horriblemente y veía a otras jalarse los pelos; entonces se preguntó:

-¡Dios mío, este es el hospital de maternidad o el hospital siquiátrico!

Sentía un miedo espantoso, eran tantos los gritos de las demás mujeres que ella hacía esfuerzo para no hacerlo también. El médico llegó corriendo y de inmediato la instalaron en la sala de partos, eran ya las 7:30 de la mañana. Todo lo prepararon en cuestión de minutos y a las 8:40 am, Melina dio a luz a una preciosa niña de 46 centímetros de largo y 6 libras de peso. Para ella, era la cosa más bella que sus ojos habían visto. Su bebita, su hija, en aquellos momentos era su todo, alguien por quien vivir, alguien a quien amar y alguien a quien proteger.

Fue domingo el día en que la niña nació. Tres horas después la enfermera se la llevó al cuarto, poniéndola a un lado de su cama. Melina la miraba y la miraba y no podía creer que esa cosita tan linda hubiese salido de su vientre. Al verla en ese estado, la enfermera no pudo evitar decirle:

-¡Qué feliz está, señora! ¿Observa su obra de arte? ¡Su obra maestra!

Melina, sin inquietarse por lo que le esperaba, muy sonriente le contestó:

-Sí señorita enfermera, tanto que ya he olvidado todos los dolores que he pasado durante estos dos últimos días.

La enfermera solo sonríe y sale de la habitación.

De repente Melina levanta la mirada, y se queda sorprendida al ver en la entrada del cuarto a Armando Portales. Iba a verla, le traía unas rosas rojas, las preferidas de Melina. Se le acerca, le da un beso en la frente y toma a la bebita en sus brazos como si fuese su propia hija. Melina se siente confusa, las actitudes de Armando para con ella eran una maravilla. Siente miedo y al mismo tiempo la necesidad de un padre para su hija. En realidad no sabe qué decisión tomará, pero queda agradecida con Armando por el resto de su vida, pues fue la única persona que la visitó durante su estadía en el hospital.

El día martes le dieron de alta, así que llamó a casa de su madre, y su abuela y su padrastro fueron a recogerla. Durante el trayecto de regreso al pueblo, la abuela no pronunció ni una sola palabra, ni siquiera se interesó por ver a su bisnieta. Entonces, Melina comprendió que nadie de su familia quería a su hijita, de la misma manera que nadie, nunca la quiso a ella. Supo en ese momento que tendría que batirse contra viento y marea sola para proteger a su niña. Y fue ese día que se juró que nadie, por ser nadie, le pondría nunca una mano encima a su hija; se prometió que no la golpearían como la habían golpeado a ella, así que se convirtió en una leona cuidando a su cachorro.

Llegando a la casa, Melina guardaba la esperanza de que su madre, al ver a su nieta, cambiaría de actitud con ellas y que llegaría a tener un buen sentimiento hacia la niña, a la cual, por agradarla, le pondría su nombre, pues se llamaría Jessica Estela Gómez. Pero no había nada qué hacer, tras su regreso al pueblo, su madre permaneció completamente indiferente. Su nieta no significó nada para ella, lo cual fue otro duro golpe para Melina. Esa era su realidad y tendría que enfrentarla sola, porque el padre de la niña brillaba por su ausencia y aunque la bebé fuera el vivo retrato de Rodolfo, este continúo negándola rotundamente sin aceptar sacar el acta de nacimiento a su nombre.

Probablemente Rodolfo actuaba así porque venía de una familia pobre y numerosa. Su madre, la Señora Sofía Quezada, había tenido 21 hijos con diferentes hombres, bastante despreocupados por cierto, pero de esos 21, solo se criaron 13. Rodolfo era el cuarto de esa enorme familia en la que cada uno hacía lo que podía para trabajar y sobrevivir, pues los padres jamás se hicieron responsables. Se criaron con la ayuda de la tía Celia y de la gente caritativa del pueblo. Para completar, la Señora Sofía era bastante descuidada con sus hijos y por consecuencia, se criaron desprendidos y con un sentimiento de abandono. Sin embargo la señora Sofía le tenía mucho cariño a Melina y cuando conoció a su nieta, saltó de alegría, una reacción totalmente diferente a la de Doña Estela, por lo que sería de gran apoyo para la joven y para su hija.

Por el momento, Melina está confundida, tiene 18 años de edad y ya es madre, es una enorme responsabilidad para una joven que solo es huesos, pellejo y unos enormes senos, tan grandes, que apenas puede con su peso. No tiene ayuda de parte de su familia y su situación económica es precaria, en uno o dos días se da cuenta de que no es nada fácil, bañar, alimentar, cambiar pañales, darle de mamar y sobretodo pasar las noches en vela cuidando de la niña porque llora muchísimo.

Armando va todos los días a visitarla al cuartito donde vive y le insiste y le insiste en que se vayan los tres para Estados Unidos, que en Los Ángeles, California, tendrán una mejor vida, que él se encargará de darle lo mejor a la pequeña Jessica y que la reconocerá como su hija. Melina siente todavía dudas.

-Podría ser. –Piensa su mente ingenua.

Quiere darle a su hija algo que ella nunca tuvo, un padre, un verdadero papá, no un padrastro que vaya a, maltratar a su hija, porque en el fondo, vivía aún traumatizada y en un estado depresivo, llena de miedos por los abusos que la habían hecho padecer. Probablemente eso fue lo que hizo que renunciara al sueño americano, por medio del cual, quizás, hubiese conocido una vida mejor. También el miedo a lo vivido con Armando años atrás, impidió que se fuese con él; allí termina la historia entre los dos. Armando, decepcionado regresó a los Estados Unidos y ella no supo de él por muchos años.

La vida continuaba, y en ese momento era Melina quien estaba en la búsqueda del padre de su hija, pues insistía en hallar a Rodolfo, pero él estaba enfurecido, y con toda razón, ya que se había enterado de las atenciones que le brindaba a Melina su ex marido Armando, y sentía rabia al saber que este le había ofrecido llevárselas a los Estados Unidos. Melina comprendía que había cometido un grave error, pero también estaba segura de que la niña era hija de Rodolfo, aunque él se sintiera muy joven para asumir la responsabilidad de ser papá, ya que no le interesaba hacer hogar con nadie, y por el contrario, como todo joven de 23 años, quería gozar de su juventud y de su libertad.

Durante los días que siguieron, era la señora Sofía quien iba a visitar a su nieta y aseguraba que la niña era el vivo retrato de su hijo; además no consideraba justo que su hijo continuara negando la niña porque estaba claro que Jessica llevaba su sangre y que era una Quezada, también fue la abuela Sofía quien insistió e insistió a su hijo para que hiciera a su nombre el acta de nacimiento de la chiquilla.

Finalmente, después de diez días, Rodolfo fue a conocer a la niña, y al verla, la primera frase que dijo fue:

-¡Ay que menudita la niña que has tenido! Y ¿A quién se parece?

Melina un poco enfadada le responde:

-¡No ves que es la cara tuya! ¡Solo se parece a ti!

Él se queda sorprendido y responde:

-¡Ah sí!

Melina no soporta que le hagan un desprecio a su hija, así que le dice:

-No te atrevas a continuar negándola, no te atrevas a decir más nada, si la aceptas como tu hija está bien, si no vete por donde viniste.

Él sale del cuartito y se va a casa de su madre, días después, forzado por ella, acepta reconocer a la niña y aunque un poco mal humorado, acude a la alcaldía municipal de San Jerónimo, presentando su cédula de identidad personal. Un secretario lo recibe y él extendiendo sus papeles dice:

-Vengo a reconocer a mi hija.

Por lo tanto el acta de nacimiento queda así:

El señor German Rodolfo Quezada, quien dice ser el padre de la recién nacida Jessica Estela Gómez Quezada hija ilegítima, siendo la madre Melina...

Después de que esto le lleva los papeles a Melina, ella se ve obligada a regresar al trabajo porque él no le brinda ninguna ayuda. Melina se siente débil, pues no duerme en las noches y tiene que amamantar a su bebé, además debe llevarla con ella y cuidarla en el trabajo. Sus días y noches son interminables, se siente flaquear. No tiene los medios para pagar quien le cuide a la pequeña y entre el trabajo y su cuidado se siente desfallecer.

Pasa meses extremadamente agotadores, porque diez días después del nacimiento de la pequeña, Melina nota que la niña presenta dificultad para respirar, pues cuando le daba el seno, la bebita se ponía morada y vomitaba la leche que acababa de recibir. Melina consulta con los vecinos para averiguar qué podía ser lo que tenía la niña, la gente le recomienda remedios caseros, pero nada le hace efecto; entonces, acude al médico, su fiel enamorado el doctor Casablanca.

Al doctor se le llenan los ojos de alegría al ver llegar a Melina con su niña en brazos, con cariño y dulzura la carga, y con delicadeza la pone en la cama para examinarla, luego volteando hacia Melina le pregunta:

-¿Cuántos días tiene la niña?

-Veinte días Donato. –Responde ella.

-¿Desde cuándo está así? Porque tu niña está grave, así que te vas inmediatamente para el hospital. Aquí te doy una referencia y las instrucciones necesarias, llévala a la urgencia del hospital general de niños, en la capital. Necesito radiografías de tu hija para estar seguro del tratamiento que voy a darle.

Sin perder más tiempo, Melina prepara lo necesario y aborda el autobús hacia la capital y al llegar toma un taxi para dirigirse al hospital. En el trayecto, los enfrentamientos entre la guerrilla y la fuerza armada eran frecuentes, por lo que el taxista debe dar varias vueltas para evitar el peligro y gracias a ello logran llegar bien al hospital. Melina paga y le da las gracias al taxista, diciéndole: -

-Gracias a Dios que llegamos con bien.

Al entrar al hospital, se da cuenta de que está llenísimo de niños que han sido heridos en los enfrentamientos a las afueras de la capital. Es el año 79 y una gran cantidad de niños inocentes ha empezado a caer entre las metralletas de la armada y de la guerrilla. Melina llegó como a eso de las 10 de la mañana al hospital y al siguiente día a las 11:00 am, al fin la llamaron para atender a su hija. Había pasado 25 horas sentada en una banca y durmiendo en el puro suelo, esperando para ser atendida y para que no le quitaran el turno. Cuando al fin dieron el diagnóstico, la niña tenía principios de neumonía y había que darle antibióticos, los cuales debía comprar la madre. Al salir del hospital, rompió en llanto, un llanto imposible de controlar, pues le habían dado medicamentos, pero no le garantizaban que la niña pudiera resistirlos. Melina lloraba, elevaba los ojos al cielo y suplicaba que si había un Dios arriba, no le quitara a su hijita; porque era por su niña que sentía el deseo de seguir viviendo, y si ese Dios, se la llegara a quitar, prefería que se las llevara a las dos juntas. Melina se sentía impotente ante la enfermedad de su hija, sin dinero y sin ayuda de nadie. A su regreso al pueblo, luego de dos días, tampoco nadie le preguntó cómo le había ido. Fue duro sentir el desprecio y la indiferencia con ella, pero más duro aún, sentirla con su bebita que no tenía la culpa de nada. Tras todo eso, también la joven estaba enferma, la herida que le hicieron al momento del parto se le había infectado. Le daban unas fiebres terribles y no tenía con que comprar medicina para ella. Unas personas caritativas le hicieron remedios caseros, el doctor Casablanca le regalo unos antibióticos y después de tres meses al fin la herida cicatrizó.

Pero Jessica continuaba enferma, los antibióticos dados por el hospital no hicieron ningún efecto, por lo que Melina está al borde de la depresión. Ambas enfermas, ella trabajando de 10 a 12 horas diarias y cuidando de su hija, ya no puede más. Regresa a ver al doctor Casablanca y le suplica que le ayude, le dice que las fuerzas la abandonan, que lleva muchas noches sin dormir, al igual que la niña porque sufre y no para de llorar. Una vez más el doctor la mira con ojos de amor y de compasión, la estrecha en sus brazos y le responde:

-Mira mujer, voy a darte estas diez inyecciones, solo tienes que comprar las jeringas y buscar una enfermera para que inyecte a tu hija. Si con este tratamiento la niña no se alivia, te aconsejo que la bautices, porque parece que la infección ha llegado a los pulmones y es muy severa. Yo espero y confió en que el tratamiento va a hacerle bien, después vendrás y te daré unas vitaminas para ti y para ella.

Melina llorando le agradece infinitamente lo que hace por ellas y le dice:

-Yo también confío en que el tratamiento va a funcionar, porque te digo una cosa, ¡Si la niña se me muere, yo me muero con ella!

Jessica Estela ya tiene mes y medio y después del tratamiento ha sobrevivido, pero Melina, siguiendo el consejo del doctor Casablanca, ha empezado a preparar su bautizo. Como lo había mencionado antes, ella le solicitó al doctor Casablanca que fuera el padrino de la niña, a lo cual él dijo que sí, sin embargo, el día señalado no se presentó a la iglesia, así que la niña quedó solo con madrina. Cuando días más tarde, Melina un poco molesta, fue a visitarlo a su clínica, le preguntó:

-¿Por qué Donato, por qué no te presentaste al bautizo? Yo puse tu nombre en el acta.

Él, un poco avergonzado, baja la cabeza y le responde:

Sabes lo mucho que yo te quiero, así que no quería ser el padrino de tu hija, yo quería reconocerla y ser su padre. Te pido que me perdones, es muy difícil para mí verte cómo estás sufriendo y saber que andas suplicándole al padre de tu hija, cuando a leguas se ve que él no te quiere ni a vos ni a tu criatura, pero es tu decisión, por ello te deseo la mejor de las suertes.

Melina comprendió en ese momento que había perdido una de las mejores oportunidades que se le habían presentado en la vida, mejor dicho, una de las pocas oportunidades que se le presentaron en su desgraciada vida. Su mente ingenua, confiaba en que un día Rodolfo recapacitaría, iría a buscarla, se casaría con ella y serían muy felices; pero tendrían que pasar varios años y muchos golpes de la vida.

Cuando Jessica tenía dos meses, con mucha humildad se realizó su bautizo, Rodolfo se presentó. Días más tarde, cuando Melina se dirigía a las seis de la mañana, camino a su trabajo, llevando a su bebé en los brazos, le salió al paso una de las queridas de Rodolfo, pues él era un Don Juan. Era una mujerona mucha más alta y robusta que ella, se llamaba Morena. Esa idiota comenzó a insultarla y a decirle ociosidades, es más, la amenazaba diciéndole que si no dejaba a Rodolfo se las vería; que ese hombre era de ella, que hacía muchos meses tenían una relación muy íntima y que él le había prometido que un día se casarían. Luego, sin decirle más, le soltó un puño en la cabeza, con tanta fuerza que Melina cayó sentada en la calle. Tenía a su bebé en los brazos, y no la soltó en ningún momento. Solo alcanzó a balbucear:

-¡Si ttttaaanto quieres a a a Rodolfo, qquédate con él! ¡A mí ni me va ni, ni me viene! -Diciéndole a ella con un miedo y una cólera por no poder defenderse.

La desgraciada mujer, quien la tenía agarrada por los cabellos, la sentenció, la insultó y le dijo:

¡Más te vale que lo dejes, porque ese hombre es mío!

Melina se levantó como pudo, estrechando a su pequeña contra el pecho, con una furia incontenible le hablaba a su hijita y gritó a los tres vientos:

-¡Te juro por Dios, que tu padre me las va a pagar, te juro que me va a pagar todas las humillaciones que nos están haciendo, juro por Dios que un día se casará conmigo y que tú serás una hija legitima, que tendrás un padre, un apellido y que yo seré Melina Gómez de Quezada!

Todas y cada una de esas palabras, las pronunció Melina con dolor y resentimiento, y aunque creía estar enamorada de Rodolfo, en ese momento nació su deseo de venganza; deseo de mostrarle a su madre y a Rodolfo que ella no era cualquier cosa, que no era una puta barata, como la habían tildado todo el tiempo y que de una u otra manera, encontraría los medios de ganarse el amor de él para que se casara con ella.

Al llegar a la panadería despeinada y con la cara roja por los golpes que le había propiciado la odiosa Morena, su madre, con mirada indiferente la vio, pero no le dijo ni media palabra. Melina hubiera deseado que le preguntara qué le había sucedido, pero como siempre, la indiferencia y la crueldad de su madre con ella.

Y sucedió que después de bautizar a Jessica, se produjo un milagro, la niña empezó a recuperar su salud; cada día mejoraba y se fue poniendo bien bonita y gordita, como si nada le hubiera pasado, parecía una niña con perfecta salud. Fue entonces, en ese momento crucial, que Doña Sofía, la abuela, le propuso a Melina cuidar su nieta. La niña tenía ya cuatro meses cuando la familia Quezada se hizo cargo de ella. Gracias a esa ayuda, Melina pudo respirar un poco, más aún porque la propia abuela Sofía tuvo la fabulosa idea de acompañar a Melina a las oficinas de la procuraduría para poner una demanda contra su hijo Rodolfo para que le diera una pensión alimenticia a su nietecita, lo cual fue una sorpresa desagradable para él, quien no esperaba algo así, peor sabiendo que había sido idea de su propia mamá.

En efecto, unas semanas después de interpuesta la demanda, él estuvo obligado a dar una pensión para la niña. Estaba en cólera, porque cuando se presentó al bautizo de la pequeña, había prometido ayudar económicamente a Melina, pero los meses pasaban y la ayuda no llegaba.

Al recibir la demanda chantajeó a Melina diciéndole:

-Mira Melina, la procuraduría me obliga a darte 25 colones al mes ($8 más o menos), pero si quitas la demanda te voy a aumentar a 40 colones al mes y así salís ganando un poco más de dinero. Además te prometo que voy a estar viniendo a ver más seguido a la niña.

La boba de Melina creyó en sus palabras, pues pensó que en el fondo del corazón de Rodolfo había un poquito de amor para ellas, y sin reparar en las consecuencias, a pesar de que su suegra le advirtió en varias ocasiones que no le quitara la demanda, Melina, desobedeciendo, cogió el autobús, fue a la oficina de la procuraduría y canceló la demanda de ayuda monetaria para Jessica Estela; nunca imaginó el precio que tendría que pagar por esa decisión.

Melina continúo trabajando con la esperanza de que un día Rodolfo se quedaría con ellas, mientras tanto llevaba su rutina, después del trabajo se iba a su cuartito donde se ponía a lavar los pañales de la niña, dejando todo listo para el siguiente día. La abuela Sofía venía a traer a Jessica entre las 9 y 10 de la mañana, se la llevaba a su casa y cuando Melina terminaba su jornada laboral, pasaba a buscarla. Y ocurrió que tres semanas más tarde, Rodolfo tal como lo había prometido, comenzó a llevarle los 40 colones, el problema era que cada vez que le daba el dinero, empezaba a decirle cositas bonitas al oído y terminaban acostándose juntos, como de costumbre, sin ninguna protección. Como era de esperarse, a consecuencia de ello, meses después, Melina quedó embarazada de nuevo.

La captura de Álvaro y su segundo bebe

Mientras eso sucedía en la vida de Melina, en esa situación, Ernesto a su vez embarazó una joven llamada Carolina, acto de jóvenes inconscientes, jóvenes ingenuos que no midieron las consecuencias, pues probablemente para ellos, era como un juego. Para octubre del 79, Carolina, así se llamaba la chica, se instaló en la casa Grande, fue recibida con los brazos abiertos y hasta le decoraron un cuarto apropiado para ella y para su futuro bebé; lo cual fue muy duro para Melina porque también era hija de Doña Estela y para ella y su bebé, nunca hubo nada, en cambio, Carolina solo era la nuera, pero tuvo todas las comodidades y atenciones que jamás les dieron a ellas. Su hija y nieta continuaba rodando como perritas sin dueño, sin amor, sin apoyo y siendo la burla de la gente del pueblo, Pero para Doña Estela eso no significaba absolutamente nada, pues Melina no lograba que naciera un sentimiento o instinto de abuela para con su nieta Jessica Estela.

La joven no entendía por qué, por qué tanto rechazo, por qué tanto desprecio, por qué esa desconocida tenía todos los derechos, todas las atenciones y todo el cariño que jamás tuvieron ellas. Melina lloraba mucho y reclamaba a su madre:

-¿Por qué, por qué mamá, por qué Ernesto y su mujer lo tienen todo aquí, las comodidades y las riquezas de la familia? Y ¿Por qué si también yo soy hija suya, vivo como una mendiga en ese cuarto de miseria y soy tratada como una empleada? —Y con la voz entrecortada le repetía: -¿Por qué mamá? ¿Por qué me detesta tanto? ¿Qué he hecho para merecer tanto desprecio?

Pero la respuesta era siempre la misma:

-Putas como vos, no merecen nada de mi parte.

Cuánto dolor y cuánta amargura iban acumulándose en el corazón de la joven; cuánto resentimiento iba creciendo en sus sentimientos, pues con tan solo 18 años, sentía haber vivido 40.

Pero nada cambió en su rutina, todo fue lo mismo hasta mayo de los 80, mes en el que Melina volvió a creer en su madre, cuando esta le propuso que se mudase a vivir con ellos, pero solo fue una ilusión, momentos pasajeros, porque meses más tarde, tuvo que aceptar de nuevo la realidad. En enero de ese mismo año nació el niño de Ernesto y Carolina, fue ella quien sacó el acta de nacimiento dado que él se había ido a integrar las Fuerzas Izquierdistas, además, tampoco tenía la mayoría de edad para sacarla a su nombre. Entonces dejó a su mujer en casa de su madre y se fue hacia las montañas a combatir de lleno.

Álvaro seguía estudiando, pero en marzo de 1980, un día, sin previo aviso, las autoridades usurparon el apartamento en el que vivía con Tito, su compañero. Ambos fueron capturados y llevados a la cárcel acusados de subversión y de estar contra el gobierno Salvadoreño. En esa misma semana, fue asesinado Monseñor Rosario, por lo que el país estaba completamente convulsionado. La inseguridad reinaba por todos lados, y una vez más, Doña Estela Villareal tendría que enfrentar a las autoridades con el fin de sacar a Álvaro de la cárcel.

En esa ocasión contrató un abogado, quien le aconsejó pedir ayuda a la Comisión de Derechos Humanos. Una vez más la señora Villareal movería cielo y tierra para conseguir la libertad de su hijo y una vez más de la misma manera que obtuvo el cadáver de Adalberto y de su compañero Marco, salvaría a su hijo Álvaro y a su compañero Tito.

Fueron tres semanas de increíbles torturas para los capturados; los tenían a pan y agua y los colgaban de los testículos, sin embargo continuaban con vida. Cuando el abogado y la Comisión de Derechos Humanos intervinieron, las autoridades fueron obligadas a liberarlos. Los metieron en unos sacos de «yute», exactamente los sacos que se utilizaban para transportar el maíz, y los lanzaron a un camión que corría a una velocidad de entre 70 y 80 kilómetros por hora. Estando en movimiento el camión, los dos cuerpos que iban en los sacos, fueron lanzados al pavimento, cual si fueran sacos de papas. Al caer se fracturaron algunos huesos; seguramente sufrían por el dolor de las torturas que habían recibido, pero cuando lograron liberarse, se miraron uno al otro y se dijeron:

-Al menos estamos con vida.

Contó luego Álvaro, que un buen samaritano les ayudó a liberarse completamente de las ataduras, y que los llevó a su casa, desde donde pudieron contactar a sus familias. Al escuchar Doña Estela la voz de su hijo, saltó de alegría, e inmediatamente montó en su pick up para ir en su búsqueda. Tras recoger a los jóvenes, los llevó a un médico particular.

Una vez más su madre le suplicó a Álvaro que abandonara el país, diciéndole:

-Te prefiero lejos y no muerto hijo.

Pero Álvaro no cambiaba de opinión. Tito por su parte, una vez que encontró la salud, sin pensarlo mucho se dirigió hacia las montaña y se unió al F.M.L.N. (Frente Farabundo Martí para la liberación nacional). Álvaro no tardó mucho en tomar la misma decisión, pues sabía que si permanecía en la capital de una u otra manera lo asesinarían. Antes de irse, le dijo a su madre:

-Sí han de matarme, pero también yo voy a llevarme unos cuantos por delante, no como mi hermano Adalberto, que murió inocentemente.

La alegría de Doña Estela por haber liberado a su hijo, no le duró mucho tiempo, pues tres meses más tarde, el 15 de junio del mismo año, Álvaro sería asesinado, supuestamente en el campo de batalla. La información que Doña Estela recibió por parte de la guerrilla fue que en ese lugar había ocurrido un enfrentamiento de tres días y tres noches consecutivas, en el que tanto un bando como del otro (fuerzas armadas y guerrilla), habían tenido bajas, también le dijeron que era una zona conflictiva y que era demasiado peligroso pretender recuperar el cuerpo de Álvaro.

No fue posible ningún acceso, tampoco hubo más información, así terminó la corta vida de Álvaro, quien solo tenía 23 años cuando fue asesinado y quien quedó sepultado en una fosa común con cientos de desaparecidos, de los cuales jamás se volvió a saber.

Por los mismos días se realizó el entierro de Monseñor Rosario, al cual asistieron miles de personas, quienes desafiando a las autoridades, se presentaron a los alrededores de la catedral para rendir un último homenaje al hombre que dio tanto por la gente pobre del país. Sucedió, entonces, que en medio de la misa, las autoridades abrieron fuego contra la multitud, cientos de personas murieron aquel día y quienes intentaban huir eran emboscados por todas partes; otros miles fueron capturados y muchos desaparecieron. La guerra continuaba agudizándose, después de esa masacre los ciudadanos salvadoreños estaban enfurecidos, así que se rebelaron aún más. La muerte injusta de Monseñor y la infamia contra los feligreses, fueron las causantes de que miles de personas ingresaran a las Fuerzas Izquierdistas, de que otras miles huyeran y de que empezara una destrucción masiva del país, pues tanto de día como de noche, los enfrentamientos se hicieron más frecuentes, lo que daba como resultado que mucha gente inocente muriera, incluyendo miles de niños.

Ello sucedió a mediados de marzo, pero para el mes de abril otro desastre cubriría de luto a la familia Villareal. El hermano mayor de Doña Estela, el Señor Cesar Javier, un hombre corpulento que se dedicaba a su trabajo en el ingenio El Trapiche, fiel partidario del partido político, casado con dos mujeres, con una por lo civil y con la otra por lo religioso; un día, al salir de su casa en el pueblo El Trapiche, fue acribillado a balazos, sin que se supiera nunca por quien. Tal vez fue la Armada o la Guerrilla, el caso es que le proporcionaron tantas balas que quedó irreconocible. Fue tal, que sus familiares tuvieron que llevar una pala para recoger sus órganos dispersos por el suelo.

Con la muerte del tío Cesar Javier, su hermana Estela y su madre Catalina volvieron a sufrir lo mismo que con la muerte de Adalberto, pero en este caso lo más difícil fue que como él estaba casado con dos mujeres, ambas se batían por enterrar a su marido. Con la que estaba casado por la religión tenía cinco hijos y con la que tenía unión civil dos. Ambas alegaban tener derecho para enterrarlo, por lo que se gritaban e insultaban la una a la otra. La primera deseaba sepultarlo en el pueblo El Trapiche, mientras que la segunda pretendía hacerlo en San Jerónimo. En otras circunstancias, ello hubiese sido divertido, pero en ese momento se libraba lo más grueso de la guerra civil en el país, había ofensivas, ataques y bombardeos por todas partes; dinamitaban puentes, saboteaban plantas eléctricas e incendiaban autobuses por doquier. La mayoría de los residentes de San Jerónimo temían por sus vidas, y justo las dos familias batallaban por quién ganaría la partida, hasta que al fin el Alcalde del pueblo al ver la situación tan difícil intervino y pidiendo la palabra dijo:

-Señoras y señores, mis queridos conciudadanos, en vista de la extremada situación que se está viviendo, y como el difunto, mi querido amigo Cesar Javier, fue un fiel servidor de nuestro partido (PCN), lo mejor que podemos hacer es que sea velado en el pabellón principal de la alcaldía municipal y enterrado aquí en su pueblo natal San Jerónimo.

Dicho eso por el alcalde, inmediatamente los servidores de la alcaldía transportaron el cadáver hasta allí. De cierta forma fue como una victoria para la familia Villareal, y sin imaginarlo, los hijos ilegítimos fueron quienes lograron enterrar a su padre. También al momento del velorio se presentó un problema con ambas viudas al lado del ataúd llorando por el mismo marido, pero peor aún era ver los cinco hijos de un lado y los otros dos por el otro, además todos se miraban extrañados porque ninguno conocía a sus medios hermanos.

Mientras tanto Estela y su madre, que habían arreglado lo necesario para el entierro, se preguntaban:

-¿Y ahora qué va a suceder? ¿Qué va a ser de nosotros? ¿Podremos seguir viviendo el en pueblo? ¿O las represalias serán aún peores?

Tenían razón al inquietarse, pues efectivamente las represalias contra la familia Villareal fueron desmesuradas, en cambio a la familia del hermano que acababa de ser asesinado, no la persiguieron, excepto al hijo mayor de Cesar Javier, quien tres semanas después fue sacado de su casa por las autoridades judiciales y jamás se volvió a saber de él.

El resto de los hijos continuó viviendo en el pueblo al igual que la abuela Catalina, y extrañamente ellos no fueron perseguidos por las autoridades ni por la guerrilla, mientras que a los hijos de Doña Estela no los dejaban a sol ni a sombra. Sus vidas estaban en constante persecución, hasta el extremo que un sargento de policía, que obligaba a las madres que querían sacar a sus hijos de la cárcel a acostarse con él, lo había hecho con muchas madres y quería hacerlo con Doña Estela. Así mismo, otro policía corrupto, de unos 25 años, acorralaba a la pequeña Soraya que contaba con apenas 11 años de edad, y no la dejaba salir a ningún lado; la niña tenía pánico de ser secuestrada por ese infame, tanto que dejó de asistir a la escuela. Lo mismo sucedía con el pequeño Melvin de ocho o nueve años, a quien golpeaban y obligaban a sacar pan de la panadería para dárselo a la policía municipal.

En varias ocasiones mientras Melina se dirigía a su trabajo a las seis de la mañana, encontraba cabezas de personas en las cercas de las casas, también le tocaba presenciar los constantes asesinatos en que sacaban a las familias de las casas. Había por doquier mujeres violadas y torturadas y en ocasiones hasta cortadas en pedazos. Era una crueldad inimaginable la de esos seres humanos, capaces de cometer tanta infamia, tanta brutalidad desmesurada. Todas estas circunstancias fueron las que obligaron a la familia a tomar la decisión de huir del pueblo. Fue una decisión extremadamente difícil para Doña Estela Villareal salir de San Jerónimo, su pueblo adorado, abandonándolo todo, todo lo que con tanto sacrificio había construido, y con lo que había proporcionado trabajo a muchas personas, pero fue la decisión más sabia que pudo tomar, pues al día siguiente de su huida del pueblo, la casa Grande fue ametrallada y dejada como colador, de haberse encontrado alguien dentro, no hubiese sobrevivido.

Así pues, alquilaron un camión, recogieron lo poquito que pudieron y salieron rumbo a la capital. Nora que habitaba allí hacía tiempo, encontró una colonia residencial discreta para que todos pudieran esconderse, ese sería su nuevo refugio; pues después de la muerte de Adalberto y de la captura de Álvaro, la familia quedó condenada a la persecución.

Nora sostenía en ese momento una relación con otro hombre casado, ya había tenido una historia similar y de ella había nacido una niña a la cual llamaron Érica. Con esa aventura quedó nuevamente embarazada, dando vida a otra niña a quien pusieron por nombre Deborah Farías. Ambas criaturas fueron legitimadas por sus padres, cosa que años más tarde ocasionaría muchísimos problemas al intentar sacarlas del país, pues sus padres habían desaparecido.

La familia se instaló en la colonia Jardines de las Brisas, pero sucedió que antes de que emprendieran la fuga, a Melina le había sucedido algo inesperado. Su hija tenía ya 11 meses, es entonces cuando enfrenta las consecuencias de haber ayudado a sus hermanos transportando armas, era consciente de que de un momento a otro podía ser descubierta y de que no tardarían en sacarla de su cuarto para asesinarla.

Así que en medio de su desesperación le solicita ayuda a Rodolfo, quien acepta brindársela, por lo que le dice que se vayan con él a vivir a San Vicente donde trabajaba. Melina irradiaba de alegría, era algo inesperado para ella que ese hombre la llevase a vivir con él, era como si uno de sus sueños se hiciera realidad; formar una familia con el padre de su hija y saberse lejos de San Jerónimo. Su suegra estaba también feliz, porque deseaba que su hijo se quedara con Melina, pero como siempre la vida le hizo una jugarreta más a la joven. Rodolfo había encontrado un pequeño apartamento donde se instalarían los tres, ella estaba lista y emocionada con la idea de irse con él, de repente Doña Estela le dijo que deseaba hablar con ella y estando frente a frente, pronunció palabras que llegaron a lo más profundo de su corazón, por lo que aceptó la proposición, le dijo:

-Mira hija, ya me mataron un hijo, te pido que por favor no te vayas para San Vicente, vente con nosotros a la colonia, pues allí nadie nos conoce, así que podemos estar más seguros. No quiero que te maten a vos también.

En su interior, la joven sintió un regocijo, una alegría inmensa y creyó por unos instantes que su madre sentía un poquito de amor hacia ella, así que sin vacilar aceptó irse con su familia. Dicha decisión no fue del agrado de Rodolfo, quien tenía todo listo para acogerla a ella y a su hija. Fue así como para el mes de mayo, la familia Gómez Villareal en medio de las convulsiones de la guerra, en medio de las miradas sorprendidas de la gente del pueblo, alzó vuelo y por muchísimos años no volvió a poner un pie en San Jerónimo. La casa encontrada por Nora para refugio de la familia, era muy bonita, y sus 11 miembros, la Señora Estela con su marido, Nora con sus dos hijos, Melina con su nena, sus dos hermanos menores, Soraya y Melvin, y Carolina con su niño, se instalaron juntos. Quedaron algo amontonados, pero estaban juntos, lo cual les daba un poquito de seguridad.

Llevaban menos de un mes de vivir en dicha colonia, cuando recibieron la visita inesperada de Álvaro, quien fue a pasar unos días con ellos. Todos estaban muy contentos de verlo y en la mente de Melina quedarían gravados los últimos momentos vividos con su hermano. Estaba sentada en el suelo jugando con su pequeña Jessica, Álvaro se acercó a ella cargando su maletín, pues iba de regreso a las montañas, lo puso en el suelo y agarró a la niña en brazos, luego la lanzó al aire susurrándole al oído:

-Sabes niñita, te quiero mucho chiquitita, te quiero mucho mi «monkey». –Y la besó.

Luego poniéndola de nuevo en el suelo se dirigió a Melina, la estrechó contra su pecho, cosa que nunca había hecho y la besó en la frente, después le extendió la mano entregándole su portafolio, en el que habían unos cuantos colones. Melina se quedó sorprendida, así que lo siguió con la mirada hasta la puerta de salida. Antes de salir, él volteó hacia ella y le lanzó una mirada tierna de amor y cariño y le dijo:

-Cuídate negra, y cuida a mí «monkey».

Esas son las últimas acciones y palabras que Melina recuerda de él hasta el sol de hoy, y después de 35 años las evoca como si hubiesen sido ayer. A la semana siguiente, recibieron la noticia de que había sido asesinado, pero nunca pudieron recuperar su cuerpo para darle cristiana sepultura.

Cuatro meses después de la muerte de Álvaro, la familia se movió nuevamente de casa porque ya no sentía ninguna seguridad quedándose en la anterior, ya que los compañeros de la guerrilla conocían su paradero e iban constantemente a refugiarse en ella; así que Doña Estela pensó que suficientes problemas habían vivido como para continuar en la misma situación, además ya no tenía fuerzas para ayudar a los 'compas'.

En la nueva casa continuaban conviviendo con el padrastro, quien seguía siendo un borracho, también habitaban allí su hermana Nora, su marido y sus tres hijos, Soraya y Melvin, y Melina con su pequeña Jessica, pero esta vez también con su amado Rodolfo, quien la había vuelto a embarazar. La vida entre los miembros de la familia no era nada fácil, ya que había mucha discordia entre ellos, Melina se daba cuenta de que ya no tenía oportunidad de irse a vivir con Rodolfo, pues la guerra había empeorado, tanto que por milagro de Dios, él por esos días no fue asesinado.

Un día, al llegar de su trabajo, le contó a Melina que mientras iba en el autobús del ingenio Jiboa, fue atacado junto con los demás ocupantes y que el compañero que estaba sentado a su lado, fue quien recibió las primeras balas de la emboscada; para salvarse, Rodolfo se lanzó inmediatamente al suelo y el cuerpo de su compañero lo cubrió, por eso fue que a él no le cayeron las demás balas y así logró salvar su vida; seis personas murieron en dicho asalto, pero él sabía que no podía cambiar de trabajo, pues era casi imposible, dada la situación tan precaria del país entero.

Melina que ya estaba embarazada, había encontrado trabajo como costurera, le daban vestidos cortados y ella debía ensamblarlos. En ese tiempo el salario mínimo era de 7 colones al día, ósea $2 por día, y la jornada laboral era de entre nueve y diez horas diarias, tiempo en el cual hacía por lo menos diez vestidos por día, los cuales le pagaban a $2,50 cada uno, ósea más o menos $0.50 por vestido. Entonces su salario era de 25 colones, aproximadamente $10 diarios, así que fue ese excelente salario lo que le permitió tomar un día la decisión de irse a vivir sola con su bebita.

Antes de tomar la decisión, le solicitó a la madrina de la niña que se fuese a vivir con ellas para que cuidara a Jessica, por lo cual recibiría un sueldo. Las tres se fueron a vivir a un cuartito. Melina lo hizo porque ya había ensayado por todo los medios ganarse el amor de su madre, pero la hostilidad que ella le manifestaba era cada día peor; además estaba el desgraciado de su padrastro quien todo el tiempo permanecía al asecho para abusar de las hijas de Nora y de Melina, y por si fuera poco, aunque Melina pagaba su parte para vivir en la casa, toda su familia estaba en contra de ella y no manifestaba ningún cariño hacia su niña.

Rodolfo, que continuaba trabajando en San Vicente, iba a verlas cada 15 días, y aunque fuese poco, les llevaba algún dinero. Melina le comentó la decisión que había tomado de irse a vivir sola, explicándole que había encontrado un pequeño cuarto en la misma colonia de las Brisas y que se instalarían con la madrina de la niña, también le dijo que si quería las siguiera.

Su bebita tiene año y medio y Melina cuenta cinco meses de su segundo embarazo; trabaja duro, su situación económica está bien a pesar de que la guerra continua en pleno apogeo, pues la guerrilla ha lanzado una enorme ofensiva a nivel nacional, tanto que nunca se tenía la certeza de si las personas que salían a trabajar tendrían la oportunidad de regresar con vida a sus casas. Ello le tocó en varias ocasiones a Melina, cuando se veía obligada a salir de la colonia para buscar víveres, incluso para encontrar un bidón de gas propano para su cocina, tenía que hacer fila desde las seis de la mañana hasta las tres de la tarde. En cierta ocasión, mientras esperaba en la fila, de repente en la esquina empezaban los enfrentamientos. Melina se agarraba su enorme vientre, porque esa vez sí era enorme, se tiró al suelo acuñada al andén, buscando meterse bajo las llantas de algún carro, haciéndose un solo puño y con la cabeza casaran. Los que quedaban vivos como ella, se levantaban discretamente sin mostrar mucho miedo, mirando para un lado y para el otro, pendientes de los muertos que quedaban en las calles y diciéndose:

-¡Gracias mi Dios porque me has dejado con vida, gracias porque me diste un día más!

Como era lógico, el señor de la tienda había cerrado debido a los disturbios, así que se veía obligada a regresar a casa y a esperar algunos días hasta que la tienda volviera a abrirse; volver a llegar a las seis de la mañana y hacer fila hasta la tarde. Eran días y noches de interminables angustias, porque aunque no quisiera arriesgar su vida, estaba obligada a salir a buscar comida, especialmente agua, pues el país entero estaba en racionamiento y únicamente se recibía el servicio dos horas al día. Eran precarias las condiciones, pero no había más alternativa que sobrevivir con lo poco que se encontraba.

Al final de 1980, llegó la navidad y el fin de año, ese fue uno de los años más tristes para los salvadoreños, pues muchísimas familias fueron asesinadas en sus casas y bastantes personas quedaron desaparecidas. Para la familia de Melina, durante ese año se produjo la muerte de Álvaro, del tío Cesar Javier, y de su primo Rafael además, por si fuera poco, todos se vieron obligados a huir de su pueblo natal. Pero como decían irónicamente los salvadoreños, «la función debía continuar, pues la vida seguía su curso y quienes aún quedaban debían dar la pelea por sobrevivir». Queda la duda sobre cómo explicar la actitud del ser humano. La familia Gómez Villareal era perseguida, amenazada, vivía en constante crisis emocional y económica, sin embargo, Nora, Melina y Carolina, la mujer de Ernesto, año tras año parían hijos. Increíble que dichas mujeres, en medio de la guerra, y a sabiendas de la situación que atravesaban, repitieran una y otra vez las costumbres de aquella tierra, en la que los seres humanos estaban tan habituados al sufrimiento, que no veían el peligro que representaba traer niños al mundo, aún en medio de las crisis. El país entero vivía lo mismo, no era solo la familia Gómez Villareal la que se encontraba en dicha situación, pues muchísimas parejas continuaban pariendo hijos irresponsablemente. ¿Sería que tal vez el sexo era la única diversión que encontraban en medio del caos? Quién sabe, el caso es que en el Salvador, muy a pesar de los 15 años de guerra civil que sufrió el país, la población en su mayoría es joven.

Melina continuaba con el curso de su segundo embarazo y le rogaba al Señor todo poderoso, que esta vez su bebé fuera un varón, pues consideraba que de ser así, Rodolfo se quedaría con ella, ya que la mentalidad de los hombres salvadoreños era que solo los hijos varones los hacían sentirse orgullosos de ser padres. Ello no solo lo pensaban los hombres, pues recordemos que su madre y su abuela siempre mostraron preferencia hacia los hijos varones; así que Melina creía que de esa forma Rodolfo se casaría con ella para darles un apellido legítimo a sus hijos.

Después de vivir tres meses en el cuartito, se le presentó la oportunidad de alquilar una casita en la calle principal de Jardines de las Brisas. Melina estaba muy contenta de que el propietario hubiera aceptado dársela en alquiler. La casa era grande y cómoda, tenía tres cuartos para dormitorios, una sala amplia, una linda cocina y un enorme patio, en el que imaginaba a sus hijos jugando, también tenía al lado un garaje. Fue en aquel garaje donde instaló una pequeña venta de pupusas, plato tradicional del país, además en uno de los cuartos, ubicó sus máquinas de coser. La casa era enorme y el pago del alquiler también, pero Melina no sentía miedo, porque prefería doblar su trabajo con tal de que sus hijos permanecieran en un ambiente confortable.

En junio de 1981, se instalaron en la nueva casa, Melina estaba llena de esperanzas, quería, de cierta manera, impresionar a Rodolfo, y que al fin pudieran hacer una vida juntos; recordemos, que además esperaba que sucediera el milagro de tener un varón en su matrimonio. Muchas ideas se le atravesaban por la mente, se sentía enamorada de Rodolfo, tenía el enorme deseo de darle un padre a sus hijos, y de llenarlos de todo lo que ella había anhelado, el amor de una madre y de un padre, también se juraba a pie junto, que sus hijos se querrían como hermanos, amor del que también careció.

Dicho y hecho, Rodolfo empezó a darse cuenta de que con Melina podría tener un mejor futuro y al mismo tiempo descubriría cómo se jugaba al rol de ser papá, pues al igual que Melina, él nunca disfrutó de la presencia de uno, así que ninguno de los dos, sabía a ciencia cierta ser madre o padre y menos aún, cuán grande era dicha responsabilidad, pero igual, ambos niños habían llegado a sus vidas, así que debían continuar.

Y llegó el esperado momento, los dolores de parto comenzaron un lunes, pero esta vez Melina sabe que si no

son extremadamente fuertes y él bebe no ha dilatado, no
será recibida en el hospital, como le sucedió la primera vez,
entonces espera un poco, además para esa época, el país tenía
toque de queda, por lo que a las ocho de la noche nadie podía
andar por las calles, así que debido a todo lo anterior, decide
que es mejor esperar hasta el día siguiente. Pasa la noche del
lunes, al martes, más o menos a las cuatro de la tarde, decide
que es el momento, como siempre está sola. Llama un taxi y
se dirige al hospital dejando a su pequeña al cuidado de su
madrina. Se siente inquieta por dejar a su hijita y al mismo
tiempo porque por su enorme vientre parecía que tendría
gemelos. A causa de ello, fue recibida inmediatamente y
puesta en un cuarto y en una cama de espera. Debido a su
trabajo, para entonces, estaba asegurada, por esa razón fue
atendida en el hospital del seguro social, el cual tenía una
enorme diferencia con el hospital de maternidad en el que
tuvo a su niña.

Las horas pasaban, empezaba a caer la noche, Melina
sufría el martirio de los dolores de parto, los médicos estaban
inquietos e iban continuamente a verla, al igual que las
enfermeras, pero cada vez que lo hacían decían lo mismo:

-No, él bebe no ha dilatado aún.

La joven continuaba retorciéndose, hasta que el miércoles
a las ocho de la mañana, debido a que el bebé no dilataba
lo suficiente, los médicos empezaron a prepararla para una
cesárea. Mientras ello sucede, Melina se levanta de la cama y
se dedica a leer el dossier, de repente, ve que en él dice:

«Cuidado, atención a la señora Gómez, feto de cabeza
muy grande».

Una terrible angustia la invade y cree volverse loca del
dolor, además siente incertidumbre por saber qué es lo que

pasa con su bebé. Inquieta pide información a las enfermeras, pero ellas para tranquilizarla, le aseguran que el médico irá a verla y que solo están tratando de evitarle una cesárea; también le aclaran que uno de los médicos más jóvenes había ordenado que le reventaran la fuente.

Una vez aclarado el asunto, llegó el médico y gracias a él y al bebé, que había dilatado un poco, lo extrajeron con espátulas instaladas en su cabecita, atrayéndolo hacia afuera. La joven sentía un malestar insoportable, pues había pasado dos días y medio con los dolores y tanto ella como el niño estaban morados, pero al fin el 15 de julio de 1981 a las 9:10 am, Melina dio a luz de un lindo niño de nueve libras y media y 52 centímetros de largo. Era enorme para la constitución de Melina, así que era un milagro que ambos hubieran salido con bien. Inmediatamente después de que nació, le pusieron oxígeno debido a que tenía dificultad para respirar a causa del tiempo que tardó en salir.

Ocho horas más tarde, cuando le llevaron a su hijo, Melina no podía creer lo que veían sus ojos, era una preciosidad de niño, de piel blanca y con los rasgos físicos de su hermana Jessica, eran casi idénticos, a diferencia del peso y de la estatura. Melina le dio gracias infinitas a su padre celestial por haber escuchado sus suplicas, le había dado lo que ella había pedido, un hijo varón. En ese momento tuvo el presentimiento de que muchas cosas cambiarían, a excepción de la guerra, que por mucho tiempo más continuaría, aunque para ella que contaba con apenas 20 años cuando tuvo a su segundo hijo, eso era lo cotidiano, acompañado de un constante reto, de una constante supervivencia, de un debatirse por vivir un día más, y ahora con mayor razón, pues tenía dos hijos que mantener, dos preciosidades por los cuales estaba dispuesta a dar su vida, si fuera necesario. Ellos eran su orgullo y su razón para continuar viviendo, porque aunque no se notara, su estado depresivo avanzaba cada día más, a pesar de que siempre se mostrara fuerte, valiente ante la adversidad y aunque nadie nunca imaginase el dolor interno que la embargaba.

Lo que más la atormentaba en ese momento, era la incertidumbre de su relación con el padre de sus hijos; había tenido a su segundo hijo en total soledad y tendrían que pasar siete días, antes de que Rodolfo hiciese acto de presencia. En el fondo sentía que su relación con él no tenía ningún fundamento ni ninguna base y que así como la había dejado con su primera hija, podía dejarla una vez más. Durante los siete días que tardó en llegar, ella le habló por teléfono para decirle que la criatura ya había nacido, pero se guardó de contarle su sexo, pues pensó que por la intriga, haría el esfuerzo por ir a verla.

Cuando llegó Rodolfo y vio al bebé en su cuna, corío a cargarlo, Melina, solo por ver qué actitud tomaría, había vestido al niño con una camisita rosada, así que al verlo se echó para atrás creyendo que era otra niña; volteó su cara prevenida hacia Melina, sorprendido y sin poder creerlo, en ella se reflejó de inmediato una enorme decepción. Melina no pudo contener la risa, así que soltó una enorme carcajada, él se acercó de nuevo a la cuna quitándole el pañal, y en cuanto vio el sexo del bebé, brincó de felicidad. Melina recuerda que fue la primera vez que lo vio sonreír de esa manera. Estaba feliz, eufórico, alegre, volteó hacia ella, la abrazó, la besó y le dijo:

—Sin más ni más, Rodolfo se va a llamar.

Al escucharlo, ella reniega, balbucea que no, que Rodolfo es un nombre muy feo, que el niño está bien lindo y que ella quiere llamarlo Edenson, porque para ella significa «hijo del paraíso». Pero no hubo nada que hacer, lloró, suplicó pero no hubo poder humano que lo hiciera cambiar de idea, y el niño fue asentado en la alcaldía del Antiguo Cuscatlán como Rodolfo Gómez Quezada hijo ilegitimo de Melina……..

El joven continuó trabajando en San Vicente, pero después del nacimiento de Rodolfito, iba más seguido a verlos, les ayudaba más económicamente y en cierta forma la armonía y la alegría de una familia se hacían sentir más en la casa. Fueron días felices para Melina, trabajaba y cuidaba en las tardes a sus hijos, al tiempo que sentía un poco de amor y de apoyo por parte de su amado Rodolfo, aunque él siempre fue muy reservado, por lo cual casi nunca mostró sus sentimientos. Raras, muy raras veces le dijo un te quiero a Melina o a los niños.

-¡Ah! –Se decía ella. -Los hombres son así, sobretodo estos machitos, a los que les han enseñado desde muy niños que no hay que dar ni todo el dinero ni todo el amor a una mujer, que los hombres no lloran y que nunca deben mostrar sus debilidades ante ellas y mucho menos ante sus hijos.

Ese prototipo de educación de aquellas tierras, impedía que los padres y a veces hasta las madres, dieran muestras de amor a sus hijos, pues dar una caricia era como un pecado, era mostrarse débil y ello la mayoría de padres salvadoreños, no podían permitírselo. Así que Rodolfo no era la excepción a la regla, siempre se mostró frío y con indiferencia, especialmente con su hija. La niña era el vivo retrato de él, y como la mayoría de las niñas quería y seguía más a su papi, porque estaba encantada con él, tanto que cada vez que lo veía, se lanzaba a sus brazos.

Por su parte Rodolfito continuaba creciendo, así que su mamá se vio obligada a quitarle el seno a los seis meses ya que la mordía con tanta fuerza, que por poco le arrancaba los pezones. Era un bebé de 28 libras, pero una vez que Melina le quitó el seno, comenzó a adelgazar, y para cuando cumplió un año, ya tenía un peso normal. Al padre le gustaba salir con su hijo, le gustaba que Melina les hiciera las camisas iguales y con qué orgullo se iba el papi agarrando de la mano a su niño, lo llevaba a algún parque de San Salvador para que la abuela Sofía pudiera verlo, pues a causa de la guerra que continuaba, la persecución hacia la familia también persistía y ahora que Rodolfo acompañaba a Melina, también corría el riesgo de ser asesinado, así que era preferible verse con su familia de esa manera para que pudieran disfrutar de los niños.

Lo cruel de la guerra y la depresión

Mientras que Jessica y Rodolfito continuaban creciendo, para noviembre del 81, Doña Estela había decidido vender una de sus propiedades para ayudar a los tres hijos de su primer matrimonio. Después de la muerte de Álvaro, el hermano menor, Ernesto, quien también militaba en las filas guerrilleras, decidió que no quería continuar combatiendo, así que regresó a casa de su madre donde le esperaban su mujer y sus dos hijos, pues en agosto del 81 había nacido una niña a la cual todavía no conocía. Estela que era quien cuidaba de ellos, se puso feliz con la llegada de su hijo, así mismo sus hermanos y sobrinos pues, quienes continuaban viviendo juntos, excepto Melina, quien ya vivía aparte.

Con la llegada de Ernesto, Doña Estela tuvo un gesto que sorprendió a todos, pues del dinero de la venta de la casa lo repartió entre tres de sus hijos, Nora, Melina y Ernesto. Al entregárselos les dijo que era una especie de herencia para cada uno, por lo que podían hacer con ella lo que mejor les pareciera. Dada la situación de la guerra y de incertidumbre que aún se estaba viviendo, Ernesto no vaciló ni por un momento en huir del país, pues era consciente de que había desertado de la guerrilla, de que por ser subversivo era buscado por el ejército y de quedarse tendría una muerte segura; así que en cosa de dos semanas, arregló sus papeles con nombre falso y salió rumbo a México dejando de nuevo en vueltas en llanto a su madre y a su mujer, quien quedaba prácticamente abandonada con dos hijos, sin tener un oficio en el que pudiera trabajar para mantener a sus niños. Allí quedaban los familiares una vez más envueltos en el dolor y la angustia, sin saber qué haría Ernesto solo en un país desconocido y sin poder dar las buenas nuevas antes de que pasara mucho tiempo.

Nora hizo lo mismo, un mes después de recibir su herencia, decide cambiar de vida y aventurarse hacia los Estados Unidos; para ello le pide a su hermana Melina que cuide de sus tres hijos, David de seis años, Érica de tres y Deborah de once meses. Melina, quien solo cuenta con 20 años, y ella ya tiene a sus dos hijitos, Jessica de dos años y medio y Rodolfito de seis meses, acepta esa enorme responsabilidad simplemente por ayudar a su hermana; así que se encomienda a todos los santos diciéndose que tal vez algún día encontrarán un mejor camino, una mejor solución, pero que por el momento siente la obligación de apoyar a su hermana y a sus hijos; pues si bien ellas jamás llegaron a entenderse mucho y menos a quererse, Melina consideraba que el sacrificio que estaba haciendo con sus tres sobrinos era adecuado, así que le dijo:

-Está bien, voy a cuidártelos como si fueran mis propios hijos, pero si se portan mal también les daré sus nalgadas, porque voy a corregirlos como corrijo a los míos. Lo hablado es lo entendido y es importante que en cuanto puedas mandes la ayuda correspondiente, ¿Estamos de acuerdo?

Tras escucharla, Nora prometió, juró que haría todo lo que fuera mejor para ellos. La joven Melina, por su parte, de un día para otro se encontró con cinco niños a su cargo, sin saber si su Rodolfo pensaría quedarse para formar un hogar con ella; todo estaba lleno de una inmensa incertidumbre, pues ella por su nobleza, aun estando sola, acepta quedarse con todos los niños.

Mientras que Ernesto va rumbo a México, Nora va rumbo a Los Ángeles, Estados Unidos, les ha hecho miles de promesas a sus hijos y a Melina, asegurándoles que en cuanto pueda les enviará ayuda monetaria y que mandará por ellos. A todo esto, Melina trabaja de día y de noche para mantenerlos, ellos ni se enteran de lo que está pasando, si no que de un día para otro no vuelven a ver a su madre; juegan y ríen con sus primos sin percatarse de las atrocidades de la guerra y sin inquietarse de por qué ninguno de sus padres hace acto de presencia.

Melina vivía una situación extrema, así que busca la ayuda de Rodolfo y de su madre, pues debe pagar el alquiler de la casa y se ha visto obligada a contratar otra empleada para cuidar de los niños, especialmente de los dos bebés que parecían gemelos. En un par de semanas, adelgaza muchísimo, porque llora uno, llora el otro, se enferma uno después el otro y la ayuda económica de su hermana tarda en llegar. En vista de la situación, Doña Estela le propone a Melina que en lugar de gastarse la herencia en pagar alquiler, la invierta en comprarse una casa. Melina no tenía experiencia en ello, pero como siempre había sido una mujer emprendedora, a pesar de su corta edad, toma la decisión y le dice a su madre que sí, que si le ayuda a obtener el crédito con el banco, ella está dispuesta a hacerlo. Endosada por Doña Estela, Melina obtiene el crédito, le falta un mes para cumplir los 21 años, pero ya es propietaria de su primera casa.

Su primera casita estaba ubicada en la calle El Terruño, siempre en Jardines de las Brisas, allí instaló su primer comercio, al cual llamó "Las Modas Jessica"; a partir de entonces conoció la experiencia de trabajar para sí misma, y haciéndolo arduamente logró agrandar su casa en seis meses, pues le construyó tres cuartos más en la parte de atrás para acomodar a la gran familia que tenía junto con las empleadas. Tomó el cuarto principal para Rodolfo y para ella, porque a esas alturas, él había decidido instalarse definitivamente en la casa; vaya uno a saber por qué, ¿sería que de repente se enamoró de Melina? ¿O que quizás comprendió la conveniencia que ello le traería? Lo cierto fue que llevó sus cosas y se quedó en la casa.

Los sacrificios eran desmesurados, tenía que mantener 10 bocas, entre las de los niños, las empleadas y ella misma; además a los obreros que trabajaban en la construcción de la casa se les daba un tiempo de comida, por lo que dadas las circunstancias, Melina ya no alcanzaba y se vio obligada a regresar a trabajar con su antigua patrona, a quien le hacía los vestidos completos. Cabe aclarar que a causa de la guerra, su patrona se vio obligada a desplazar su fábrica al país vecino, Guatemala; así que ella y su marido trasportaban a los empleados cada quince días de un país a otro, por lo que le propusieron a Melina trabajar con ellos, pero para ese tiempo, también le dijeron que le pagarían un mejor salario, casi el doble de la vez anterior; ella consideró que era una buena oportunidad para pagar todas sus deudas y para terminar la construcción de la casa. En ese momento supo que de cierta forma era una enorme ventaja no tener el apellido de su madre, Villareal, pues cuando sacó su pasaporte para trabajar en Guatemala, descubrió que lograba pasar desapercibida por las autoridades salvadoreñas, por lo cual podía atravesar la frontera sin problema. Fue así como sin más ni más, arregló su bolsita de ropa y salió por dos semanas a trabajar en Guatemala, dejando a sus niños y sobrinos a cargo de las dos empleadas.

El viaje fue largo, transitaron 14 horas de camino, y al llegar al lugar de trabajo, la joven supo de inmediato que no sería nada fácil, pues tendría que trabajar 12 horas diarias, comprar su comida y dormir en el suelo, cosa nada agradable, si tenemos en cuenta que en esa época del año, diciembre, la capital guatemalteca es terriblemente fría; el problema fue que tanto ella como las otras tres señoras que viajaban, un poco mayores ya, iban mal equipadas, pues llevaban solo vestidos de verano y sabanas delgadas. El frío era insoportable; al darse una ducha en la mañana sentía que se le quebrarían todos los huesos, pues el agua parecía sacada del refrigerador. Como había dejado a los niños, en las noches lloraba mucho por ellos y aunque su patrona le pidió que se quedase por más tiempo, ella le dijo que no, pues aunque lo sentía mucho, sus niños aún estaban demasiado pequeños para dejarlos solos por largo tiempo. A pesar de todo lo que sufrió en esos quince días, frío, mala alimentación e incomodidad para dormir, regresó contenta, porque gracias al dinero que ganó duramente, terminó de poner el techo, las puertas y las ventanas de la casa.

Melina se organizaba lo mejor posible con sus gastos y responsabilidades, y por ello, muy a pesar de la guerra civil que destruía la economía del país, «Las Modas Jessica» le generaba adecuadas ganancias. Con lo que ganaba extra, puso otro negocio; agrandó la parte delantera de su casa en la que instaló un pequeño restaurante, allí todos los días vendían tortillas al medio día y en la cena y los sábados y domingos cocinaban las tradicionales pupusas. Seguramente fue bendecida, pues siempre sentía que algo o alguien la protegía a ella y a sus niños, para ese entonces contaba con cinco empleadas y a pesar de las limitaciones que atravesaba el país, la familia siempre tenía un techo digno y comida para subsistir.

La madrina de Jessica y luego de Rodolfito que también trabajaba para Melina tenía unos primos, los cuales estaban involucrados con los grupos de la guerrilla, a causa de eso ello iban continuamente a visitarla a la colonia; así que entre visitas y conversaciones, comenzaron a pedirle posada a Melina por un día o por una noche, y ella, una vez más, sin medir el peligro que eso le ocasionaría, los autorizó para que lo hicieran. En pocos meses se encontró ayudando a quienes llegaban de la montaña heridos, fracturados o con paludismo porque necesitaban alojamiento, medicina y alimento. Inconscientemente o mejor por tener un corazón noble y generoso, Melina ayudaba a jóvenes que habían sido obligados por las circunstancias de la guerra a abandonar sus hogares, sus familias, sus estudios y a buscar refugio en las filas de la F.M.L.N; además algunos habían sido sus compañeros de escuela primaria, y en su mayoría eran personas a las cuales las autoridades les habían matado dos o tres miembros de sus familias, razón por la cual se dispersaron a lo largo y ancho del país con el fin de sobrevivir; de hecho, muchos de aquellos jóvenes a los que Melina y sus empleadas cuidaron, fueron posteriormente asesinados. Fueron varios los años en los que Melina les brindó ayuda incondicional, tanto que vació el último de los cuartos de su casa para instalar una enfermería, allí los escondía y les daba lo necesario hasta que se recuperaban y volvían a las zonas de combate. Pobres muchachos, de un día para otro eran arrancados de sus familias, sin saber por qué, sus vidas estaban completamente destruidas, eran conscientes de que no verían el final de esa absurda guerra, de que jamás volverían a ver a sus seres queridos y que probablemente sus cuerpos no serían encontrados y mucho menos enterrados por sus respectivos familiares. Había momentos en los que solo suspiraban, pues deseaban no regresar a las zonas de combate, pero sabían que no tenía otra opción porque si no eran las Fuerzas Armadas del gobierno, los altos Mandos de la Guerrilla, los matarían si desertaban.

Betty, la madrina de los hijos de Melina, pertenecía a una familia grande, una de sus tías tenía cinco hijos, dos hembras y tres varones, todos menores de edad. Las primas de Betty, oscilaban entre los 13 y los 15 años, vivían con sus padres en el cantón las Lomitas. Por aquella época se había convertido en costumbre de las fuerzas Armadas usurpar las casas durante las noches; atacaban los pueblos y los cantones, especialmente los de la gente civil, y en su mayoría, los de la gente inocente, para hacerlo, acusaban a las personas sin importar de qué, las sacaban de sus casas para asesinarlas, por supuesto, después de torturarlas. Fue así como una noche entraron en la casa de la tía de Betty, golpearon brutalmente a los padres y a los tres hermanos menores y secuestraron a las dos jóvenes. Dos largos días pasaron antes de que la señora recibiese noticias sobre sus hijas; habían recorrido todos los puestos de la guardia nacional, de los cuarteles e inclusive habían ido a lugares que se consideraban como depósitos de cadáveres, en el cual iban a parar las personas secuestradas, quienes terminaban en montañas de cuerpos asesinados. Cuando al fin supieron dónde estaban los cadáveres de sus hijas, Melina vivió una de las escenas más crueles que sus ojos pudieron ver.

A la tía de Betty ya le habían informado que sus hijas estaban muertas, pero no le dijeron bajo qué condiciones las asesinaron, así que la señora le pidió a su sobrina Betty que la acompañara a recoger los cadáveres. Melina al ver a esa señora en una desesperación tal, completamente desamparada e inconsolable, les propuso ayudarlas; así que alquilaron un pick-up, la acompañaron a comprar los dos ataúdes y fueron rumbo a un pueblo llamado Garachico hacia el norte de la capital a buscar a las dos jóvenes; que se encontraban a las afueras de dicho pueblo, en un predio baldío, bajo un enorme árbol, alguien les dijo que por allí estaban.

-¡Dios mío y padre mío! –Exclamó Melina horrorizada ante lo que observó.

Los cuerpos de las dos jóvenes estaban cortados en muchos pedazos, y estos a su vez habían sido esparcidos por todos lados; las piernas, los brazos, las cabezas, las manos, además les habían cortado los senos, las habían violado, solo Dios sabe cuántas veces y habían dejado los troncos de sus cuerpos con unas estacas de madera incrustadas en las vaginas. Era una escena de horror, de crueldad desmesurada, de maldad sin límites. Pero lo más impactante para Melina fue observar el coraje de la tía de Betty, quien tendría entre 40 y 45 años, y con valentía empezó a recoger cada pedazo de los cuerpos de sus hijas, iba identificándolos uno por uno y metiéndolos en el ataúd correspondiente, mientras murmuraba diciendo:

-Padre nuestro que estás en el cielo, santificado sea tu nombre, venga a nosotros tu reino, hágase señor tu voluntad en la tierra como en el cielo...

Y seguía recogiendo los restos de sus hijas. La joven observó como en ningún momento aquella madre dejó de orar, las lágrimas corrían por sus mejías, pero ella continuaba haciéndolo. Melina y Betty ayudaban en lo que podían, pero parecía que las piernas no las sostenían, además no podían parar de llorar, ni detener el temblor de sus dientes; Melina solo con imaginar que algo así pudiese sucederle a su hija sentía que se ahogaba del dolor. Admiraba enormemente el valor de esa señora, pero después del entierro, extrañamente nunca más supo de ella.

-¿Habrá logrado huir del país? –Se preguntaba Melina. ¿O la habrán asesinado también?

Betty, durante muchos años, después de la muerte de sus primas, no regresó a su pueblo natal, por miedo a que a ella también la secuestraran. Por esos mismos días hubo también un ataque a otro pueblo ubicado al oriente del país, este fue destruido completamente, y no solo asesinaron a sus habitantes, sino que además lo quemaron completo; solo una señora logró salvarse y dar testimonio de la horrible masacre; gracias a ello, pudo contar la situación y fue así como el país entero supo de la desaparición de cientos de familias que vivían allí.

Esas experiencias fueron tan crueles que quedaron marcadas en la memoria de Melina, pues era consciente del peligro que representaba para ella y para su familia continuar ayudando a los jóvenes guerrilleros, aunque también era consciente de que aunque permaneciese neutral en esa maldita guerra, ella y la familia de su madre estaban condenados a morir si las Fuerzas Armadas los encontraban. ¿Entonces qué quedaba? ¿Ayudar y morir haciendo algo por su gente o morir sin siquiera haber levantado un dedo? En realidad en una guerra civil que dura y perdura años, las personas que sobreviven, lo logran simplemente porque no les ha llegado su hora o porque quizás Dios les hace el milagro; tal es el caso de Melina y de sus hijos quienes sí lo lograron.

En medio de ese clima hostil, el autobús que transportaba a los empleados del Ingenio fue víctima de un segundo ataque, al cual Rodolfo y los demás pasajeros volvieron a sobrevivir, pero esa vez, se dio cuenta de que había salido con vida por puro milagro. A partir de ese día, Rodolfo supo que su vida pendía de un hilo, por lo tanto cuando le contó lo sucedido a Melina, ambos se dijeron que un día tendrían que huir del país, pero, ¿Hacia dónde? Como si no fuera suficiente con lo delicado de la guerra, el viejo malvado del padrastro de Melina, aún se mantenía borracho propiciando toda clase de desórdenes y precisamente esa era una de las razones por las cuales la familia de Estela corría más peligro, pues cada vez que el viejo se emborrachaba sacaba cuchillos, machetes o lo que encontrara a su paso y amenazaba a toda la familia haciendo unos escándalos que daban miedo, no tanto por el estado en el que se encontraba, sino además porque amenazaba y le gritaba a su mujer que ella y todos sus hijos eran unos guerrilleros y que por ello merecían morir como habían muerto Adalberto, Álvaro y el tío Cesar Javier.

Era una situación delicada y peligrosa porque la población sabía que si alguien te ponía «el dedo», expresión usada para denunciar a alguna persona, al día siguiente o a más tardar en una semana, la familia completa amanecía muerta, solo porque llegaba a oídos de algún "soplón", ósea gente al servicio de las autoridades, y de esos habían por todos lados.

Soraya y Melvin, sus hijos, eran estudiantes, pues continuaban yendo a la escuela, aunque con limitaciones, pero ese hombre no media las consecuencias ni el riesgo en el que los ponía, tanto que a veces, aún en sano juicio, no le importaba gritar ociosidades en contra de su mujer y lo que era peor, en contra de Carolina, la nuera de Doña Estela, y de sus dos pequeños hijos. A esa pobre mujer constantemente la sacaba de la casa a punta de machete. Ella corría a refugiarse en casa de Melina con todo y los niños, y en varias ocasiones, al irse siguiéndola, se plantó frente a la casa de Melina rosando con su machete en el andén; con aire amenazante le sacaba chispas a la herramienta haciendo un ruido ensordecedor cuando rechinaba el metal contra el cemento y dándole patadas a las rejas de la puerta principal, y aunque Melina cerraba la doble puerta, él continuaba provocando el desorden. Había ocasiones en las que cuando eso ocurría se encontraban uno o dos guerrilleros escondidos en casa de Melina, y al escucharlo, deseaban salir a darle "matacán", (asesinarlo) pero las mujeres los detenían para evitar más problemas. Sin lugar a dudas Mario Mercado era un hombre desequilibrado, por ello Melina nunca comprendió cómo su madre continuaba viviendo con él.

La joven dejaba entrar a Carolina con sus niños, cerraba las puertas y esperaba que el loco Mario se cansara, horas más tarde cuando se calmaba, Carolina regresaba a casa de su suegra. Los últimos cuatro años en los que la familia vivió en el país, fueron días y noches de angustia, Carolina no resistió, pues temía por su vida y por las de sus pequeños, tanto que después de la segunda vez que el malvado Mario la siguió con el machete, se vio obligada a irse. Se alejó de allí en busca de su madre, quien vivía en un cantón muy lejano al norte del país y cuentan que meses más tarde alguien la ayudó a irse a Suecia.

Cuando Carolina se fue, Doña Estela se quedó muy triste por la pérdida de sus nietos, así que en un arranque de cólera echó al marido a la calle; el infeliz no tenía para dónde agarrar, pues su madre adoptiva vivía en un pueblo en el que la guerra estaba aún más intensificada, así que se quedó en la colonia y andaba de casa en casa inspirando lastima y diciendo que su mujer lo había tirado como un trapo viejo a la calle; lloraba y lloraba delante de la gente, y las personas le creían, a tal punto que cuando Melvin salía a la escuela, los vecinos lo esperaban en alguna esquina y lo insultaban diciéndole que su familia era ingrata con su papá de igual manera le sucedió a Soraya. A Doña Estela, por su parte, la llamaban por teléfono a media noche o a cualquier hora de la madrugada para amenazarla, así que no tuvo otra opción que dejarlo entrar de nuevo a la casa, y una vez más comenzó el círculo vicioso.

Melina continuaba su vida como podía, dirigiendo sus dos pequeños negocios y con el cuidado de los niños, dos de sus sobrinos, David y Érica, ya iban a la escuela, al igual que su pequeña Jessica, quien estudiaba en el kindergarden. Todos estaban inscritos en colegios privados, Melina lo hacía con la idea de protegerlos y para que no se dieran cuenta de la gravedad de la guerra, pues el colegio quedaba cerca de la casa; por esos días, en el 83, en el sector en el que vivían aún se respiraba un poco de tranquilidad, lo cual le daba enormes ventajas para que los niños no fueran afectados o frustrados por la violencia, ya que aunque veían a los jóvenes guerrilleros entrar y salir de la casa, Melina siempre les hizo creer que eran como miembros de la familia; por ello los niños jugaban y reían con ellos, y cuando de repente ya no llegaba fulano o zutano, preguntaban para dónde se había ido. Melina sabía que a lo mejor ya había sido asesinado, pero a los niños les decía que se había ido de viaje fuera del país.

Entre ellos estaba Tito Meléndez y tres de sus hermanos, ese era el joven al que Doña Estela había logrado sacar de la cárcel junto con su hijo Álvaro, así que Melina lo veía como otro miembro de la familia. Éste comenzó a cortejar a Soraya, así que tuvieron un pequeño romance; la chica quedó totalmente enamorada de él, pero este debió regresar a las montañas. Se supo más tarde que había desertado de las filas guerrilleras y que encontró refugio en Suecia, siendo uno de los pocos que se salvó de la guerra.

Y así continuaba la vida, la misma rutina y la extrema responsabilidad que Melina llevaba con cinco niños a su cargo, dos negocios, cinco empleadas, la clientela a la que había que complacer para que los negocios siguieran funcionando y su situación con Rodolfo, quien siempre estaba como en una montaña rusa entre altas y bajas. La comunicación era muy precaria entre ellos, pues aunque ella buscaba la forma de hablar con él, parecía que este oía pero no escuchaba, la mayoría de veces guardaba silencio. El hecho de que fuera poco comunicativo y peor aún poco demostrativo, pues nunca mostraba sus sentimientos ni deseos, hacía que fuera necesario adivinar todo el tiempo con qué podría agradársele. Sus pensamientos eran simples, trabajar, comer, hacer el amor y dormir; en su mente no existía mucha complicación y era difícil para ella ganar el amor de su Rodolfo. La joven quería, deseaba que sus hijos tuvieran lo que ella nunca tuvo, un padre, una caricia, la atención y los cuidados de un papá y aunque él tenía pocas o casi ninguna de esas cualidades, ella confiaba en que un día cambiaría.

En el año 1982, antes de cumplir sus 22 años de edad, Melina quedó embarazada por tercera vez, pero para entonces, se sentía sin valor y sin deseo de enfrentar un nuevo embarazo, pues estaba totalmente abandonada, le faltaban las fuerzas y no podía con la enorme responsabilidad que pesaba sobre sus hombros, además constantemente se deprimía y era incapaz de continuar; por ello, al saberse nuevamente encinta, lo único que llegó su mente, otra vez, fue la idea del suicidio.

-¡Ya no más! —Pensó.

Apenas si podía con los cinco niños, el trabajo, las empleadas, la guerra, con asegurar día tras día la alimentación, la seguridad, la hipoteca de la casa y sobre todo la salud de toda la gente que dependía de ella para su subsistencia. La joven flaqueaba, especialmente cuando enfermaban uno tras otro los niños, como en una ocasión cuando los cincos cayeron en la cama con varicela, y como si fuera poco, a una de las costureras que trabajaba para ella, tuvieron que hospitalizarla durante dos meses porque también atrapó la enfermedad, pero se le complicó, desarrollando el sarampión negro; la pobre mujer pasó un mes entre la vida y la muerte. Las empleadas de aquella época eran jovencitas a las que los padres dejaban bajo la responsabilidad de la patrona durante el tiempo que trabajaban, así que mientras la muchacha permaneció en el hospital, fue Melina quien tuvo que visitarla y estar pendiente de su cuidado. Por ello saberse embarazada fue como el tiro de gracia; quería huir, morirse. Pero lo peor llegó cuando le dio a Rodolfo la noticia de su nuevo embarazo, pues este hizo un gesto de desagrado como diciendo:

-¡Ah que jodida, en la que me estoy metiendo!

Él sabía que no era nada fácil la situación por la que estaban atravesando, así que solo le contestó:

-¡Ah! A lo mejor solo es una falsa alarma, porque vos y tu cuerpo son tan complicados que tal vez no es nada.

Lo decía porque en los dos embarazos anteriores, hasta los tres o cuatro meses, siempre tuvo sus menstruaciones, por lo que para ella era difícil asegurar que estaba encinta durante los primeros meses, pero lo sospechaba por los vómitos, el rechazo a la comida, el cansancio y el deseo constante de dormir, además porque en ese estado la invadían ideas negativas. La inestabilidad que sentía compartiendo su vida con Rodolfo, era como la experiencia de caminar en arena movediza, pues él continuaba engañándola con cuanta mujer se le cruzaba en el camino y la ayuda económica que llevaba a casa era poca, al igual que la atención que les daba a ella y a los niños. Melina buscaba la manera de seguir adelante, pero su fuerza llegaba al límite, ya que la mayoría de las veces, era ella quien debía encontrar la solución a los problemas.

Analizó y recontra analizó la situación, y fue así como en aquel momento de angustia y desesperanza, tomó la decisión de abortar a su criatura. Sentía una terrible culpabilidad, se torturaba pensando en lo que haría, le pedía a Dios como ella lo concebía, que la perdonara por lo que iba a hacer, pero le faltaba coraje, valor para asumir una nueva responsabilidad. Los días que siguieron fueron decisivos para ella, tenía que hacerlo todo muy, pero muy discretamente porque en su país las leyes prohibían los abortos.

Logró reunir un dinerito, se informó por aquí y por allá. Una de sus clientas le comentó que había un médico retirado que practicaba los abortos en su casa. Era un medico retirado muy amable por cierto, tenía la cara completamente arrugada por el pasar de los años y seguramente por el cansancio acumulado a lo largo de toda una vida de trabajo ayudando a cuanta mujer tuviera necesidad de practicarse un aborto.

Una semana después de tomada la decisión, Melina se encaminó hacia la clínica, se tambaleaba por los nervios; una vez frente al médico, le costaba articular las palabras para explicarle lo que quería hacer. El médico la observaba de pies a cabeza sin interrumpirle, y tras una mirada de compasión le dijo:

-Ven acá muchacha, habla, dime claro ¿qué es lo que quieres?

De inmediato rompió en llanto, un llanto de desolación, de culpabilidad y sobretodo de incertidumbre; miles de ideas pasaron por su mente, se interrogó:

-¿Lo hago o no lo hago?

Sabía que no estaba bien lo que pensaba hacer, pero también era consciente de que esa sería la mejor opción dados los momentos críticos por lo que atravesaba.

Cuando al fin pudo articular las palabras y controlar el llanto, le dijo al ginecólogo:

-Doctor García, estoy embarazada, tengo aproximadamente entre dos meses y medio o tres, y con el dolor en mi corazón, no puedo, no quiero tener a este niño.

El médico la miró a través de los enormes lentes que llevaba puestos, su cara alargada y sus ojos de compasión y severidad hacían temblar a Melina, entonces le preguntó:

192 Elizabeth González

-¿Cómo te llamas? ¿Cuántos años tienes? ¿Cuántos hijos has parido? ¿Estás con tu marido o no? ¿Trabajas? ¿Cuándo quieres practicarte el aborto? ¿Tienes dinero para pagarme? – Y continuó. -Mis honorarios son de 200 colones.

$50 dólares americano aproximadamente, los cuales en aquella época significaban un mes de salario para Melina, ya que gracias al comercio, su situación económica tenía un poco de estabilidad. Melina decidió darle todos los datos utilizando un nombre falso, también le dijo que por el dinero no había ningún problema y que podía practicarle la intervención inmediatamente.

Era finales de agostos, cumpliría los 22 años en octubre y a pesar de que hacía un día soleado, su cuerpo parecía un refrigerador; sentía un deseo enorme de gritar, de maldecir la vida de perro que le había tocado vivir, en la que muy pocas personas le brindaban cariño y apoyo. Allí estaba acostada en una camilla, la asistente del doctor comienza a prepararla. Melina siente que es su alma la que van a arrancarle. Las lágrimas salen de sus ojos, no pronuncia ni una sola palabra, mentalmente ora pidiendo perdón en ese Dios en el que cree, al que teme; siente en lo profundo de su ser que será castigada por lo que está haciendo, pero puede más el peso de las responsabilidades que la agobian que el derecho que tiene de nacer esa criatura.

Tomar la decisión fue duro, pero ya no podía dar marcha atrás. La asistente continuaba indicándole lo que debía hacer

-Suba las piernas aquí, relájese lo más que pueda, sentirá un poco de dolor porque no le pondremos anestesia, pero no se preocupe que todo saldrá bien, el doctor está habituado a esta clase de intervenciones.

Una vez terminada la intervención, el dolor era insoportable, la joven sentía como si le hubieran arrancado la matriz al rojo vivo, sin anestesia, sin nada. En un mar de sangre la criatura fue sacada del útero, y según dijo el ginecólogo:

-Hubiese sido un varón.

Rompió de nuevo en llanto al recordar cómo había suplicado a Dios que le diera un hijo varón cuando nació Rodolfito. Lo había suplicado porque creía que así Rodolfo se quedaría con ella; ahora Dios le daba otro varón, pero Melina lo había rechazado. Se moría de vergüenza, sentía una culpabilidad que la persiguió por muchísimos años, sin embargo ya todo estaba hecho, no podía hacer nada, sentía que el mundo se le caía encima. Se levantó de la camilla, cubriéndose la cara con las manos, queriendo ahogar el dolor y el llanto, pero más aún, queriendo ahogar lo que sentía en el fondo de su alma, solo se dijo:

-Dios mío, ¿qué sucederá conmigo?

La dejaron cuatro o cinco horas en la sala de espera para saber si todo había salido bien y si no había hemorragia. Luego de ese tiempo salió sigilosamente de la clínica con el corazón partido en dos, pero al mismo tiempo con un gran alivio. Cuando regresó a casa, a pesar del intenso dolor, hizo como si nada hubiese pasado, simplemente les dijo a las empleadas que se sentía cansada y que necesitaba dormir. Nunca llegó a mencionarle lo sucedido a nadie.

Tres días más tarde, Rodolfo llegó a casa, como lo hacía cada quince días, pero esa vez la notó bastante pálida y desmejorada, así que le preguntó qué le sucedía. Desde que había llegado de la clínica no se preocupaba por bañarse, vestirse ni arreglarse como siempre lo hacía, así que se encontraba en un estado deplorable, nada la alegraba, aunque hacía un enorme esfuerzo para levantarse y darle un poco de atención a sus hijos y sobrinos, sentía que no tenía fuerzas para continuar, por ello se estaba dejando hundir en la depresión.

Él la interroga sobre su estado de ánimo, pues nunca la había visto tan descuidada y le pregunta:

-¿Por qué me miras de esa forma?

Se lo dice, porque siente que lo observa con cólera, haciéndolo ver como si estuviera en la banca de los acusados. Rodolfo nunca fue un hombre tierno ni cariñoso, así que no era extraño que al ver a su mujer en ese estado, tampoco cambiara su manera de ser; además, siempre salía con lo mismo, haciéndole escenas de celos:

-¿Y ahora con quién te acostaste que te han dejado en ese estado? ¿Qué te hizo el último hijo de puta que estás tan jodida? –Le pregunta.

Y continuaba diciéndole cosas por el mismo estilo. Ella no contestaba nada, solo lo miraba y se decía:

-En realidad ¿Qué hago yo con este hombre si no tengo ningún apoyo?

Sus sentimientos estaban confundidos, creía estar enamorada de él y quizás por eso aceptaba y bajaba la cabeza bajo todas las ofensas y humillaciones que él le hacía, además quería darle un padre a sus hijos.

Después de unos 20 o 30 minutos de habladuría, tomando un enorme suspiro y viéndolo directamente a los ojos le dijo:

-¿Sabes qué? Deja de hablar tanta babosada y escúchame lo que voy a decirte. Estaba embarazada de casi tres meses, pero dadas las circunstancias en la que estamos, tuve que abortar a la criatura. No sé si hice bien o si hice mal, pero la realidad es que ya está hecho. Me siento terriblemente mal, estoy hecha una mierda, pero ya no puedo hacer nada. ¿Comprendes ahora por lo que estoy pasando? ¿Entiendes que no encuentro ni tu amor ni tu apoyo? ¡Estoy sola, completamente sola! Me siento cansada, agotada de tanto trabajo. En las noches no duermo por el llanto de los niños y luego de eso venís vos a joderme la vida porque todo lo ves sin ninguna importancia, porque tu sueldo va primero para tus amigos y para tus placeres, ¿y nosotros qué?

Y al terminar de decirle todo eso, de nuevo rompió en llanto, el mismo llanto que siempre la habitaba. Ella hubiese querido que Rodolfo la estrechara entre sus brazos, deseo desahogar su llanto abrazada al hombre de su vida; llorar en su hombro y que tiernamente él le dijera:

—No te preocupes mi amor, todo se va a arreglar, ya te vas a poner bien.

Pero con total indiferencia ante lo que ella le estaba diciendo, le contestó:

—¡Ah sí! ¿Abortaste? Sabes que, no te creo, lo primero no te creo, lo segundo, si es verdad que abortaste, seguramente lo hiciste porque ni vos misma sabías de quién era.

Siempre eran así las respuestas de Rodolfo, entonces Melina se preguntaba: ¿por qué continuaba con ella? ¿Por qué no se largaba de una vez? No tenía sentido vivir con alguien de esa forma, se repetía a sí misma. Sin embargo continuaban juntos aparentando que tenían un bonito hogar, pues a pesar de la guerra interna que vivían, los vecinos creían que eran una pareja perfecta, con dos lindos hijos, tres sobrinos, cinco empleadas y los negocios; los cuales era ella con su arduo esfuerzo quien los hacía florecer, pues era de eso que subsistían todos.

El tema del aborto no se volvió a mencionar entre ellos; Melina poco a poco fue sanando las heridas físicas, pero tardó años en sanar las heridas de su interior. Rodolfo no hizo ningún comentario, seguramente porque nunca le creyó o porque no le dio importancia, así que las cosas quedaron iguales. Era comprensible su actitud, pues tanto él como ella, venían de familias disfuncionales, en las que nunca se dio una caricia o una muestra de amor. Además Rodolfo a muy corta edad tuvo que empezar a trabajar, ayudaba a las mujeres del mercado transportando sus cargas, y a los diez años ya era apuntador de lotería, un juego de azar que consistía en una especie de cartones con dibujos, similares al "bingo"; su función era darle a los participantes un puñado de maíz para llenar los cartones. Andaba de pueblo en pueblo realizando dicho trabajo, como pudo empezó a pagarse la escuela, mientras continuaba su trabajo durante las noches. Debido seguramente a su esfuerzo físico, era tan flaco que nadie lo llamaba por su nombre sino que le decían por apodo: "El Flaco Quezada". A Melina no le fue mejor que a él pues tampoco tenían bases morales, ni ningún ejemplo que le ayudara para actuar diferente; sin embargo, en medio de pleitos e insultos, ambos trataban de llevar una buena vida. Melina especialmente, se ocupaba mucho de sus hijos, proporcionándoles un estilo de vida diferente al que a ella le tocó vivir. La pareja inventaba cómo amarse, cómo educar a sus hijos, cómo comportarse en sociedad y cómo vivir discretamente en medio de la guerra civil que libraba el país.

La guerra continuaba, era difícil encontrar medicina y alimentos, el agua estaba contaminada a causa de tantos muertos que tiraban en los ríos, la vida era un caos, no se veía puerta de salida. Melina continuaba ayudando a los muchachos de la guerrilla, corría ya el año 83 y ella no lograba recuperarse emocionalmente de lo del aborto. Cada vez se hundía más y más en la tristeza. Solo ideas oscuras se le atravesaban por la mente, pensaba que no valía la pena continuar viviendo. -Morir. –Se decía. -Sería un gran alivio para mí, pero ¿y mis criaturas, con quién quedarían? Son apenas unos niños indefensos. Así que solo elevaba sus ojos al cielo y gritaba:

-¡Dios mío, dame fuerzas para continuar, quita estas ideas negras de mi mente, ten misericordia de mí, ayúdame te lo suplico!

Empezó a tomar nuevas decisiones, por ejemplo, despidió a una de las empleadas para reducir gastos y a presionar a Rodolfo para que legitimara a sus hijos; lo inesperado fue que en ese momento él estaba receptivo y dejándola con la boca abierta le dijo:

-¿Sabes qué? ¡Tienes razón, nos vamos a casar y voy a legitimar a mis hijos!

Ella no podía creer lo que estaba oyendo, pues aunque se lo dijo de manera distraída e informal, le repitió:

-De acuerdo, vamos a casarnos.

Eso formaba parte de lo que un día le había prometido a su pequeña Jessica, justo el día en que fue golpeada por una de las queridas de Rodolfo; así que ni triste ni perezosa, saltó a la ocasión y hablando seriamente con Rodolfo le preguntó:

-¿Estás seguro de lo que dices? Mira que es algo que siempre he deseado y para mí es de mucha importancia, porque considero que al casarnos podré sentirme con más seguridad de nuestra relación y vamos a dejar de separarnos y unirnos.

Pobre Melina, como si firmar un papel pudiera darle la seguridad que tanto buscaba. Pero él le asegura que sí, que haga lo necesario, que arregle todos los papeles y que le avise la fecha de la boda. Probablemente, en el fondo, ni el uno ni la otra sabían exactamente qué significaba casarse, pero igual, a Melina eso le dio una chispa de alegría y el empuje que necesitaba en ese momento para seguir viviendo; pues solo de imaginarse ser la señora de Quezada y que sus hijos fueran legítimos, era algo grandioso para ella.

Melina cumple lo que juro, pero pago con llanto

Ese año, comienza con los arreglos para su boda, pero algo en ella ha cambiado, el sentimiento hacia él ya no es el mismo. Está entusiasmada con la idea de ponerse el vestido de novia que ella misma confeccionaría, de verse desfilar en el tapis rojo que ponían en la iglesia y de pensar en la decoración, la fiesta y los invitados. Pero en su interior, su corazón se sentía vacío. Consideraba que todo era una ilusión, que nada era real, no experimentaba un amor verdadero por parte de él, sino puro compromiso u obligación hacia sus hijos. En ocasiones vacilaba y se preguntaba si no sería mejor dejar las cosas como estaban. Pero ya no podía dar marcha atrás, la familia de Rodolfo estaba loca de alegría con la boda, pues sería el primero de la enorme familia Quezada que contraería matrimonio.

Así que continúan los preparativos, como siempre la madre de Melina no muestra ningún entusiasmo por nada de su hija. En el fondo Melina también quería casarse para mostrarle a su madre que no era una cualquiera, para que se sintiera orgullosa se ella, para que viese a sus nietos legitimados, para ocupar un puesto en la sociedad y para ganarse el amor y el respeto de Rodolfo. Lo que estaba lejos de comprender era que el amor no se compra, porque no se puede obligar a alguien a dar de lo que no tiene.

Estando en los preparativos, realizó la humillación más grande que un ser humano puede efectuarse a sí mismo. Por querer ganarse el cariño de su madre, le pidió que su padrastro que la acompañara el día de su boda llevándola hasta el altar. ¿Pero qué había en la cabeza de Melina? ¿Acaso había perdido la razón? ¿Había olvidado los años de abuso que ese hombre le ofreció? ¿No se daba cuenta de la burla que estaba ofreciendo? Por el contrario se decía:

-Tal vez así podremos hacer las paces mi madre y yo y tal vez así ese viejo malvado se calma y deja de venir a gritar tanta porquería frente a mi casa.

Pobre, todo el tiempo pensado quizás, tal vez, tal vez, quizás...

Pero en efecto, cuando Melina le propuso eso a su madre, por unos instantes su actitud cambió hacia su hija, hacia sus nietos y especialmente hacia Rodolfo; sin embargo había algo irónico, parecía pensando:

-Pobre Rodolfo con la puta que se va a casarse.

Era como si sintiera lastima hacia él, pero en ningún momento, alegría hacia su hija.

Terminaba el año 83 en medio de masacres y tristezas y comienza el 84, año que sería grandioso para Melina, pues el 19 de enero fue el día de su boda civil con Rodolfo. No hubo mucha pompa, ni alboroto, solo se presentaron los dos testigos y los novios en la alcaldía municipal de la jurisdicción, donde el juez les leyó los párrafos correspondientes, que decían:

-German Rodolfo Quezada, acepta usted como esposa a la señora Melina Beatriz Gómez para cuidarla y respetarla hasta que la muerte los separe...

-Sí, acepto. –Dijo él.

Posteriormente lo mismo dijo ella. El juez les extendió el libro de registro, ambos lo firmaron, luego lo hicieron los testigos y el juez. Y colorín colorado, los dos pajaritos estaban casados. Melina pasó a ser la señora de Quezada y sus dos pajaritos Jessica y Rodolfo llevaron los apellidos

Quezada Gómez. Fue un sueño hecho realidad para Melina, sin embargo sentía cierta opresión dentro de su corazón, sentía que su felicidad no sería duradera, pero se dijo para sus adentros:

-Por lo menos todas esas resbalosas que rondan tras Rodolfo, ahora sabrán que él tiene una esposa.

Cabe aclarar que a él el matrimonio no le impidió volver a sus andanzas.

Por ser joven creía que al haberse casado con el padre de sus hijos, todo cambiaría, pues siempre había puesto sus esperanzas al lado de su marido. Ahora se sentía una mujer de respeto, pues tenía hijos legítimos, su propia casa, sus comercios y una situación económica estable, y aún en medio de la destrucción de la guerra, hacia lo humanamente posible para que la familia viviese bien. Acostumbraba llevar los niños de vez en cuando a un parque para pasar el día haciendo picnic y también les encantaba cuando los llevaba a comer pizza o cuando iban a la playa y papi los acompañaba.

Después de la boda civil, empezaron los preparativos para la boda religiosa, se casarían en mayo del mismo año, pero Melina había perdido el entusiasmo de casarse por la iglesia, pues ahora que Rodolfo llevaba un anillo en el dedo, era como si les resultara más excitante a las mujeres ser las amantes de un hombre casado que de uno que simplemente estuviese acompañado. No daba abasto con tanta mujer bonita que se atravesaba en su camino, ni le alcanzaba el dinero para pagarse tantos placeres y en consecuencia, tampoco para llevarles gran cosa a su esposa y a sus hijos. Melina se enojaba, le hacía escenas de celos, le gritaba que no era justo lo que hacía con ellos, que ella trabajaba duro, mucho más duro que él. En una ocasión, estaba muy enojada escribiéndole una carta a su hermana para contarle las estupideces que hacía Rodolfo. En la carta lo insultaba de huevón y de muchas cosas más, pero no se dio cuenta que él se encontraba de pie justo tras ella leyendo lo que escribía. Por primera vez, vio a su marido en una furia inimaginable, de repente le preguntó:

-¿Y a quién estás contándole esas pendejadas?

Ella se quedó pálida, pero como estaba tan molesta le respondió:

-Estoy escribiéndole a mi hermana, contándole que los padres de sus hijos son una mierda porque nunca han venido verlos y que vos sos igual.

Sin más ni más él le soltó la primera pescozada en plena cara, lo que hizo que ella retrocediera dos o tres pasos antes de caer al suelo. Al sentirse golpeada, se asustó y en un arranque de cólera se levantó, agarró las tijeras y se fue hacia él gritándole:

-¡Te atreviste a golpearme desgraciado! Hoy es el día en que voy a matarte, porque escúchame bien, ningún pedazo de m.... vuelve a ponerme una mano encima.

Rodolfo al verla fuera de sí, sintió miedo, salió corriendo de la casa y no regresó hasta cuatro semanas después.

Ella ya no sabía si continuar con los preparativos de la boda religiosa porque una sed de venganza, un deseo absurdo de dañar a Rodolfo la invadía. Probablemente por esa razón fue que por esos días se enredó con un joven cliente. Era un chico cinco años menor que Melina, se llamaba Nelson Galdámez, un joven bien parecido que estaba terminando su bachillerato y que trabajaba con su padre en la construcción y reparación de casas. Era muy maduro para sus 17 años, y cuando la conoció se quedó deslumbrado ante su belleza. Sabía que estaba casada, que tenía dos hijos, conocía su situación, porque su padre le había hecho algunos trabajos en la casa y porque además eran vecinos. Todo empezó como una broma, pero terminaron viviendo una aventura que duró dos meses. El joven la tratada muy bien, la llevaba al cine, a cenar y conversaban mucho, lo cual le atraía pues no lo hacía con su esposo, incluso en ocasiones, se escapan a un motel donde ella desahogaba toda su ira y su sed de venganza.

Pero ese sí que era serio problema, pues lo que mostraba era que no tenía amor ni respeto por ella misma, creía que a causa de todos los rechazos vividos por parte de los seres que había amado y que la habían traicionado tenía el derecho de hacerlo. La confundían todos sus sentimientos y sobre todo le fastidiaba ver que en el mundo de Rodolfo el primero era él, el segundo él y el tercero él; además sus infidelidades e irresponsabilidades hacían que ella buscara la manera de vengarse. Aparentaba ser muy callada, pero en el fondo la habitaba una rebeldía desmesuraba, se detestaba a sí misma, odiaba ser mujer porque por serlo, sufrió el rechazo de su madre, las golpizas de Armando, el engaño de Luis Alonso y ahora las canalladas de su esposo. Daba lo mismo si estaba casada por lo civil, pues su situación no cambió para nada, por el contrario solo aumentó su frustración e intensificó su depresión. Claro que nada de eso justificaba que se entregara en los brazos de otro hombre, no era correcta su manera de pensar, ni de responder "ojo por ojo, diente por diente" a Rodolfo. No se daba cuenta de que la quien resultaba dañada era ella; porque mientras más se aventuraba en la relación, más grande era la decepción.

Cuando decidió terminar con esa absurda relación que llevaba con Nelson, se sintió más sucia y atrapada en un túnel oscuro del cual no veía la salida, y entre más esfuerzos hacía por controlar su depresión, más profundo caía. Por fortuna, el joven, aunque estaba muy enamorado, se mostró comprensivo y no opuso resistencia cuando ella le pidió que terminaran su aventura porque se casaría en dos meses por la iglesia y él no podía hacer nada para detener lo que estaba escrito. De esa historia, Rodolfo no supo nada hasta después de la boda.

Y fue así como para el 30 de mayo del 84, Melina entró a la iglesia del brazo de su cochino padrastro para unirse en matrimonio religioso con Rodolfo, quien ya estaba esperándola en el altar. Todo se desenvolvió a las mil maravillas; después de la linda ceremonia celebrada por el sacerdote, se dirigieron a la sala de recepciones donde ya se encontraban otros invitados. Los esposos llegaron con sus dos hijos adelante Jessica y Rodolfito ya que eran los pajecitos e iban vestidos igual que sus padres, mientras que los sobrinos hacían la corte de honor. Rodolfo y Melina bailaron el vals tradicional, los familiares, amigos e invitados estaban felices, en cambio ella hacia lo humanamente posible por mostrar que estaba feliz aunque por dentro se sintiera vacía y con una culpabilidad que la hacía detestarse a sí misma.

Después de la boda empezó de nuevo la rutina, ella continuaba haciendo grandes esfuerzos por controlar la tristeza que la invadía día y noche, y para completar Rodolfo descubrió la traición que ella le había hecho con el joven Nelson. Se insultaron horriblemente, él la amenazó con separarse de ella y por segunda vez, después de estar aparentemente "juntos" y para rematar le dio una buena golpiza. En cuanto ella se vio la boca llena de sangre, volvió a perder el control de sus actos, no podía creer que le hubiera reventado los labios, que se hubiera atrevido a golpearla otra vez, pues él tenía una naturaleza más calmada. Sin pensarlo dos veces, ella va hacia él y de nuevo se dan puñetazos; en ningún momento se deja dominar y le grita:

-¡Esta es la última vez que me tocas, porque si vuelves a hacerlo te juro que voy a demostrarte quién soy yo! Porque a partir de hoy no le permito a nadie, escúchame bien, a nadie que me ponga la mano encima, grandísimo estúpido.

De nuevo Rodolfo no ve más alternativa que agarrar sus cosas y largarse, pero no sin antes insultarla diciéndole que era una puta por haberse metido con el jovencito, a lo que ella le responde:

-¡Haga lo que haga, sea bueno o sea malo, siempre para vos y para mi madre seguiré siendo una puta, pero sabes qué, ya no me importa!

Esa vez, él se fue por algunas semanas. De cierta forma, Melina vivía con la incertidumbre de que terminaría su matrimonio, pero los meses pasaban y se daba cuenta de que económicamente no necesitaba de él. Rodolfo estaba indignado por el engaño de su esposa y en consecuencia no le enviaba ni un solo centavo para sus hijos, mucho menos para ella. A la joven no le hacía falta, lo que sí la afectaban eran los comentarios de los vecinos, pues quien le había dicho a Rodolfo de su engaño, había sido su comadre Betty a quien Melina tanto había ayudado. Hubo una gran discusión entre ellas porque Melina se sintió traicionada por su comadre y le pidió que se fuera de la casa y desde ese día nunca más volvieron a verse. Se sentía asqueada de todo ese mundo de falsedad, deseaba ser hombre para que las críticas en lugar de humillarla como mujer, la ensalzaran y poder hacer y deshacer como lo hacían los machos salvadoreños. Pero la realidad era otra, ella era mujer, le gustara o no, era ella la que trabajaba y la que llevaba los gastos de la casa; sin embargo las críticas hacia ella eran extremadamente dañinas, hubo un momento en el que ya no pudo controlar más la depresión y se vio obligada a ir al médico.

Al llegar a la clínica sentía que no podía mantenerse en pie, tenía casi ocho días de diarrea y cuando caminaba se iba de lado temblando como una hoja por lo que le era difícil controlar su cuerpo. Una de las empleadas la acompañó. Cuando estaban frente al médico, este le dijo que se pusiera de pie y que levantara los brazos, una cosa tan simple, pero ella no pudo hacerla. Viendo la gravedad en la que se encontraba, el médico ordenó inmediatamente que la hospitalizaran y que le dieran tratamiento por depresión severa. Para él no había necesidad de ver más, sabía que el estado de la joven era grave. Una ambulancia la llevó al hospital del seguro social, pues era Rodolfo quien pagaba el seguro de su esposa. Llegando la pusieron en una camilla y le instalaron el suero. Solo recuerda que cuando le introducían el líquido en las venas sentía que el brazo se le partía en mil pedazos. Era un dolor insoportable pero la medicina fue muy eficaz. La hospitalización duró diez días y cuando salió había recuperado su color y le había vuelto un poco de energía, el médico le recomendó mucho reposo y que continuara con pastillas antidepresivas por lo menos durante tres meses más para controlarle el estado de ánimo.

Durante los diez días que estuvo en el hospital, se batía entre el deseo de morir y de seguir viviendo, solo el amor tan inmenso que sentía por sus hijos hizo que optara por la vida. Fueron días crueles para Melina, tan solo las empleadas acudían a visitarla y le llevaban lo necesario para su estadía en el hospital. En ningún momento Rodolfo se presentó a verla, pues según él, se había enfermado porque estaba enamorada de otro. Solo Dios y Melina sabían lo que en realidad sucedía con su cuerpo, quizá ni ella misma entendía lo que pasaba, solo sabía que le costaba mucho esfuerzo levantarse y hacer su día. Sin embargo trataba siempre de sonreír, nadie comprendía que ella fingía para complacer a los demás, porque sentía que no valía nada. Desafortunadamente en aquel tiempo, la depresión no era una enfermedad muy conocida, así que la gente pensaba que eran bobadas y que las personas se la inventaban para inspirar lastima y para hacerse pasar como víctimas de las circunstancias y de los demás.

La tercera semana de julio, cuando regresó a casa, como siempre sola, los niños estaban felices de verla, las empleadas le habían hecho sopita y le habían arreglado el cuarto. Fue un jueves y el viernes descansó todo el día, solo le dieron información de cómo iban los negocios y dio las instrucciones necesarias; dijo que descansaría el fin de semana y que el lunes compraría todo lo que hiciera falta en la casa y en los comercios. Pero qué sorpresa tan grande se llevó el sábado en la mañana cuando vio entrar en la casa a su querido esposo. Llega, saluda, mira a Melina, pero ni siquiera le pregunta:

-¿Cómo te sientes? O ¿Qué tal tus vacaciones en el hospital?

Era como si nada hubiese pasado; generalmente era así, indiferente e inflexible, lo más extraño fue que tampoco reprochó más por lo del engaño. Estaba de buen humor, así que les dijo a las empleadas que arreglaran a los niños porque los llevaría a jugar al parque y que regresaría con ellos a la hora de la cena. Hasta allí todo se desenvolvió bien, pero a la hora de ir a dormir, una vez en la cama, empezó a acariciarla para que cumpliera con sus deberes de esposa. Ella se negó, diciéndole que estaba cansada, que si no se daba cuenta de que solo hacía dos días había regresado del hospital, que tuviera un poco de consideración. Pero él entre caricias y sonrisas sarcásticas le dijo:

-Eso es exactamente lo que estoy haciendo, considerándote porque un poquito de "cariñito" no te caería nada mal.

De nada valían los ruegos de Melina, sentía miedo de volver a quedar embarazada y tenía razón de sentirlo porque como no esperaba que él llegase, no tenía con que protegerse. Esa noche, él la agarró a su antojo, pues habían pasado casi dos meses enojados. Melina tuvo un presentimiento, sabía que todavía estaba débil, era peligroso que volviese a quedar embarazada, lo cual exactamente sucedió. Para finales de agosto, Melina se dio cuenta de que otra vez estaba embarazada, aunque como siempre tenía sus reglas, pero por los vómitos y náuseas reconocía su embarazo. Estaba desesperada, no quería abortar una vez más. La tristeza la invadía y no se había repuesto de su estado depresivo, además tuvo que suspender las pastillas antidepresivas a causa del embarazo; pero en medio de la desesperación volvió a tomárselas y esa vez en el doble de la dosis. Tanto era la angustia de tener otro hijo que llegó al extremo de ponerse una faja tan apretada que ni ella misma podía respirar, pero fue caso perdido. Se pasaba los días llorando y llorando, no hallaba consuelo en ningún lado, la gente le daba remedios caseros para perder a la criatura, como tomarse la sopa de frijoles medios cocidos, pero nada, era como si el niño estuviera decidido a nacer. No era que no quisiera tener al bebé, era que no quería otro hijo con Rodolfo, pues recordaba su indiferencia después del aborto, así que se decía que no valía la pena porque él estaba lejos de ser un padre modelo.

Los meses pasaban, Melina no paraba de llorar pero había aceptado que no tenía otra alternativa y que tendría a su tercer hijo. Se dice que naciendo este se hará operar, ósea a esterilizarse, pues le había dicho de un nuevo bebe y estaba cansada de oír las cantaletas de Rodolfo, quien cada vez que la veía llorando le decía:

-¿Por qué lloras tanto? Seguramente chillas porque no sabes ni de quién vas a parir, porque estoy seguro de que lo que vas a tener no es mío.

Cuando le comenta que se hará operar, la información no es del agrado de él, así que le dice que hablara con quién ella quisiera pero él no le dará la firma para que se esterilice. Era obvio que eso sucedería, pues él tenía la mentalidad de que las mujeres se practicaban dicha cirugía para acostarse con quien les diera la gana, por lo que se negaba rotundamente a darle la autorización para hacerlo. Melina no sigue la discusión y decide hacer las cosas a su manera. Primero va al ginecólogo del seguro social, quien por fortuna resultó ser una mujer; le expone su caso y le dice que le dé algo para cortar sus menstruaciones, pues ya va para los cinco meses y los sangrados continúan. La ginecóloga no se extraña y le dice:

-Sí, sí señora, son raros los casos como usted pero los hay. Voy a darle estas cincos minúsculas pastillas y todo deberá entrar en orden en una semana.

Dicho y hecho el sangrado terminó. Melina continuó contándole una historia que había inventado y poniendo carita de inocente le dijo:

-Mire señora doctora, yo voy a cumplir 24 años y ya tengo dos hijos, una niña de cinco años y un varón de tres, he perdido uno hace dos años, y este sería mi cuarto hijo. Pero el padre de ellos me ha dejado y se ha ido con otra mujer, yo no estoy casada con él... Entonces la doctora la interrumpe y le pregunta:

-¿Y cómo es que usted tiene derecho al seguro social?

-Es que él ha aceptado darme el seguro solamente porque estoy embarazada, pero no vive conmigo.

Menos mal nunca cambió su tarjeta de pareja por la de casada, así que continúa:

-Yo necesito que usted me ayude; yo ya no quiero tener más hijos, le suplico que me haga los papeles necesarios para que al momento del parto me hagan la esterilización.

La ginecóloga trató de hacerle ver que estaba muy joven para hacerlo, que sería mejor tomar anticonceptivos por algún tiempo y más delante a los 30 o 35 años volver a pensar en tomar esa decisión. Pero nada de lo que argumentó la ginecóloga le impactó, su decisión estaba tomada y absolutamente nada la haría cambiar de idea. Sabía que Rodolfo no estaría presente cuando ella o los niños se enfermaran, ya que hasta ahora había parido dos hijos y siempre estuvo sola, porque a él no le importaba la salud de Melina ni le importaba un hijo más. Lo único que le importaba era tenerla sumisa y a su merced. Pero estaba lejos de imaginar su astucia, pues lo dejaba hablar haciéndole creer que sí, que tenía la razón, aunque en el fondo ya lo tenía todo arreglado con su ginecóloga, después del parto le cortarían las trompas de Falopio.

Son fines del 84, la guerra continúa hundiendo al país en el caos; la economía de Melina empieza a decaer, los negocios ya no funcionan, así que se ve obligada a cerrar su pequeño restaurante. Está abatida y no ve otra solución que pedirle ayuda a su hermana Nora, quien aún vive en Los Ángeles. Le solicita que le envié un poco más de dinero para cubrir todos los gastos. Ella les mandaba un pequeño monto que no era suficiente para pagar los colegios privados, además los niños crecían por lo que sus necesidades también eran más grandes. Cuál sería su sorpresa cuando llama a su hermana y esta le contesta categóricamente que no puede mandarle más dinero, pues con lo que envía es más que suficiente y con eso mantiene toda la familia, incluyendo a su marido. Al escucharla, Melina explota y sin pensarlo dos veces le responde:

-Bueno si así es como están las cosas, mira cómo haces y busca quien te cuide tus hijos. Yo ya no aguanto más, estoy preñada otra vez y seis niños no es cosa fácil. ¿Crees que con lo que mandas nos mantienes a todos? Apenas y alcanza para tus tres hijos...Te doy dos semana para que encuentres a alguien que se haga cargo, ya basta tanta mierda de seguirme jodiendo con tus hijos para que me salgas con estas tonterías. Llevo tres años y medio con ellos y no has hecho ni el más mínimo esfuerzo por llevártelos.

Fue así como una semana más tarde la abuela, Estela Villareal, llegó a recoger a sus tres nietos y se los llevó con ella. En qué términos arreglaron, solo ellas dos lo sabían. Melina quedó como la mala de la película, como siempre, la ingrata que había echado a la calle a sus sobrinos, además dijeron que jamás había hecho nada por su hermana ni por su familia. Cuando se llevaron a los niños, Melina quedó sumida en una extrema tristeza, los había tenido por mucho tiempo y los quería como a sus propios hijos, sufrió mucho por ellos, pero no tenía otra alternativa. Especialmente sufría por Deborah, pues a ella se la habían dejado de once meses y la niña se había acostumbrado a decirle mamá al igual que Rodolfito, ya que crecían casi como gemelos, por lo que era normal que la bebita le dijese así. Aunque le dolió, al mismo tiempo sintió alivio porque al irse los niños, y al cerrar un negocio, despidió a tres empleadas más, quedándose solo con la costurera y con la cocinera.

Mientras transcurrían los meses antes del parto, pasaron la navidad y el año nuevo del 84, en medio de las convulsiones de la guerra, continúo ayudando a sus amigos de la guerrilla. En algunas ocasiones llegaban heridos de balas o con quemaduras por las explosiones de granadas, pero a Melina eso no le deba miedo, pues siempre quiso ser enfermera, así que los curaba con maestría. Todos la alagaban diciéndole que aunque no tenía un diploma, era mejor que una verdadera enfermera. Su madre jamás quiso ayudarla para que estudiara, alegando que no valía la pena gastar su dinero en una burra como ella. Sin embargo Melina continuaba ayudando a los compas, pues sentía compasión por el dolor ajeno y siempre estuvo dispuesta a ayudar a cualquier ser humano; quizás por eso sentía que una fuerza invisible la protegía todo el tiempo. En medio de toda la desgracia, siempre tuvo para comer e inclusive con mucha sencillez siempre les reventó una piñata a sus hijos y a sus sobrinos el día de sus cumpleaños, porque fue algo que siempre quiso para sí misma.

Teniendo Melina siete meses de embarazo, dos de los hermanos de Rodolfo decidieron casarse, Sara y Rubén, querían hacerlo siguiendo el ejemplo de él. Melina como de costumbre ni triste ni perezosa, haciendo milagros con las telas, les confeccionó los vestidos de novia a su cuñada Sara y a Alicia, la mujer de Rubén; ambas querían el mismo modelo que Melina habían hecho para su boda; pero ella se los cambió un poco, diciéndole que se los haría diferente con el fin de que no pareciera que se los habían prestado la una a la otra. Les modificó los encajes, les confeccionó guantes en blonda y les agregó una cola de tres metros de largo; las jóvenes estaban felices. A Rubén le prestaron el traje de Rodolfo y con todas las pobrezas de la familia y más aún con el peligro de la guerra, los hermanos se casaron e hicieron sus pequeñas fiestas.

A la boda de Rubén y Alicia, Melina no pudo asistir, dado el peligro que había en la ruta hacia el pueblo donde se casarían, pues constantemente bajaban a las personas de los autobuses, les robaban y si por desgracia eran miembros de la guerrilla y en el autobús iba algún soplón, lo mataban y quemaban luego el vehículo. Los recién casados, comprendían la situación, así que no se molestaron, por el contrario estaban agradecidos con toda la ayuda que ella les había brindado. En general la familia de Rodolfo quería mucho a su cuñada, pues ella siempre se mostró dispuesta a ayudarles y ellos la consideraban más como una hermana. Y llegó el día de la boda de Sara y Tomás, se efectuó el 20 de abril de 1985, Melina llevaba cinco años sin regresar a su pueblo natal, del cual había huido el 20 de mayo de 1980. Sentía miedo de volver a San Jerónimo, pero su cuñada y la familia le decían que lo hiciera aunque fuera solo para la boda, pues al día siguiente la llevarían de regreso a su casa. Melina ya estaba en su última semana de embarazo, sabía que en cualquier momento daría a luz, pero quería volver a su pueblo para saludar a la gente conocida, además deseaba participar en la boda de Sara, ya que había sido ella quien por muchos meses cuido a Jessica, su niña; también deseaba asistir porque tenía ganas de bailar, bailar para Melina era la mejor manera de disfrutar de la vida. Se había confeccionado un bonito vestido blanco de maternidad con encaje y florcitas ocres, siempre le gustó vestirse con elegancia y delicadeza y se veía linda en sus nueve meses.

Melina bajó del autobús acompañada de su marido y de sus dos hijitos, que eran los pajecitos. La misa fue muy bonita, la iglesia estaba llena de invitados, cuando salieron de la iglesia Sara y Tomás estaban inmensamente felices. Unas 100 personas acompañaron a los recién casado por las calles del pueblo hasta llegar a la casa que les habían prestado para hacer la fiesta. Todo estuvo muy bueno, bailaron y comieron los tradicionales «sándwiches» que se preparaban solo para ocasiones especiales. Melina bailaba y bailaba, parecía que flotaba, haciéndolo se olvidaba de que cargaba una criaturita en su vientre; de repente, como a eso de las ocho de la noche, hubo un apagón de electricidad que dejó sin corriente los aparatos de sonido, así que no se pudo continuar la fiesta.

-Bueno. –Dijeron los invitados. -Al menos comimos y bailamos un poco.

Estaban habituados a los cortes de energía, así que sin más ni más, encendieron sus lámparas de mano y regresaron a sus casas; acostumbraban cargarlas porque eran continuos los apagones. La familia Quezada también salió, los recién casados se fueron a casa de Tomás, Melina, Rodolfo y sus hijos, a casa de la abuela Sofía. Como a eso de las dos de la madrugada, Melina se despertó porque empezó a sentir los dolores del parto, pero no le dijo nada a nadie; se levantó, salió al patio de la casa, se sentó en un banco y esperó a que amaneciera. Sabía que el primer autobús pasaba a las cinco de la mañana, así que se dijo:

-La familia y los recién casados están cansados, levantaré a Rodolfo y a los niños y nos iremos en el autobús de las seis.

Así fue, no hicieron mucho ruido, se despidieron suavemente de Doña Sofía y regresaron a su casa. Los dolores continuaban, pero no los sentía muy fuertes; era domingo 21 de abril, una de sus primas, Eleonora, se casaba también en la iglesia de su colonia. Melina, como siempre de atrevida, en lugar de irse para el hospital, se dio una ducha, se cambió de ropa, arregló a los niños y se fueron para la boda. Estando en la misa a las once de la mañana, comenzó a retorcerse del dolor, pero testaruda como ella sola, decidió que acompañarían a los recién casados a su bonita casa para una fiesta intima entre los familiares y amigos más allegados. Melina parecía como si no hubiera comido hacía tres días, comía y comía, se detenía un ratito cuando los dolores se agudizaban y continuaba comiendo; se decía:

-De todas formas van a hacerme un lavado de estómago.

Pues era costumbre en los hospitales de maternidad antes del parto.

-Así que al menos que valga la pena el lavado, he comido a mi antojo.

La gente se reía y ella fruncía la cara de dolor. Como a eso de las cuatro de la tarde, decidió retirarse de la fiesta para irse al hospital, se despidió de la familia, la cual la felicitó por su valentía al haber asistido a la boda. Una vez en su casa, volvió a bañarse, se cambió de ropa y a las siete de la noche, antes del toque de queda salieron para el seguro social. Digo salieron porque por primera vez Rodolfo la acompañó, pero seguramente no lo hacía por gentileza, sino porque no quería que ella se hiciese la esterilización. Según él, sin su firma, ella no podría realizarse la cirugía, pues las leyes exigían el consentimiento del esposo para realizar la operación a las mujeres; lejos estaba él de imaginar que cuatro meses atrás, ella había arreglado todo con su ginecóloga.

Llegando al seguro social, fue atendida inmediatamente, puesta en la camilla y la prepararon para la sala de partos, una enfermera se dirigió al señor Quezada y le dijo:

-Si quiere esperar a su señora puede hacerlo o puede regresar mañana. Si desea le podemos llamar por teléfono cuando nazca la criatura, le diremos el sexo y si todo está bien; pues todos los papeles están en regla y si va a regresar a su casa, debe hacerlo antes del toque de queda.

Él decidió regresar a su casa, feliz porque no le habían hecho firmar ningún papel, pensó que probablemente Melina había desistido de la idea de operarse. A eso de las 10:50 pm del mismo día, la joven dio a luz a otra linda niña, era una preciosidad de bebé, pesaba siete libras y media y cuando se la pusieron en los brazos, solo exclamó:

-¡Oh mi Dios, es igualita a sus dos hermanos! Los tres tienen la misma frente, los mismos labios bien hechecitos como los de su padre;

Tenían algo de ella, pero eran mucho más parecidos a Rodolfo. Hubo algo que conmovió enormemente a Melina, cuando la enfermera le dijo que le diera de mamar a la niña, con apenas unas horas de nacida, la niña tenía los ojitos bien abiertos, como si ya observara todo lo que estaba a su alrededor, pero lo más conmovedor fue que gemía y gemía como si quisiera llorar pero no lo lograba. Era como cuando un niño tiene tristeza porque le han negado un dulce o un juguete que quiere. Cuando Melina la atrajo hacia ella y le puso el seno en su pequeña boca, la bebita apenas si podía mamar, los suspiros que daba hicieron que Melina rompiera en llanto. Sintió como si la bebita le dijera:

-Aquí estoy mamá, aunque usted lloraba mucho y no quería tenerme, pero aquí estoy.

Melina se sentía culpable de haber pasado sus nueve meses llorando, en cierto momento, sintió repudio hacia ella misma por lo injusta que había sido con su criatura mientras esta estaba en el vientre. Y entre sollozos y alegría al ver a su hijita en buena salud, la abrazaba contra su pecho y le pedía mil veces perdón, diciéndole:

-Perdóname hija de mi alma, perdóname, te prometo que de hoy en adelante te cuidaré, te daré lo mejor que pueda y nunca más volveré a llorar por tu venida a esta tierra; más bien le doy gracias a Dios porque las dos hemos salido con bien.

Cuatro o cinco meses pasaron antes de que esos sollozos y gemidos desaparecieran de la carita de la niña, quien desde el primer mes ponía sus dos manitas en el seno de su madre y la miraba fijamente, era tan dulce para mamar el seno, que tuvo el privilegio de tenerlo por dos años y fue bien difícil quitárselo.

Era lunes, Rodolfo debía regresar al trabajo, viajaba hacia San Vicente, después de hablar con las enfermeras y con Melina por teléfono; le habían dicho que todo estaba bien y que en dos días regresaría a su casa; nadie le dijo ni una palabra de la operación, pero en ese preciso momento comenzaron a prepararla y la llevaban a la sala de cirugías.

El jueves fue dada de alta y con su bebita en brazos se fue para su casa. Los niños se pusieron muy contentos con la llegada de su mamá y de la nueva hermanita, estaban un poquitito celosos, pero fueron habituándose al nuevo miembro de la familia. El fin de semana llegó Rodolfo a casa, estaba curioso por conocer a su tercera hija; dejando su valija por el suelo se acercó inmediatamente a la cuna de la niña, la tomó entre sus brazos y le dijo:

-¡Ah, también trae el sello!

Lo decía porque los tres tenían un lunar de nacimiento que él tenía en la frente. La examinó y la examinó quedando sorprendido de cómo se parecía a los otros dos; le quitó los calcetines, le vio los pies, y con una sonrisa de satisfacción dijo:

-Bueno, viéndole los pies voy a creerte que es hija mía.

Pues tenía sus mismos pies, continuó riéndose y agregó:

-La niña está bien bonita, y decime ¿cómo has pensado que se va a llamar? Hay que ponerle un nombre bonito.

Días antes Doña Estela había ido a conocer a su nieta y cuál sería la sorpresa de Melina cuando su madre le preguntó qué nombre iba a ponerle a la bebé. Melina le contó la historia de una de sus clientas, la señora Carey. Era una señora muy refinada que estaba casada con un americano y en esos meses había perdido la posibilidad de tener hijos, pues el bebé que esperaba había muerto en su vientre; era una niña y la señora deseaba llamarla Joyce, un nombre inglés; así que le había pedido a Melina que si tenía una niña, le pusiera ese nombre, lo cual ella había aceptado. Fue extraña la actitud y la respuesta de Doña Estela, cuando tomó la niña en sus brazos y le dijo a su hija:

-Vos ya sabes que no vas a tener más hijos, y esta niña es igualita a vos. Son dos gotas de agua, ¿por qué no le pones tu nombre?

Melina se quedó extrañada con esas palabras viniendo de su madre. Había momentos en los que ella hacía lo que fuera por complacerla y por ganarse un poquito de su cariño; pero como de costumbre, la madre después se olvidaba de lo que había dicho o hecho y todo volvía a la normalidad. Melina había hecho una promesa y en el fondo le gustaba el nombre de Joyce, sin embargo su madre estaba pidiéndole que le pusiera Melina a su hija. Su nombre siempre le gustó lo que detestaba eran sus apellidos. Rodolfo estaba allí jugando con la bebita, enseñándole a Jessica y a Rodolfito los pies de la niña y los de él. Los niños solo se reían y brincaban alrededor de ellos. Él vuelve la mirada hacia ella y pregunta de nuevo:

- ¿Cómo vas a ponerle a la niña? ¿Qué has decidido? Con el varón fui yo, pero con las niñas sos vos.

Y en un arranque de locura, quizás queriendo cumplir la promesa a su fiel clienta y amiga, quien tantas y tantas veces la había llevado a bailar a la discoteca del hotel Camino Real, y al mismo tiempo deseando agradar a su madre, responde que la bebita llevaría tres nombres, se llamaría Joyce Melina Beatriz Quezada Gómez. Rodolfo no opuso resistencia, salió con el papel en el que Melina le había escrito el nombre y se fue a la alcaldía municipal del Antiguo Cuscatlán; la niña quedó asentada con tres nombres y dos apellidos, lo cual más tarde sería un lío para la pobre criatura aprendérselo. Después de que Rodolfo llevara la partida de nacimiento de la niña, agarró sus cosas y como siempre regresó a su trabajo. En ese momento no notó nada diferente en su mujer, pues ella permanecía mucho tiempo acostada o sentada dándole pecho a la niña, procuraba no caminar para que él no se diera cuenta de la operación.

La siguiente semana transcurrió sin muchos incidentes, los compas habían regresado al campo de batalla y Melina descansaba lo más podía. Al sábado siguiente, Rodolfo estaba de regreso, cosa extraña, pues él iba cada quince día; pero ese día llegó más temprano que de costumbre y entró silenciosamente para no despertar a los niños, cuál sería la sorpresa de los dos, cuando la encontró justamente curándose la herida de la esterilización. Se quedó sorprendido, el gesto de su cara cambió completamente y entre enojado e incrédulo preguntó:

-¿Qué te pasa? ¿Fue que te hicieron cesaría? ¿Por qué te han abierto la panza? ¿Qué pasa Melina?

Ella con aire sereno, solo en apariencia, pues en verdad se asustó, terminó de ponerse la gasa y levantando la cara lo miró a los ojos y le contestó:

-No, no te preocupes, no pasa nada grave, es una pequeña herida que me hicieron para esterilizarme.

Él se puso pálido de coraje, no podía creer que ella se hubiera operado sin su consentimiento y alzando la voz le grita:

-¡No puede ser que te hayas hecho eso, no puede ser! Te das cuenta que eres una… Ahora sí vas a darte gusto con todos lo hombre que queras, de sobras sabes que todas la mujeres cuando se hacen esa operación se vuelven putas, porque ya no tiene miedo de salir preñadas ¿y es eso lo que vos querés verdad? ¿Verdad?

Rodolfo era un hombre de pocas palabras, pero cuando algo le molestaba hablaba hasta por las orejas. Melina lo dejó que hablara, que dijera todo lo que quisiera, porque sabía que no tenía por qué ser así, pero cuando se ha calmado un poco, tranquilamente le dice:

—Mira Rodolfo, habla y hace lo que queras, para mí tres hijos es bastante responsabilidad. Y si porque me he esterilizado me quieres dejar, ese es tu problema, yo no voy a parir más hijos ni tuyos ni de nadie más ¿me oís bien? ¡De nadie más! Estoy harta de trabajar como mula y más harta de la miseria de dinero que traes para tu mujer y tus hijos, así que hace lo que mejor te parezca, ¿estamos?

Melina empezaba a ser la dueña de su vida, se sentía agotada, sentía que todos a su alrededor solo se aprovechaban de ella. Entre más ayudaba a los miembros de su familia, más querían hundirla en el fango. No encontraba apoyo en nadie, era duro soportar el desamor de su madre y la ingratitud de su hermana, pues después de haber cuidado tanto tiempo de sus hijos, solo la trataban de pura m..... Y a Rodolfo que era el hombre, el esposo, no le importaba la salud de su mujer, ¿para qué quería más hijos si casi nunca estaba con ellos? Dos días por quincena, cuatro días al mes, ¿creía él que eso era suficiente? Peor aún con lo que ganaba de sueldo, primero pagaba las deudas en su lugar de trabajo, luego se daba sus gustos con sus amigos, y si le quedaba algo, eso era lo de Melina y sus hijos. Había momentos en los que ella se sentía impotente ante tanta crueldad. Melina luchaba por seguir adelante a pesar de sus necesidades, las de los niños y de los gastos del colegio. Ya Jessica iba al primer grado y Rodolfito iba obligado al colegio Orrego Candray pues no le gustaba la escuela. Mientras que Jessica había cumplido los seis años y estaba haciendo su primer grado, el cual pasaría con excelentes notas y méritos por su aplicación en el estudio.

En el año 1985 pasó algo maravilloso en la vida de Melina. Aunque en medio de la guerra, ella siempre se las ingenió para que sus hijos no se dieran cuenta de la gravedad por la que pasaba el país, y ese año, como todos los años en el mes de septiembre, se celebraría la independencia. Los preparativos empezaron en el mes de agosto, el director del colegio Centroamericano le pidió a Melina permiso para que su pequeña Jessica saliera de cachiporra representando al colegio. La mamá no podía creerlo, estaba que saltaba de alegría, sin meditarlo dos veces, le contestó al director que «sí, sí y s sí» que su hija participaría como "cachiporra". Recordemos que ese había sido el sueño dorado de Melina, y esta vez, a través de su hija, iba a poder realizarlo.

¡Oh Dios mío! Cuanta dicha invadía a Melina, los días se le hacían largos en esperar, irían dos niñas más grandes que participarían también y sería ella quien les haría los trajes. Serían sus falditas, cortas, acampanadas, de color azul royal como el color de la bandera de El Salvador; sus blusitas blancas, con mangas largas en tela de satín, las cuales tendrían adornos con galardones dorados en la parte de adelante; también llevarían capas de satín de color rojo; boinas azules con bolitas de lana roja en el copete, al igual que el color de las medias y para completar tendrían puestos zapatos blancos. Confeccionar las vestimentas para las tres niñas fue un gusto y un privilegio para Melina, también fue ella quien se encargó de entrenarlas. La costurera, (Melina) saltaba de felicidad.

Al fin llegó el gran día, el 15 de septiembre. Melina se levantó desde muy temprano para sacarse la leche de los senos y dejársela a su bebita Joyce, quien para entonces, ya tenía cinco meses; arregló hasta el más mínimo detalle del traje de su linda Jessica, vistió a Rodolfito y lo llevó con ella durante todo el desfile por las calles de la colonia. Ante cada pirueta que Jessica ejecutaba con la batuta, Melina se sentía vibrar de emoción, escuchar la banda de guerra era sublime para ella. Por medio de su hija, la madre vivía en ese momento lo que tanto había deseado cuando era niña; no cabía duda de que para ella sus tres hijos, eran lo más importante en la vida. Le daba lo mismo que en ese día tan especial Rodolfo no estuviera presente, porque ella era la madre más feliz del mundo, al ver a su hijita sonreír y manifestar tanta alegría haciendo las piruetas y desfilando.

Así continúo, haciéndolos participar en todas las actividades que ella hubiese participado, de haber podido; por ejemplo, Rodolfito fue Rey Feo en el reinado de la India Bonita de su colegio. Así mismo, un año más tarde, cuando Jessica empezó el segundo grado, y ya asistía a uno de los colegios más prestigiosos de la Capital, el Colegio Católico, también participó en el Reinado de la India Bonita, desfilando en lindas carrosas decoradas especialmente para ella; así realizó Melina muchos de sus sueños y anhelos. Adivinaba cómo darles amor y cariño a sus pequeños, pues jugaba el rol de mamá y de papá, porque Rodolfo estaba muy poco con ellos, y como ya dijimos era de muy pocas palabras. Aunque Melina hubiese sido maltratada y criada sin el amor de nadie cuando era pequeña, siempre se esforzó por no maltratar a sus hijos y por darles lo que nunca tuvo; se convirtió en una leona para defender a sus cachorros; lo cual no era del agrado de la abuela Estela, quien como no tuvo amor para su hija Melina, tampoco lo tuvo para sus nietos; una generación más viviría lo mismo, sus hijos no conocerían el amor de la abuela materna, pero por lo menos, por parte de la familia de Rodolfo, la abuela Sofía y todos los tíos estuvieron siempre presentes en la vida de los tres niños.

En octubre terminaba otro año escolar, y a pesar de las matanzas de cientos de familias, que se vivían a diario, los ciudadanos al igual que Melina buscaban por todos los medios encontrar un poco de alegría y con toda y las miserias que atravesaban, las personas se preparaban lo mejor posible para las festividades de navidad y de fin de año. Ese fin de año fue uno de los más difíciles económicamente para Melina, pues ya solo contaba con el negocio de la costura y la falta de clientela daba apenas para cubrir los gastos; la gente no tenía para mandarse a hacer la ropa, la situación se deterioraba cada vez más. Se vio obligada a enviar las dos empleadas para sus casas, al menos por el mes de diciembre para reducir los gastos. Las muchachas no se opusieron, se prepararon y se fueron con sus familiares.

Melina recuerda que cocinó un pollo guisado, como regalo de navidad les hizo las ropitas nuevas a los niños y les compró una manzana bien rojita a cada uno. Solo la gente más acomodada o ricachona podía comprarse una manzana, pues tres manzanas representaban el salario mínimo de un día de trabajo. Rodolfo estuvo con ellos, y el 25 de diciembre llevó a Jessica y a Rodolfito a ver a la abuela Sofía al pueblo de San Jerónimo. Cuando ellos se habían ido, llegó a la casa de Melina una joven llamada Mirna, quien llevaba un bebé en los brazos. La joven pertenecía a la guerrilla y había sido otro "compa" quien la había embarazado, pero no hallaban qué hacer con el niño. Mirna le suplicó a Melina que se quedara con él por algún tiempo, mientras que ella encontraba una solución; el recién nacido solo tenía quince días. A Melina se le partió el corazón en pedazos al ver a la criatura tan indefensa; qué más hubiera querido ella que acogerlo y cuidarlo, pero su situación también era bastante difícil; además apenas llevaba unos meses de haberse separado de sus tres sobrinos y no quería volver a encariñarse con otro niño para luego sufrir porque se los llevaran. Melina la dejó estar durante unos días en su casa, la joven guerrillera logró contactarse con una prima suya en otro pueblo y sin vacilar, agarró a su bebé y se encaminó hacia donde ella. Melina no supo de Mirna hasta seis meses más tarde, cuando otros miembros de la guerrilla llegaron a su casa para recibir cuidados médicos; fueron ellos quienes le contaron que la compañera Mirna había muerto combatiendo en las montañas de Usulután. En conclusión, el niño quedó huérfano al cuidado de la prima, quien vivía en una pobreza desmesurada. Melina se lamentó, se sintió una vez más culpable, egoísta, pues bien que mal, ella hubiera podido darle un mejor futuro, una mejor vida a ese niño. Pero ya era demasiado tarde, nadie conocía el paradero de la prima. Esta historia marcó mucho a Melina pero los compañeros de la guerrilla la consolaron diciéndole:

-No te preocupes, no te pongas triste que ese niño no es el único que vive esas cosas, los compas, hombres y mujeres, no se pueden retener y son cientos de muchachitos que quedan con los familiares o amigos y en muchas ocasiones es la gente más pobre la que los recoge. ¿Qué quieres que se haga Melina? Así somos nosotros los humanos de inconscientes, de ingratos y de bestiales.

Así quedó la conversación, no se habló más del asunto.

Llegó el año 86, "año nuevo, vida nueva" decía la mayoría de la gente, aun cuando habían días en los que no se podía salir para ningún lado, ni siquiera a buscar algo de comida, a causa de los enfrentamientos por todas partes, especialmente cuando las tropas del ejército pasaban por los andenes, pues más valía no encontrarse en la calle, porque con motivo o sin motivo, ponían a la gente en el suelo, boca abajo, la registraban y si por desgracia les caía mal, le daban golpizas o la llevaban presa, y si les seguía cayendo mal, la daban por desaparecida. Pero contra esa situación no había nada que hacer, lo mejor era hacerse lo más invisible posible; como cuando Melina era una niña y una adolescente que había aprendido muy bien a hacerse invisible ante su madre. Bastaba que se bajaran los soldados de los camiones y las personas corrían a encerrarse en sus casas, solo entre rendijas observaban a los vecinos que se llevaban presos. Por la gracia de Dios,

Melina en muchas ocasiones se salvó de hacerse capturar, teniendo en cuenta el riesgo que corría con cuidar y esconder a los compas de la guerrilla.

Los días continuaban en la misma rutina, Jessica ya iba al colegio; Melina le pagaba un micro-bus para que la llevara y la trajera de la puerta de su casa a la puerta del colegio, pues era la manera más segura de enviar la niña a la escuela. El colegio de Rodolfito solo estaba a tres cuadras de la casa y la empleada lo llevaba y lo recogía todos los días. Mientras, la pequeña Joyce, llenaba de alegría la casa, con su bonita sonrisa, pues reía mucho, le encantaba estar prendida en el seno de la mamá y pasaba horas dormidas en las piernas de su madre mientras ella trabajaba en la costura. Era bien especial, porque si la ponían en la cama, empezaba a llorar, en cambio en las piernas de su mamá, no le molestaba ni el ruido de la maquina industrial, así sucedió hasta cuando tenía cinco años, tiempo en el que ya Melina no podía con su peso.

La decisión

Y ocurrió algo bien grave ese año que revolvió al país de arriba a abajo. Los salvadoreños hacían lo posible por proteger a sus hijos de la opresión que se vivía a diario. Era el mes de abril cuando los medios de telecomunicación, de radio y de televisión informaron sobre el secuestro de la hija del presidente que estaba en ese momento, pues durante seis u ocho años, se cambiaba de presidente como cambiarse de zapatos. El secuestro de la hija mayor del presidente provocó otro estilo de guerra pues todo el país fue puesto en constantes cateos. Las autoridades como la guardia nacional, las fuerzas armadas, la policía municipal y algunos otros, como los soplones, registraban las casas una por una a lo ancho y a largo del país. Entraban a la fuerza con el pretexto de buscar a la hija del presidente y aprovechaban para robar lo que encontraban a su paso; también decían que buscaban a los subversivos que pudieran encontrarse escondidos en las casas de las personas que ayudaban a los izquierdistas. Como era el caso de Melina. En esas redadas hubo mucha gente capturada y asesinada por los militares. Por esos días había tres compas refugiados en casa de Melina, y al recibir la noticia de los cateos que se estaban haciendo, tuvieron que irse, aunque no se hubiesen recuperado. Melina y la cocinera limpiaron bien el cuarto que servía como sala de enfermería y no dejaron rastro de nada.

Para esta misma época los hijos de Nora, ayudados por la abuela Estela, habían logrado salir del país, pues su madre había hecho una aplicación de refugio político a la provincia de Quebec en Canadá y había sido aceptada. A causa de todo lo que había vivido la familia Villareal, el asesinato de Adalberto, el posterior asesinato y desaparición de Álvaro, y la masacre del tío Cesar Javier y de su hijo, y por la persecución de la cual había sido objeto toda la familia, ella fue aceptada como residente canadiense, lo cual le hizo más fácil llevarse a sus hijos, que si se hubiese quedado en los Estados Unidos. Cuando Nora tenía sus hijos con ella, les envió información a su madre y a Melina para que hicieran lo mismo desde El Salvador; pero allí las leyes eran distintas, la inseguridad que reinaba en el país era enorme y había que ser muy prudente con cada paso que se daba. A Melina nunca se le atravesó por la mente que algún día abandonaría su tierra natal; ella confiaba en que en un momento dado la guerra llegaría a su final, que habría que trabajar duro para reconstruir el país, pues no osaba ni pensar, que tuviese que salir y dejar a sus tres hijos encomendados con la abuela Sofía o con alguno de los familiares Quezada. Eso no tenía cabida en la mentalidad de Melina. Por los años en los que cuidó a sus sobrinos, comprendía que no era nada fácil, por ello cuando Nora le proponía que viajase sola, Melina siempre le decía que no, aunque su hermana insistía:

-Mira, en cuatro o cinco años podrás volver a traer a tus hijos.

Pero la respuesta de Melina siempre fue la misma, ella no saldría nunca del país sin sus hijos, así que le decía categóricamente a Nora:

-Sabes qué hermana, te agradezco todo lo que me estás proponiendo, pero yo digo o salimos todos o nos morimos todos aquí, a mis hijos no los dejo encomendados con nadie.

Ese mismo mes, Melina tuvo una gran sorpresa, un día sin previo aviso, su hermano Ernesto, apareció en su casa; traía con él a su nueva mujer, se llamaba Lara Chávez, era mexicana y también viajaba con ellos un niño de cinco meses de nombre Julio. Fue impactante para ella verlo, después de seis años, tiempo que había transcurrido desde que él había huido del país, dejando a su madre con la responsabilidad de su ex mujer Carolina y de sus otros dos hijos. Era controversial la actitud de Ernesto, quien en tan pocos años había rehecho su vida, dejando abandonados los primeros niños, de la misma manera que Norberto Gómez los había abandonado a ellos; cosa que no solo hizo con los hijos de Estela Villareal, sino además con muchos otros nacidos de diferentes mujeres. Sin darse cuenta, Ernesto en su inconsciencia estaba repitiendo el mismo patrón de vida desordenada de su padre.

Llegaron en un carro pequeño Beetle Volkswagen azul, y muy sonrientes entraron en la casa, con la alegría de volver a verse después de tanto tiempo, se abrazaron y se contaron cada uno las aventuras que habían atravesado durante esos años. Melina le contó de la carta que había enviado solicitando refugio en la provincia de Quebec y de su rechazo por parte de inmigración.

Unas semanas antes, Melina había enviado una carta pidiendo asilo político, explicando a medias, no lo dijo todo por miedo a que la carta fuese interceptada y fuese ella misma quien se denunciase ante las autoridades, lo que hacía con los compas y la persecución de la cual habían sido objeto durante los últimos nueve años. También, se había presentado a una de las oficinas en las que ayudaban a las personas que querían salir del país, no era una embajada, sino más bien una delegación de inmigración, allí le ayudaban a la gente a arreglar papeles para diferentes países como Canadá, Australia, Suecia y Suiza, entre otros.

Le contó a su hermano que se había presentado en la oficina porque sentía verdadero riesgo de continuar viviendo en el país o salían del país o morirían en él. Además los compas de la guerrilla le habían sugerido que si tenía una mínima posibilidad de escapar, que no lo pensara dos veces, que se largara porque ni ellos mismos podían darle ninguna protección, así que solo le quedaba la opción de esconderse en las montañas con ellos, y a ello, ella había contestado rotundamente que no, que jamás sacrificaría a sus hijos a una vida así, jamás. Hizo todo lo que le dijeron en la oficina, envió la carta, pero la respuesta fue negativa.

Tras escucharla, Ernesto le propone que se vaya con ellos para México, pues de allí pueden hacer la demanda en la embajada canadiense, lo cual tal vez le haría más fácil arreglar los papeles. Ernesto había ido solo por quince días, así que era urgente que Melina arreglara los pasaportes y visas para viajar al distrito federal en la capital mexicana. Se vio obligada a presentar de nuevo las escrituras de la casa como garantía para obtener visa para quince días y viajar legalmente a México. Por fortuna, todo se desenvolvió bien. Una vez con sus papeles, debía preparar a sus niños, Rodolfo tendría que sacar permiso en su trabajo, y ella no se detuvo a pensar cómo cabrían los cinco, ellos más los otros tres, en el pequeño Volkswagen. Ernesto le propuso que dejara a los niños con la empleada, pero Melina se opuso rotundamente.

El viaje sería largo, de dos días y medio, pero se embarcaron todos. Melina con la pequeña Joyce en sus brazos, Rodolfito y Jessica en el medio y el papá en la otra punta. Viajaron bastante incómodos, pues era un carro demasiado pequeño para cuatro adultos y cuatro niños, más las bolsas de la ropa que llevaban en medio de los pies. Lara iba adelante con su niño en las piernas también, este lloraba mucho y Ernesto era quien manejaba. Solo se detenían para comer e ir al baño a excepción de la segunda noche que decidieron pagar un cuartito de motel para descansar un poco y bañarse. En ese cuartito solo había dos pequeñas camas, pero si eran capaces de entrar en la Beetle, dormir cinco en la misma cama a lo horizontal no se les hacía mucho problema.

Al fin llegaron a la casa de la familia de Lara. Su madre fue muy amable al recibir a la familia de su yerno, inmediatamente subieron a un cuarto en el que vivían Lara y Ernesto, la misma cosa que en el motel, pero allí no había camas, así que les tocó a todos dormir en el suelo. Esa fue una de las incomodidades más grandes que le tocó a Melina, pero como llevaban un objetivo, se dijo que valía la pena el sacrificio que estaban haciendo. Al siguiente día, muy temprano, Lara se levantó y se fue a trabajar, Ernesto contaba todavía con tres días de vacaciones, solo medio tomaron un cereal y agarraron el camino hacia la embajada canadiense.

Llegando allí, esperaron media hora, luego un agente de inmigración los llevó a una pequeña sala donde Melina expuso su caso, esa vez con toda claridad. El agente fue muy sincero cuando escuchó su historia y les contestó:

-El caso de ustedes es serio, pero voy hablarles con toda claridad, existe la posibilidad de que sean recibidos como residentes en Quebec, aquí debemos hacer los trámites, pero toma entre seis meses y un año obtener una respuesta; inclusive no puedo garantizarles que les salga en este tiempo, son ustedes quienes deciden si hacemos la aplicación o no.

Qué decepción para Melina, ella comprendió que no sería nada fácil pues no tenía los medios económicos para subsistir todo ese tiempo en tierras mexicanas y peor aún con los tres niños. Regresaron a casa de Ernesto, Melina le dijo que volverían al Salvador y allí buscaría otra solución. Aunque tenían visa para quince días, consideró que no valía la pena quedarse por más tiempo. Solo estuvieron ocho días, luego le pidió a su hermano que los llevara a la terminal de autobuses. Compró los pasajes de regreso y emprendieron el camino hacia El Salvador. A Melina se le atravesaban miles y miles de ideas por la cabeza, incluso le hizo el comentario a su marido queriendo encontrar una respuesta:

-¿Qué piensas que podemos hacer? ¿Crees que valdría la pena si vendo la casa y nos instalamos en México durante algunos años para esperar una respuesta? Pero si por desgracia no nos aceptan nos quedaremos completamente en la calle ¿Qué hacemos? Porque si nos quedamos en El Salvador, el día menos pensado nos van a matar, de eso que no te quede ninguna duda. ¿Entonces Rodolfo qué hacemos?

Rodolfo permaneció en silencio, solo asentaba con la cabeza que no sabía qué hacer ni qué decir. Melina continuó:

-Creo que no tenemos otra alternativa que pasarnos «mojados» (ilegales), de México a Estados Unidos para luego llegar hasta Canadá.

Rodolfo se quedó mirándola interrogativamente y le contestó:

-¿Pero vos es que estás loca? Estás loca si quieres hacer eso, piensa que así también pueden matarnos, de sobra sabes cuanta gente muere queriendo atravesar la frontera de Tijuana y nosotros peor, si vos querés llevar a los niños. ¡Yo la verdad, de seguro que no te sigo en esa locura tuya!

Melina dio un enorme suspiro, lo escuchó y se dio cuenta de que la conversación era de más, pues no contaba con el apoyo de su marido, así que tendría que tomar una decisión sola, como siempre lo hacía, y la verdad no había mucho tiempo que perder. La situación cada día era más crítica para todos ellos. En todo el viaje de regreso a casa, Melina pensaba y analizaba los pro y los contra. Si querían salir del país ilegalmente, necesitaban mucho dinero y encontrar a las personas que hacían esa clase de trabajos, los famosos "coyotes" que eran quienes atravesaban a los indocumentados entre las fronteras mexicanas y americanas. Era una situación muy delicada, pero consideraba que tenía que hacerlo; porque si se quedaban era una muerte segura; sabía que si se arriesgaban a atravesar las fronteras y los agarraban, los matarían también, pero al menos, se decía ella:

-Lo intenté, hice lo que estuvo a mi alcance por salvar la vida de mis hijos y la mía.

A finales de junio, cuando regresó de México, durante esa misma semana, llegó a su casa un primo de Betty, quien angustiado llegó a avisarle que los últimos tres compas que ella había refugiado en su casa, habían sido capturados, y que se temía que alguno de ellos hubiese hablado o denunciado a alguna de las personas que les brindaban ayuda. Durante algunos meses nadie volvió a presentarse en la casa de Melina. Ella empezó a sentir mucho pánico porque cabía la posibilidad de que a fuerza de tantas torturas, alguno de ellos la hubiese denunciado. Fue entonces como para principios de julio, la decisión estuvo tomada; Melina puso en venta su casa, sus máquinas industriales y la plancha que utilizaba para hacer las pupusas. En seguida se puso en contacto con su hermana; Nora estuvo de acuerdo en ayudarla, pero también le dijo que si ella viajaba con sus hijos, su mamá, Doña Estela Villareal, y sus hermanos, Soraya y Melvin, viajarían también. Cuando Melina y su madre hablaron respecto al viaje, sobre si no sentía miedo y estaba de acuerdo en arriesgar el todo por el todo, fue sorprendente la respuesta de Doña Estela:

-Mira Melina, ya perdí dos de mis hijos, ya se fueron otros dos, y así como vos quieres salvar a tus hijos yo tengo que salvar estos dos que me quedan, además sabes que no tenemos otra alternativa.

Por desgracia Doña Estela no quiso abandonar a su indispensable borracho, Mario Mercado, quien también se sumó a la arriesgada aventura. En realidad su madre no le dejó ninguna opción respeto a eso, aunque hubiese sido preferible dejarlo, ni ella ni sus dos hijos, Soraya y Melvin, aceptaban abandonarlo. Pues en los últimos meses él había hecho muchos esfuerzos por portarse bien para que no lo volviesen a tirar a la calle. Mientras tanto Rodolfo todavía se mantenía entre que sí y que no. Exasperada de esperar una respuesta Melina le dijo:

—Una vez más Rodolfo, si te prefieres venir con nosotros te venís, si te decides quedar es tu decisión, contigo o sin ti yo me voy en cuanto se venda la casa. Es mi obligación y mi responsabilidad salvar la vida de mis hijos.

Claro, la venta de la casa tomó varios meses, pues no era fácil que la gente obtuviera un préstamo en el banco en medio de la bendita guerra. La situación era bien precaria para Melina, pero no perdía la esperanza de que todo se fuera a arreglar. Mientras, iba vendiendo todo lo que podía, aunque la mayoría de los muebles de la casa, las camas, los sillones, los roperos, el juego de comedor y muchas cosas más se las regaló a la familia Quezada. Ellos estaban muy contentos con sus nuevos regalos, aunque también tenían el corazón partido porque sabían que sería difícil volver a ver a los niños. Melina les ocultó que partirían ilegalmente del país para evitarles más inquietud y sobre todo por seguridad, pues si la gente sabía que viajaban con residencia canadiense era menos peligroso que si se les decía que saldrían huyendo. Tampoco les dijo en qué fecha viajarían, simplemente les explicó que lo harían cuando del Canadá les enviaran los papeles, asegurándoles que los llamaría por teléfono o les mandaría un telegrama diciéndoles el día de la partida, solo les mencionó que sería más o menos en diciembre.

Y entre altas y bajas llegó el mes de octubre del año 1986, mes en el que ocurrió un terrible terremoto que sacudió a todo el país. En él murieron miles de personas, quienes quedaron enterradas entre los escombros de los edificios, sobre todo de los edificios del centro de la capital, lugar que fue el epicentro del terremoto. Ello llegaría para complementar el desastre que ya se vivía en el país. Fue entonces cuando Melina empezó a sentirse desesperada al ver los daños que había sufrido su casa. Pues eso implicaba más problemas para venderla. Ella se había quedado con lo estrictamente necesario para cuando la casa se vendiera, salir disparados. Lo del terremoto fue duro, pero al mismo tiempo dio una pausa entre los enfrentamientos de la guerrilla y la armada. Esa pausa fue benéfica para Melina porque aunque se vio obligada a bajarle el precio a la casa, hubo una familia que trabajaba en un circo que se habían quedado en la calle, pues el terremoto había destruido completamente su antigua casa. Y reconstruirla para ellos llevaría demasiado tiempo, además tenían el dinero suficiente para comprar la casa de Melina en aquel mismo momento.

Sería uno de sus cuñados, Oliver quien quedaría encargado de terminar los trasmites de la venta de la casa.

Cuando los nuevos dueños le dieron el dinero a Melina, ella cambió los colones en dólar americano. Acto seguido, se comunicó con los coyotes para preguntarles cuánto le cobrarían por ella y sus tres hijos y cuándo más o menos sería el viaje. Uno de los hombres, quien haría la pasada, le dijo que le cobraría $2.000 americanos, $1.000 adelantados y la otra mitad cuando llegasen a Los Ángeles, California; la misma cantidad cobrarían por Doña Estela y los suyos. Para la joven madre esa decisión era de suma importancia, no sabía si era lo mejor, pues estarían en manos de los coyotes, hombres que solo habían visto en dos ocasiones, y quienes les dijeron brevemente lo que debían hacer; aunque en sí, casi todo era completamente desconocido. Melina se mantenía en contacto con su hermana mayor, poniéndola al tanto de cómo se estaba planificando la salida.

Tuvo que rehacer todos los documentos, sacó nuevos pasaportes para sus hijos, y otra vez presentó la escritura de la casa para obtener la visa mexicana. Hasta México llegarían legalmente, después tomarían un avión que los llevaría a la ciudad de Tijuana. En Tijuana los estarían esperando dos coyotes que los llevarían a un motel para pasar la noche y el día 25 de diciembre atravesarían el desierto en la oscuridad de la noche. Esas eran las instrucciones que les habían dado hasta ese momento. Nora acordó que iría a México para reunirse con todos en la casa de Ernesto, y que allí le entregarían una parte del dinero para que tomase el avión hacia los Ángeles y pudiese esperarlos para pagar la otra mitad del dinero a los coyotes. De cierta manera buscaban protegerse y asegurar que los coyotes no los dejarían abandonados en el desierto o en cualquier otro lado, sino que los harían atravesar la frontera. Nora llevaba ya dos años viviendo en la ciudad de Montreal, en Quebec, y como era residente canadiense, no tenía ninguna dificultad para viajar a cualquier país. Acordado esto, todos seguirían las instrucciones.

El 18 de diciembre Melina abandonaría su casa para irse a un hotel por dos días y adelantar en concreto los arreglos con los coyotes. En ese momento Rodolfo se dio cuenta de que lo que Melina estaba haciendo era verdaderamente en serio y fue justo ese día cuando llegó con su maletín y se unió a la tropa. Melina estaba entre sorprendida y aliviada, pues el padre de sus hijos vendrían con ellos, además de cierta forma, sentía la seguridad y la protección de un hombre. Recogió las pocas pertenencias que le quedaban, arregló las dos valijas en las que quedarían todos sus recuerdos, todo lo que fuese su vida y las de sus dos hijos, quedaron en ellas. Lo que llevaba con ella eran los álbumes de fotos, como para acordarse de sus raíces.

A sus 26 años y con sus tres hijos más su madre y los suyos, van camino al hotel, van las dos familias sumidas en el llanto, pues están abandonando todo por lo que tanto lucharon, y lo más duro es que están dejando su terruño, la tierra que los vio nacer, además solo Dios sabía si algún día podrían pasar la frontera y regresar a su país.

Una vez instalados en el hotel, los coyotes les dieron por escrito otras instrucciones a seguir. Melina no podía leer, las lágrimas le brotaban de los ojos y era incapaz de contener el llanto, los niños preguntaban:

-¿Por qué llora mami?

A lo que ella les contestó, especialmente a Jessica, que era la mayor y se fijaba en todo:

-¡Ay mis niños! Lloro de alegría porque vamos a viajar a un país muy lejano que se llama Canadá, donde vive su tía Nora, ella dice que allí cae mucha nieve y que la nieve es blanquita como las nubes.

Al oír esto los niños se regocijaban de alegría, se imaginaban y hablaban de que en cuanto llegaran a casa de la tía Nora y de sus primos, jugarían con eso que llamaban nieve, pues jamás la habían visto, porque El Salvador es un país tropical, cuya temperatura oscila entre los 20 y los 35 grados centígrados a lo largo de todo el año.

Los dos días pasados en el hotel fueron de descanso para ambas familias, pues allí no se sentían en peligro, por lo que se distraían un poco de la presión que habían pasado durante los meses anteriores. Los niños jugaban en la piscina con su papá, mientras Melina observaba la inocencia de sus hijos y de sus hermanos Soraya y Melvin, quienes aunque sentían miedo, estaban jóvenes y tenían la protección de sus padres y sobre todo la su hermana mayor. Aquellos dos días fueron de relajación para Melina, lo cual le ayudó a recuperar fuerzas y a controlar el llanto y la depresión por la cual se había visto obligada a recomenzar las pastillas anti depresivas. Aprovechó cada momento como si fuera el último que viviría, comió y disfrutó, olvidando por unos instantes lo que pasaría al día siguiente.

Melina no sabía qué era lo que les esperaba, pero una especie de sexto sentido le decía lo que tenía que hacer. Metió en dos bolsitas plásticas cinco libras de leche en polvo y había preparado seis biberones por si cualquier situación se le presentaba y no encontrase algo para comer ni para darle a sus hijos; caso en el que buscaría agua y les haría leche a todos para que no aguantaran hambre. También pensó, en esconder en diferentes lados un poco de dinero; por ejemplo, en medio de los pañales de la tierna puso un tanto, también lo hizo en la ropa de los niños, pero la gran mayoría lo llevaba amarado en la cintura. Había hecho una especia de corsé con bolsas y allí había metido el dinero, se lo ató a la cintura y se puso ropa amplia para disimular el bulto, además casi siempre tenía a la pequeña Joyce en sus brazos. Parecía como si una fuerza divina le iluminara la mente para que organizara cada paso que debía dar; increíblemente se mantenía en una serenidad tal, que le ayudó enormemente a sobrepasar los obstáculos que tuvieron que atravesar.

La Pasada

En la madrugada del 20 de diciembre, tomaron dos taxis y se dirigieron a la terminal de autobuses internacionales, a eso de la seis y media de la mañana abordaron el autobús que los llevaría al distrito federal en la capital mexicana. Conteniendo el llanto, tratan de estar lo más serenos posible para cuando llegue el momento de atravesar la frontera guatemalteca y la mexicana, parezca que son simples turistas que van de vacaciones a México. El trayecto de dos días y medio se desenvolvió sin ningún contratiempo. El chofer hacía ciertas paradas, la gente bajaba del autobús, comía algo, se lavaba como podía y volvía al camino.

El 23 al medio día, llegaron a la terminal mexicana donde Ernesto y Lara estaban esperándolos; se saludaron brevemente, se alegraron de verse e inmediatamente Doña Estela, su marido y Melvin se embarcaron en la Beetle Volkswagen, mientras que Soraya, Rodolfo, Melina y los niños lo hicieron en un taxi que debía seguir a Ernesto hasta la residencia de su suegra. Cuando todos entraron en la casa, vibraba un ambiente de alegría, pero al mismo tiempo de nerviosismo, lo primero, porque la Señora Estela ya había estado en varias ocasiones visitando a su hijo y había entablado amistad con la suegra de él; También Melina había estado visitándolos en mayo de ese año, sin embargo esa vez era diferente, debido a la cantidad de personas que se hallaban y a lo que harían, llevando con ellos tres niños pequeños, Jessica con 7 años y medio, Rodolfito con 5 y medio y Joyce con apenas 1 año y ocho meses de edad. Al ver aquella situación nadie lograba dejar de sentirse nervioso, por lo que se notaba cierta angustia; especialmente en la familia de Lara quienes como auténticos mexicanos sabían de sobra el riesgo que significaba esa travesía, pues eran muchos los que la intentaban, pero también muchos los que caían presos y eran deportados de vuelta a sus países; otros morían en el desierto, ahogados en el rio o porque a su llegada algunos bandos los atacaban; también estaban los que atravesaban por los túneles de aguas negras de ambos países. Aquellos túneles por los cuales no solamente corrían las aguas sucias, sino que además pasaba la gente. Los coyotes, sabían exactamente a qué hora dichas aguas se calmaban, así que en cuestión de 15 minutos o media hora, entre 30 y 50 personas debían correr más de 5 kilómetros bajo ellos antes de que las aguas los atrapasen. Precisamente había sido de esa manera como Nora atravesó la frontera años atrás para llegar a tierras americanas, pero eran muy pocos quienes lograban pasar.

Esa noche en el cuarto de Ernesto, cada quien en su turno se fue bañando, Melina lo hizo con los tres niños, los arregló, les puso las pijamas, los reconfortó diciéndoles que todo estaba bien, que muy pronto todo habría terminado y que se reunirían con sus primos en Canadá. Seguramente en el fondo, los dos niños más grandes sentían miedo, pero el ver a toda la familia reunida, quizá los reconfortaba, además su madre siempre estaba pendiente de ellos. Luego del baño, Melina hizo una tendalada de sábanas en el suelo, donde se acomodaron como pudieron aunque el espacio era muy pequeño; Ernesto y Lara se fueron a dormir abajo en la casa de madre de ella, para dejarle el dormitorio a Doña Estela y a los suyos.

Al día siguiente era 24 de diciembre, la víspera de navidad, por lo que la mamá de Lara hizo una enorme cacerola de frijoles y otra con huevos pan y café, para darle de comer a todo el ejército que se hospedaba en su casa. Una vez que habían comido, se dispusieron a comenzar las discusiones sobre cómo organizarían las cosas para la cruzada, y cuál sería la sorpresa de todos los que participarían en esa desmesurada aventura, cuando Ernesto anunció que los acompañaría y que llegaría hasta Canadá a pedir el refugio con ellos. Para todos fue motivo de alegría, saltaron de regocijo, excepto su mujer, pues tendría que quedarse en casa de su madre, sola con su niño sin saber la suerte que correrían su marido y su familia. Él trataba de consolarla prometiéndole que la llevaría en cuando pudiera, que la quería mucho y que no la dejaría "abandonada", como lo había hecho con Carolina y sus dos primeros hijos. Lara no estaba muy convencida, pero sabía que no tenía más opción.

Más o menos al medio día fueron Ernesto y Doña Estela al aeropuerto de la capital de México a recoger a Nora; en cuanto llegó, comió algo, luego Melina y su madre le confiaron algunos miles de dólares para que en una semana se los entregara a los coyotes, quienes la llamarían para que se reuniera con ellos, y así dejarían a toda la familia en tierras americanas, ese era el acuerdo que se había hecho con los pasadores de ilegales; pero aún faltaba ingeniárselas para llegar lo más pronto posible al estado de Baja California al aeropuerto de la ciudad de Tijuana, donde se encuentra la frontera con Estados Unidos. La idea era que unos de los coyotes los acompañaría del distrito federal en avión hasta Tijuana, y saliendo del aeropuerto se reunirían con los otros, quienes los llevarían a un motel donde esperarían nuevas indicaciones para continuar el viaje. La noche de la víspera de navidad, la familia decidió estar junta porque se decían que existía la posibilidad de que no volviesen a verse; así que llegaron a la conclusión:

—Comamos, riamos y no pensemos en nada.

Ernesto contó chistes calientes al estilo mexicano, pues hablaba perfectamente como ellos, e hicieron, Lara y él, unos cuantos modismos de esa cultura para que los demás miembros de la familia los imitaran, pero fue imposible, pues eran auténticos salvadoreños, así que no pudieron cambiar el acento ni en por un pelo. Continuaron festejando la navidad, olvidando por un ratito el peligro que les esperaba, aunque eran conscientes de que se encontraban en una situación de vida o muerte.

A la una de la mañana del día 25 de diciembre, las familias fueron a acomodarse a sus respectivos lugares, y a eso de las ocho de la mañana, Estela y Melina fueron las primeras en levantarse. Nuevamente la joven preparó a los niños, se arregló ella poniéndose discretamente el corsé con el dinero que escondía y que nadie, ni siquiera Rodolfo sabía que lo llevaba atado a la cintura. Luego se preparó el resto de la tropa, bajaron a la casa de la suegra de Ernesto, desayunaron el mismo plato del día anterior y al medio día salieron hacia el aeropuerto del Distrito Federal. Una vez con los boletos en la mano, se embarcaron en el pequeño avión que los llevaría hasta la ciudad de Tijuana.

Pero antes de salir rumbo al aeropuerto, Melina y su madre le entregaron las cuatro valijas que llevaban a Nora, le entregaron también los pasaportes y las cédulas salvadoreñas; se abrazaron, se desearon buena suerte y envueltos en llanto, prepararon lo estrictamente necesario para emprender el viaje de "los mojados". Melina sentía que el mundo se le caía encima, hubo instantes en los que quiso dar marcha atrás, le faltaban las fuerzas para continuar, pero el recordar la situación en su país le daba el empuje que necesitaba para avanzar. Tenía el corazón oprimido de ver a sus tres chiquillos indefensos, la cara de angustia de Rodolfo, de su madre y de sus hermanos; mientras que el infeliz padrastro, que parecía una muñeca de trapo, apenas y se detenía. Solo Nora y Ernesto permanecían tranquilos, ella quizá porque ya había atravesado una vez esa aventura, él porque llevaba cinco años viviendo en México y conocía más o menos las leyes, el ambiente y además podía pasar por Mexicano por su apariencia, forma de hablar y hasta la manera de vestir.

Melina arregló las dos bolsas de leche en polvo, un termo con agua caliente, los pañales de Joyce, unas cuantas mudadas de ropas para los niños y ellos dos y algunos dulces, luego lo metió todo en un maletín, pues esa sería la única carga que llevaría, responsabilidad de Rodolfo, además de agarrar de la mano a Jessica y a Rodolfito. La joven por su parte cargaba una cartera mediana con ropa interior para los cinco, rollitos de papel higiénico y dulces por si acaso no encontraban nada para comer en el camino. Pensaba que un dulce les calmaría el hambre, pues recordaba que cuando estaba pequeña e iba a la escuela, vendía pan con frijoles para comprarse un bombón mojado con agua, lo cual le calmaba el hambre. Su dinerito iba bien asegurado alrededor de su cintura, Joyce estaría siempre en sus brazos y prendida a su seno para que no llorara. Cosa impresionante, los niños presentían el peligro, pero en ningún momento, ni aun en los más difíciles de la pasada no lloraron, no hicieron algún ruido o se quejaron.

Una vez que llegaron al aeropuerto, todo pasó muy rápido, el coyote que viajaba con ellos no les hablaba, solo les hacía ciertas miradas y gestos indicándoles que debían permanecer lo más cerca posible. Ya instalados en el avión, se acomodaron y trataron de relajarse para dormir un poco, lo cual no lograron hacer, pues era la primera vez que viajaban en avión y este era como una avioneta que transportaba solo 20 pasajeros. Había mucha turbulencia, el avión se tambaleaba de un lado para otro y parecía como si fuera a caerse. Los niños se agarraban con todas sus fuerzas a los brazos de sus padres, estos, por su parte, se tomaban de las manos y los rodeaban tratando de calmarlos y de calmarse ellos también. La pequeña Joyce solo observaba y no soltaba el cuello de su madre, quien se mantenía en constante oración, pidiéndole al Dios en el que confiaba, que le ayudase, enviándole a sus ángeles y arcángeles para salir bien de toda aquella situación. Después de cinco o seis horas de vuelo la avioneta aterrizó sin ninguna dificultad. A Melina y a Rodolfo les habían dicho que se hicieran pasar por habitantes de la ciudad de Veracruz, pues ese era el acento mexicano más parecido al salvadoreño, ello en caso de que llegasen a ser arrestados, pues de esa forma no los deportarían hasta El Salvador, sino que los dejarían en México, según los coyotes. Todo estaba fríamente calculado, pero por jugarreta del destino, de la suerte o de la mala suerte, nada salió como lo habían planeado. Por suerte, aunque Doña Estela viajó con ellos en el avión, habían decidido que se quedara con Ernesto, en caso de que alguna situación extraordinaria se presentara, pues la señora tendría unos 57 o 58 años de edad y su salud era delicada a causa de la diabetes y la presión arterial alta.

Bajaron del avión, Rodolfo, Melina y sus tres hijos, Soraya, Melvin y el indispensable padrastro, y un poco distanciados iban Ernesto y su mamá, no llevaban más papeles que los identificaran que los boletos de avión. El coyote que los acompañaba salió por una puerta y ellos por otra. Iban camino a la fila de la aduana, pero ni siquiera los dejaron llegar a la caseta, porque unos policías se les acercaron y les hicieron señas de que los siguieran; el coyote al ver que habían sido capturados no volteó ni la mirada, sino que discretamente salió del aeropuerto, sin que se supiera más de él. Eso mismo hicieron Ernesto y Doña Estela. Mientras tantos ellos fueron llevados a una pequeña sala, probablemente su nerviosismo los delató, en seguida comenzaron a interrogarlos; especialmente a Melina, pues parecía que era quien comandaba al equipo de ilegales. Un hombre de la aduana le hizo señas de acercarse y le preguntó:

-¿Cómo se llama usted? ¿De dónde viene?

Melina debía mentir como le había dicho el coyote.

-Me llamo María del Carme Barrios y vengo de Veracruz.

El hombre soltó una enorme carcajada y le respondió:

-Si tú te llamas así, y venís de Veracruz, entonces yo soy el Presidente de la república Mexicana. –y continuó riéndose.

No interrogó a mas nadie, llamó a otros dos hombres, uno de ellos que media más de seis pies de alto y otro un poco más bajo, ambos estaban vestidos de civiles; firmó algunos papeles y ordenó que los llevaran a todos a la cárcel para que fuesen deportados a sus respectivos países. Un frio glacial invadió el cuerpo de Melina, quien no pudo replicar ni articular una sola palabra. Rodolfo estaba pálido como una hoja de papel, Soraya, Melvin y el padrastro simplemente agacharon la cabeza para ocultar sus lágrimas; por suerte, no los esposaron.

Mientras los iban sacando del aeropuerto, ya en calidad de presos, todos parecían gelatinas, pues apenas se sostenían en pie. Los niños se entrelazaron a las piernas de Melina, uno en cada una y Joyce se agarraba con todas sus fuerzas al cuello de su madre, mientras la miraba fijamente a los ojos y le daba besitos como queriendo tranquilizarla. Los ocho miembros de la familia y otra señora con un niño de unos 8 o 9 años, fueron llevados a un panel o micro-bus "disque" de la policía federal. En la zona fronteriza nadie sabe cuándo estaba tratando con la policía, con los traficantes de personas, con los ladrones o con los coyotes. Ese era el caso de Melina y de su familia, quienes hasta el sol de hoy, nunca han sabido con quién negociaron su libertad. Iban sentados en el microbús de la policía camino a la cárcel, nadie decía una sola palabra, a excepción de los dos hombres armados con pistolas en la cintura y con un rifle cada uno, quienes iban riéndose de los rehenes y haciendo bromas como:

-Estos hijos de la chingada salvadoreños dicen que son de Veracruz. –y se reían sin importarles la tristeza de las personas a las que escoltaban.

De repente, y sin saber por qué, Melina abre la boca para decirles:

-Perdónenos señores policías por haberles mentido, pero venimos huyendo de la guerra, porque ya mataron a nuestros hermanos mayores y a nuestro padre también...

Los hombres no dijeron ni una palabra, solo se comunicaron con la mirada. En cierta forma ella fue astuta al cambiar la muerte del tío Cesar Javier por la de su padre, pues probablemente ello hizo que los supuestos policías no los llevaran directamente a la cárcel, sino que pararon, dieron vuelta y los llevaron a un lugar aislado, al borde de un barranco o acantilado. Al ver aquello Melina, solo dijo para sus adentros:

«¡Ay Dios mío y padre mío! ¿Para qué abrí el hocico? En lugar de meternos presos van a matarnos en este lugar desolado y no habrá quien sepa que aquí quedamos muertos todos nosotros.»

Sentía un pánico tal que solo Dios sabe cómo pudo controlarlo; por su parte a la señora y al niño que fueron capturados con ellos, también les invadió un nerviosismo tal que se les oía el traquetear de sus dientes. Cuando los «policía» bajaron a los pasajeros del vehículo, agarraron al viejo Mario Mercado, lo pusieron de rodillas y lo acusaron de ser el coyote que pasaría a toda esa gente.

-¡Hijo de la chingada! ¿Tú eres el que está atravesando a esta gente? ¡Hijo de puta! –le dijo el más pequeño de ellos. -¡Decí la verdad!

-¡Quebrátelo! –dijo el más alto, mirando fijamente a su amigo. -Con esa cara de maldito que tiene, ¿crees que no es el coyote?

El pobre hombre no se sostenía del miedo, hasta se orinó en el pantalón porque no solo lo arrodillaron, sino que además le apuntaron con el rifle. Entonces Melina sacando fuerzas de su debilidad, con Jessica y Rodolfito agarrados fuertemente de sus piernas, Joyce en sus brazos, Soraya a su izquierda agarrándole del brazo, Rodolfo del otro y Melvin y la señora con su hijo detrás como queriéndose hacer invisibles, se soltó un poco de su esposo y de su hermana, dio dos pasos hacia adelante, en tono de súplica y con la vos entrecortada les dijo:

-No señores policías, él no es el coyote, es mi padrastro, el papá de mis dos hermanos. –lo dijo señalándolo a Soraya y a Melvin. -Nosotros señores policías no vamos para Los Ángeles, vamos a pedir refugio en Canadá. Como venía diciéndoles en el carro, la mitad de mi familia ha sido asesinada en la guerra civil que se está librando en El Salvador desde hace muchos años……

Balbuceaba y sentía que le faltaba el aire, sin embargo continuaba suplicando:

-¡Yo, yo…..yo les suplico que nos ayuden! ¡Yo… yo les juro por Dios y por estas tres criaturas que no nos quedaremos en los Estados Unidos! ¡Se los juro, ayúdenos por favor!

Y conteniendo el llanto, conteniendo el miedo, los miró a los ojos y volvió a suplicarles. El hombre más alto, quien tenía una de sus enormes piernas apoyada contra una roca, volteó, le hizo señas al otro para que bajara el rifle que apuntaba contra el padrastro y le dijo:

-¿Qué decís mi cuate? –En ningún momento se dijeron sus nombres o apellidos.

¿Les echamos una mano o los quebramos aquí nomás? ¡Sobre todo a este hijo de puta con cara de maldito!

Fue entonces cuando Soraya y Melvin rompieron en llanto y suplicaron:

-¡No, por favor no! ¡Es nuestro papá!

El más bajo intervino preguntándole a Melina:

-¿Y dónde tienen familiares que puedan responder por ustedes? ¿Creen que puedan pagar por toda esta banda de hijos de la chingada?

Melina con la voz quebrantada por el miedo, le contestó suavemente:

-¡Sí, sí señor! Mi hermana mayor vive en Canadá, es ciudadana canadiense y está en Los Ángeles esperando que lleguemos para pagar el resto del dinero a las personas que nos atraviesen.

El más alto se acercó a Melina, inclinándose un poco, puso su cara frente a la de ella y le dijo con voz amenazadora:

-¡Mira hija de tu pinche madre! –palabras predilectas de los mexicanos. -Vamos a ayudarles a pasar la frontera, pero te digo una cosa hija de la chingada, ¡si llego a verlos en Los Ángeles, California, y si me has mentido! ¡Voy a arrancarte la lengua y no quedara nada de ti ni para que cuentes el cuento de que un día exististe sobre la tierra!

Melina sintió un poco de alivio en su corazón y solo entredijo:

-¡Se lo prometo señor policía, usted jamás nos vera en California!

El otro hombre puso de pie al padrastro que estaba hediondo a pipi; Soraya y Melvin corrieron a cogerlo porque casi no se sostenía en pie y el más bajo le dijo a Melina:

-Tienen para pagar $600 americanos por cabeza, y $300 por cada «chilpayate». (Cada niño).

A lo cual Melina respondió afirmativamente; la señora y el niño se unieron a ellos gracias a la joven también ellos fueron librados de la cárcel y de la muerte. Lo que era realmente impresionante era que los niños aunque sentían miedo, no lloraban, solo se aferraban a su madre y a su papá. No se habló más, volvieron a meterlos al vehículo y fueron llevados a una casa en ruinas, en la que las paredes apenas se sostenían; el techo estaba lleno de hoyos por todos lados y la letrina, ósea el baño, solo era un agujero en la tierra con dos paredes de madera hediondas por la humedad, más un pedazo de tela que hacía las veces de cortina de baño; también había dos colchones sucios tirados en el suelo; era allí donde tendrían que pasar la noche y solo Dios sabía cuántos días más. Eran casi las ocho de la noche cuando los dejaron allí, había también en aquella casa, otros dos hombres de piel morena que los esperaban. Es increíble, que Melina, quien tuvo una memoria extraordinaria durante toda su vida, solo recuerda de aquellos dos hombres sus estaturas, los sombreros que llevaban, sus pistolas de tambor en la cintura y sus rifles, los cuales se parecían a los que ella transportaba para sus hermanos cuando estaba embarazada de su primera hija; mientras que de los otros dos, solo el color de la piel y los horribles bigotes negros que tenían, al igual que el que lucía siempre el feo de Mario Mercado. Tal vez ello era producto del miedo, el cual se asemejaba al que sintió cuando su padre Norberto Gómez hizo erupción en casa de Doña Marta para llevarla con él y Armando no se lo permitió. Seguramente su cerebro, para protegerla de más traumas, cerró la puerta o el cofrecito de los recuerdos.

Era la noche de navidad, en muchos países del mundo, pero también la noche más larga e interminable para Melina y para quienes estaban con ella. Se las arregló como pudo y sacando los pañales de Joyce, los puso sobre los asquerosos colchones para que por lo menos los niños pudieran recostarse un poco. Había sido un día muy convulsionado, tras despedirse de Ernesto, a todos les

244 Elizabeth González

entró inseguridad, luego hicieron el trayecto en el avión, la aduana, los policías y esa pocilga o cuchitril, lo cual era suficiente para colmar de stress a cualquier ser humano. Mientras todo ocurre, los niños permanecen en calma, seguramente con un nudo en el estómago por los sustos, al igual que sus padres, pero no se quejan ni protestan. Melina se levantó del colchón, se dirigió a uno de los hombres y le pidió un poco de agua caliente para darle leche a sus hijos, pues llevaban más de seis horas sin probar bocado, ni tomar agua. Uno de ellos al verlos con cara de hambre, fue a buscar algo de comer, les trajo un pollo cosido, también llamado a la barbacoa, se los puso en el suelo y sonriendo les dijo:

-Coman, coman algo, porque mañana les espera un largo día y quién sabe si podrán comer otra vez.

Eran diez, seis adultos y cuatro niños, pero solo había un pollo para todos; no era mucho, pero era mejor que nada. Luego les extendió una olla aplastada en la que les dio agua y les indicó donde estaba la cocina para que la hirviera. Melina no protestó ni hizo ningún mal gesto; simplemente agarró la olla, si es que a eso se le podía llamar olla, y se dirigió a la cocineta eléctrica, de una sola parilla en espiral, hirvió el agua, batió leche en los biberones y se los dios con un pedacito de pollo a cada niño y a sus hermanos. Luego regresó, hirvió más agua y llenó el termo con el fin de dejarlo listo para el siguiente día.

Así pasaron la noche, con un ojo abierto y otro cerrado, cuidando a los niños y sobre todo a su hermana Soraya, rogándole a Dios que no fueran a violarla, pues era una jovencita de casi 20 años, pero bastante ingenua, la niña mimada de Doña Estela, por lo que casi nunca la dejaron salir sola; además, no solo era la súper protegida de su madre, a diferencia de sus otras dos hermanas.

Amaneció el 26 de diciembre y pasó el día sin ninguna novedad, pero llegando la noche, entraron cuatro personas más, un hombre, una mujer y dos muchachos de unos 13 o 14 años, tal vez eran los miembros de otra familia que también había sido capturada; no se dijeron nada, solo cruzaron sus miradas. Al amanecer del 27 de diciembre, más o menos a las cuatro de la madrugada, de repente se estacionó un auto largo, como los antiguos Cadillac, con un enorme baúl y salieron de él otros dos hombres a los que también era la primera vez que los veían. Uno de ellos entró dando enormes zancadas al caminar, gritando e insultando a las personas que allí se encontraban, 14 en total, y comenzó a darles empujones a todos diciéndoles:

-Levantase hijos de la chingada, es hora de agarrar camino. Prohibido hablar y mucho menos llorar, al primero que habrá el hocico de inmediato lo bajamos y que se lo lleve la regalada chingada, ¿me oyen pinches mojados? Okay, a correr, ¡muévanse! A correr y entren en el carro que está allí en frente. Los hombres entran en el baúl, usted señora – dirigiéndose a Melina -métase en el asiento de adelante con los niños. Y ustedes –hablándoles a Soraya, a la señora y al niño que estaban desde el principio -métanse en el asiento de atrás, el resto, al baúl; ¡y apúrense que no tenemos toda la madrugada!

Estaban ya todos acomodados, siete personas en el baúl, entre ellos Rodolfo, Melvin y el padrastro, quien olía mal porque no había tenido forma de cambiarse los pantalones, unos encima de otros. A Melina, por su parte, le habían reclinado el asiento hasta atrás para que acomodara a Jessica y a Rodolfito al lado de sus pies. Iba sentada en el asiento delantero y Joyce sobre sus piernas para que cubriera a sus dos hermanitos. Avanzaron un poco y llegando a la frontera de México con Estados Unidos, hicieron fila como todos los demás autos; el hombre que iba manejando le dijo a Melina:

-Habrá el vidrio de su puerta y cuando yo le diga lo cierra.

Ella solo asintió con la cabeza, en señal de que estaba bien. Cuando llegó el turno de presentar los papeles en la caseta, se acercó un policía americano a pedírselos; el conductor hizo como que iba a dárselos, pero en lugar de hacerlo metió el pie en el acelerador y salió en tromba, a una velocidad fulgurante.

-¡Cierre el vidrio! -Gritó el conductor.

Inmediatamente comenzaron a zumbar las balas de los policías americanos, pero el hombre no se detuvo, por el contrario aceleró a más de 180 kilómetros por hora, y apagó las luces del auto mientras los de la policía continuaban persiguiéndolos. Melina instintivamente agarró a Joyce para ponerla junto a sus hermanos, agachándose sobre ellos para cubrirlos de las balas que pudieran atravesar el carro. Los que viajaban en el baúl, lanzaban gritos de terror, mientras el hombre les gritaba que se callaran. ¿Cuánto tiempo corrió el carro? 30 o 45 minutos aproximadamente. Melina solo recuerda que en un abrir y cerrar de ojos, el conductor perdió los tres carros de policía que los perseguían y que en una puerta de garaje abierta, entró frenando bruscamente; mientras que una mujer que se encontraba adentro, cerró la puerta de un solo golpe.

Melina alzó la cabeza para ver lo que sucedía, y rápidamente volteó a ver a sus hijos para ver si estaban bien; fue en ese momento cuando vio las lágrimas que brotaban de sus ojos, pero eran lágrimas de silencio, pues los niños solamente gemían sin comprender nada de lo que estaba pasando. El hombre abrió la puerta de su lado y dijo:

-¡Ya estuvo! ¡Ya pasó! ¡Salgan!

Acto seguido, abrió el baúl y sacó de allí a las siete personas que estaban dentro. Las pobres se encontraban en un shock nervioso, pálidos y sudando helado; incluyendo a Rodolfo, pero por la gracia de Dios, ninguna de las balas lanzadas por los policías los alcanzó. Una vez que salieron del carro, la señora les ofreció una taza de café y riéndose les dijo:

-Para que les pase el susto señoras y señores.

A eso de las ocho de la mañana, la señora les dio desayuno y Melina acercándose le preguntó:

-¿Y dónde estamos señora?

-En San Diego. –Le contestó ella.

-¿Cuánto tiempo vamos a estar aquí? –Vuelve a preguntar la joven.

-¡Ah! Eso depende de cómo esté de caliente la policía americana.

Esa mujer fue muy amable con todos, especialmente con Melina, pues cada dos horas le ofrecía agua caliente para la leche de sus hijos, les dio un pequeño cuarto con una cama doble para que pudiesen dormir e inclusive les obsequió jabón para que se bañaran. Aquellos dos días pasados en la casa de

San Diego fueron cruciales para el matrimonio de Melina y Rodolfo, pues estando allí, de repente, Rodolfo se puso a llorar. Melina, sorprendida al ver tal reacción, se le acercó y le preguntó seriamente:

-¿Qué te pasa? ¿Por qué estás llorando? Si lo más difícil ya pasó, estamos en tierras americanas, de aquí a Los Ángeles hay 3 o 4 horas, ¿Por qué te pones así?

Cuál sería su decepción al escuchar la respuesta de su esposo, quien con palabras atragantadas le contestó:

-La verdad es que yo no me quería venir, yo... yo me vine porque la Vicky me dijo que viniera, que aprovechara el viaje y que después la mandara a traer a ella, porque es a ella a quien yo quiero.

Melina sintió como que le caía un baldado de agua fría, no podía creer, escuchar aquellas palabras tan imbéciles, así que le contestó:

-¿Qué decís? ¿Qué te viniste conmigo para después traerte a otra mujer? No seas tan cobarde Rodolfo, pero sabe qué, llegando a Canadá, te juro por mis hijos que al saber cómo funcionan las leyes en ese país, vos y yo nos vamos a separar porque esta canallada no te la pasó.

Él se tranquilizó un poco, aunque probablemente al ver que su mujer le habló tan seriamente, se arrepintió de las palabras que había pronunciado, pero en el corazón de Melina ya no existía el perdón para él. Mientras que esa discusión se llevaba a cabo, los niños estaban dormidos, por lo que no se dieron cuenta de nada, pero dentro de Melina comenzó a nacer un resentimiento tan profundo por sentirse burlada, pues creía que su marido la acompañaba porque la quería y porque quería a sus hijos, pero tras darse cuenta de que no era esa la realidad, volvió a nacer en ella ese deseo de venganza por sentirse rechazada y ultrajada. Ya no había marcha atrás, por lo que se dijo que sería mejor dejar las cosas como estaban y continuar el viaje con la mayor serenidad posible porque todavía estaban a la mitad del camino y bien que mal la compañía de él les daba seguridad a los niños. Los tres días que estuvieron en aquella casa de San Diego, después de la declaración que Rodolfo le había hecho, ambos permanecieron calmados. Todos tenían que seguir las órdenes que daban los coyotes y una de ellas era la de no hacer mucho ruido. Hubo momentos en los que los niños empezaron a desesperarse un poco, no lloraban, pero preguntaban a cada instante:

-Mami ¿Cuándo vamos a irnos de aquí? ¿Cuándo llegaremos a casa de mis primos Érica, David y Deborah? – especialmente Jessica.

Mientras que Rodolfito repetía y repetía:

-Mami, a mí no me gusta aquí, ni me gusta la comida.

Melina los consolaba diciéndoles que no se preocuparan que en unos días más estarían reunidos con sus primos, pero que

debían tener paciencia. Les daba dulces para que se entretuvieran y les sobaba la cabeza y la espalda para que durmieran un poco. A Joyce le daba el seno, probablemente no era bueno que se lo diera a causa de todo el estrés por el que ella pasaba, pero no había más alternativa, pues las reservas de leche en polvo estaban por terminarse y a decir verdad no se sabía cuántos días más faltaban para salir de todo aquel enredo.

Durante esos días, los coyotes llevaron más y más gente a la casa, tanto que para la noche del 29 de diciembre, habría unas 36 personas en ella; entonces estacionaron dos paneles Volkswagen y dividieron a las personas de a 18 y 18 en cada microbús. Parecían sardinas enlatadas, sin embargo Melina siempre tuvo más privilegios a causa de los niños, por lo que también esa vez la llevaron en la parte de adelante, donde estaban los únicos dos asientos, pues atrás no había nada. Eran las once de la noche cuando salieron ambos vehículos, los llevaban para embarcarlos en un vagón de una troca de 53 pies de largo; dichos cajones no tienen ventanas, pues todo adentro es hermético. La troca estaba estacionaba a la orilla de un puente y a la luz de la luna se distinguía un poco el vagón blanco. Abrieron las puertas de atrás y empezaron a meter gente en él, Melina Rodolfo y sus niños fueron los primeros en entrar, Soraya, Melvin y el padrastro corrieron para quedar cerca de Melina. Luego entró el resto de la gente, todos creían que solo serían las personas de los dos paneles, pero diez minutos más tarde llegó otro microbús, así que acomodaron también a sus pasajeros en él. ¿Cuántos abran cabido en ese vagón de 53 pies amontonados? ¿Quién sabe? Pues una vez que el vagón estuvo repleto de gente emprendió el camino hacia Los Ángeles, pero no habían avanzado ni 15 minutos cuando la gente empezó a asfixiarse. Melina y sus niños que habían entrado primero, estaban en una esquina trasera, así que los niños empezaron a quejarse porque no podían respirar. En ese instante de angustia y en la oscuridad total, tocando con sus manos el piso, buscaba la manera de hacer un hoyo para que entrara un poco que aire, y como cosas de Dios, Melina a su alrededor encontró tres piedras, así que le dio una a

Rodolfo, agarró otra y golpearon el piso del vagón hasta hacerle dos hoyos, por los que entraba polvo, pero al mismo tiempo aire, fue así como lograron soportar las tres horas de viaje de San Diego hasta Los Ángeles. Las demás personas que estaban en el medio y en la otra punta, vomitaban, lloraban y a algunos hasta les dio diarrea, por lo que se sentía una hedentina horrible, otros perdieron el conocimiento, y cuando por fin abrieron las puertas del vagón, muchos saltaron de él para vomitar, tomar aire y pedir agua.

Mientras que Melina y los suyos atravesaban por dichas circunstancias, a Doña Estela y a Ernesto no les iba mejor en su aventura, pues aunque fueron pasados conforme al primer plan que los coyotes desde El Salvador les habían explicado para cruzar por el desierto, luego contaron que el coyote que los acompañó del distrito federal al aeropuerto de Tijuana, los salvó de ser capturados por los policías de la aduana; pero debieron aguantar casi cinco días caminando, un poco de día bajo el calor intenso del desierto de 45 a 50 grados Celsius y por momentos de la noche, bajo el impresionante frío. También contaban que hubo momentos en los que Doña Estela se escapaba a desmayarse y que de no ser porque Ernesto la sostenía, sola jamás hubiera aguantado semejante caminata por tantos días, con poca comida y con el agua racionada. Explicaron que después de tres días de caminar, una noche tuvieron que atravesar un río de medio kilómetro de ancho, que a la señora la metieron en un neumático salvavidas y que fue su hijo quien nadando la empujó hasta hacerla llegar a la orilla. Con ellos iban otras personas que hacían lo mismo, pero para quienes tampoco había sido fácil, pues llevaban niños. Ello significaba que Dios había protegido una vez más a Melina y a sus hijos porque los niños no hubieran aguantado caminar cinco días con la intensidad del sol y del calor, menos aún atravesarse un río de noche cuando la temperatura baja, todo lo contrario de lo que estuvo caluroso durante el día y sabían perfectamente que tampoco habrían podido hacerlo como lo había hecho Nora por los túneles de aguas negras, pues jamás habrían corrido tan rápido, ni hubieran soportado el frío glacial que hace en California en esa época del año. Ninguna de las tres maneras es la más apropiada, pero a veces la necesidad de salvar sus vidas o de encontrar un mejor mundo, obliga a miles sino a millones de personas a arriesgarse en esas desmesuradas aventuras.

Una vez que llegaron a su destino los coyotes empezaron a contactar a las familias y conforme encontraban respuesta iban formando los grupos diciéndoles:

-A tal hora vienen por ustedes, así que vayan preparándose.

Cuando escuchó decir aquello, Melina comenzó a sentirse aliviada, pero al mismo tiempo estaba inquieta, pues los niños empezaban a tener diarrea porque hacía ya ocho días que apenas y habían tomado alimento, así que solo se habían sostenido con la leche preparada por ella y aunque también les había suministrado medicamento, no les hacía efecto porque estaban demasiado débiles. Por gracia de Dios, ese 30 de diciembre, a las tres de la tarde, Melina le entregaba un poco de dinero americanos envueltos en un pañal a Nora para que pagara la deuda y pudieran irse con ella. Una vez reunida la familia, los coyotes que habían contratado en El Salvador, fueron quienes llegaron a recogerlos en dos carros para llevarlos a una casa, donde otra señora elegante los atendió, les dio de comer, les proporcionó donde bañarse y llevó a Melina a la farmacia a que comprara medicina para los niños y pañales para Joyce; entraron un supermercado, en el que Melina se quedó con la boca abierta, pues en su vida jamás había visto uno tan inmenso como ese.

Lograron descansar tranquilamente durante ese día en casa de aquellas personas y a la siguiente fecha, 31 de diciembre, muy temprano, los transportaron rumbo al aeropuerto de Los Ángeles. Allí compraron los boletos de avión para Nueva York con el resto del dinero que Melina había escondido durante todo el viaje amarado a su cintura. A eso de las dos de la tarde, hora de California, abordaron el avión que los llevaría a Nueva York, donde llegaron a las 4:00

pm hora local. Cabe aclarar que en aquella época no había mucho problema en los aeropuertos, y como era un vuelo interno, las autoridades americanas no los interceptaron, por lo que llegaron con bien. Inmediatamente salieron del aeropuerto, estaba esperándolos Félix Núñez, el marido de Nora, quien incondicionalmente se había ofrecido a recogerlos en Nueva York para conducirlos a la terminal de autobuses de la Greyhound.

Él había conducido su amplio carro Buick desde Montreal hasta Nueva York para ayudar a la familia, la pareja se había casado en California y gracias a que Nora obtuvo la residencia canadiense, él por estar casado con ella, la obtuvo también. Félix era un hombre jovial, simpático y servicial y fue quien hizo lo necesario para la compra de los boletos, pues ellos no hablaban inglés. A eso de las seis de la tarde se subieron en la Greyhound con destino a la frontera con Canadá. Rodolfo, durante todo el trayecto en autobús, no dijo gran cosa, simplemente se limitó a dormir, o mejor dicho a llevar los ojos cerrados. Bajaban a comer y para ir al baño cuando el chofer hacia las paradas obligatorias y volvían a sentarse, pero él continuaba callado llevando a su hijo al lado. Melina por su parte permanecía tranquila, volteaba a verlo de vez en cuando, en su corazón sentía humillación y por algunos unos instantes la invadió una enorme tristeza. Quiso llorar de rabia, pero se contuvo y se dijo para sí misma que el día menos pensado, su relación con Rodolfo terminaría, aunque aún conservaba la esperanza de que él, al ver todo el sacrificio por el que estaban pasando, cambiara de actitud, para empezar algo nuevo. Observaba a través de las ventanas del autobús, la belleza de la blanca nieve alrededor de toda la ruta y se decía «Mañana es año nuevo, llegaremos a un país nuevo, donde tendremos una vida nueva, con nuevas costumbres.»

En el fondo de su alma, guardaba la esperanza de que hubiese un cambio de carácter en su marido, así que se dijo que dejaría todo en manos de Dios porque de todas maneras faltaba ver si serían recibidos en Quebec. Ambas niñas iban con ella, Jessica en un principio estaba sentada, luego, cansada, se recostó en una pierna de su madre; la pequeña Joyce, quien había estado bastante mal del estómago, sentía tranquilidad en ese instante, pues durmió casi todo el camino en los brazos de su madre. Todos estaban bastante deshidratados y tenían las caritas demacradas por los constantes sobresaltos que habían enfrentado, pero durante aquel momento pudieron relajarse un poco y apreciar lo divertido de la nieve a través de las ventanas.

Era la una de la madrugada cuando el autobús hizo su entrada en la frontera Canadiense llamada Lacolle; entonces el chofer les indicó que todas las personas debían preparar sus papeles para mostrarlos en la aduana canadiense y que quienes no tuvieran documentos se hicieran en otra fila para esperar a que los agentes de la aduana fuesen a atenderlos. Melina entendía más o menos el inglés y por eso entendió las instrucciones del chofer. El frío intenso que hacía en ese momento estaba a 20 grados bajo 0. Ellos iban mal vestidos, con ropita y zapatos de verano y con apenas un suetercito cada uno. 20 minutos más tarde, el autobús de la Greyhound siguió su camino rumbo a Montreal, dejando a ocho personas en una sala de espera custodiados por agentes aduaneros. Hasta ellos llegó un agente de inmigración que intentó comunicarse en inglés, y aunque Melina lo hablaba un poco, estaba extremadamente nerviosa, pues estaban cerca del objetivo, era el momento decisivo para saber si los dejarían entrar. Cuando el agente vio que no podía comunicarse con ellos y al ver el estado de deshidratación de los niños se puso muy inquieto. Era el primer día del año, la mayoría de las personas se encontraban festejando, así que no encontraban a nadie que hablara español para que fuese a la frontera a hacer la traducción.

Al fin, como a las tres de la madrugada, llegó una mujer agente de la aduana y fue ella quien con su poco español, sirvió de traductora, preguntándoles directamente después de saludarlos:

-¿Qué es lo que ustedes quieren?

Como siempre Melina, que era quien ponía la cara en los momentos difíciles, le contestó:

-Nosotros señora, venimos a pedir refugio a este país...

-¿Y por qué quieren pedir refugio? ¿Quién les ha informado que aquí pueden hallarlo?

-Pedimos refugio porque venimos huyendo de la guerra de nuestro país, El Salvador, y es mi hermana Nora Gómez quien nos ha informado sobre él, pues ella lleva tres años de viviendo en Montreal, Quebec. –Contestó la joven.

-¿Y tienes su dirección exacta? ¿Tienen ustedes papeles con que identificarse?

A lo cual Melina contestó que sí, extendiéndole la dirección y los pasaportes salvadoreños y tratando de contener su nerviosismo al igual que los demás, al no saber qué iba a suceder ni cuál sería su destino.

Todo estaba en manos de Dios y de los agentes de inmigración que se quedaron estudiando el dossier de todos ellos; la agente de inmigración que estaba haciendo la traducción miró con ojos de compasión a los hijos de Melina al verlos en ese estado de fatiga extrema, enfermos y deshidratados. Ella y los niños habían sobrepasado los límites de lo inimaginable haciendo aquella trayectoria ilegal durante diez días. Melina observaba que la agente hacía muchas llamadas por teléfono, ¿a dónde? Solo ella lo sabía, pero a eso de las cinco de la mañana, les hizo señas y les dijo en español:

-Ustedes tienen mucha suerte, he encontrado un agente de inmigración responsable de estos casos y ha aceptado que entren a Quebec, dice que les entregue estos papeles para que lleven a los niños al médico lo más pronto posible y el 5 de enero tendrán que presentarse en las oficinas de inmigración a las ocho en punto de la mañana.

Todos voltearon a verse, les rodaban las lágrimas, se abrazaban, lloraban y dijeron:

-¡Gracias señora, muchas gracias por su ayuda!

La agente de aduana se puso muy contenta, les deseó buena suerte, les entregó los papeles y los dejó irse.

Iban los ocho caminando, hechos puños porque tenían frío, trataban de atravesar la línea fronteriza porque al otro lado de la aduana se encontraba Félix esperándolos para llevarlos a Montreal; de repente Melina resbaló y cayó con todo su cuerpo hacia atrás pues la calle estaba completamente lisa por el hielo que parecía una pista de patinaje, pero en ningún momento soltó a la pequeña Joyce a quien llevaba en sus brazos. Todos iban patinando en el piso con mucha dificultad. Al ver esto Félix se acercó para ayudarlos y al mismo tiempo vino una gente aduanero y les dijo:

- Ça va madame?

A lo cual ellos no contestaron porque no comprendían el francés. Y Félix contesto:

- Oui oui ça va. (si si esta bien)

Entonces el agente dijo:

- Les personnes qui tombent ici au Québec ne pourront jamais partir d`ici.

Lo cual su cuñado les hizo la traducción «Las personas que se caen aquí en el Quebec, no podrán jamás irse de aquí.» Y Melina del golpe y el susto solo contesto:

256 Elizabeth González

-¡Yo creo que como mucho en dos años yo me voy de aquí!

Pero instintivamente fueron dando gracias a Dios porque los habían dejado entrar. Sentían el frío intenso, pero era más grande la alegría de haber sido recibidos en Quebec, Canadá, así que se dijo Melina:

«Valió la pena el sacrificio, mis hijos tendrán un mejor futuro»

Porque Melina iba en busca de su libertad y la de ellos.

Fin